JN312096

教育学
キーワード
[第3版]

有斐閣双書
KEYWORD
SERIES

小澤周三 [編]

EDUCATION

第3版はしがき

　新版を世に送り出してから早くも12年が過ぎた。幸いご好評を得て，このたび第3版をお送りすることになった。

　この間，教育基本法の改正，関連諸法の改正，「学習指導要領」の改訂（小学校・中学校は2008年，高等学校は2009年）などが行われた。教育用語の中では，「特殊教育」が発展的に解消されて「特別支援教育」となったりした。2年前から本書第3版に向けての改訂作業に入っていたが，政治上の激変により教育制度の改革も行われたので，それらを盛り込むために，当初の予定よりも遅れての刊行となった。

　執筆者の中には長期海外出張になった方もあり，今回の改訂にあたり，新しく執筆者に加わっていただいた項目もある。

　有斐閣書籍編集第2部の中村さやか氏には忍耐強くご支援をいただいた。心から謝意を表したい。

　2010年4月22日

小澤　周三

新版はしがき

　旧版を世に送り出してから，すでに8年が過ぎた。この間に，外にあっては東西ドイツの統一，ソ連邦の解体など，内にあっては臨時教育審議会による教育改革や「学習指導要領」の改訂，中高生による犯罪の増加，さらには通信・運輸技術等の発達によりグローバル（全地球的）に情報や人・物，資金の動きが可能となるなどの大きな変化があった。

　そのつど本書の改訂の必要を感じていたが，このたびようやく新版を上梓することができた。新版では，この間の変化をできるだけ取り入れて書き改めるとともに，「心の教育」「ジェンダーフリー・エデュケーション」「教育のグローバリゼーション」「規制緩和と学校選択の弾力化」など，20余の項目を追加した。これからも，諸変化に対応しつつ，読者の方々からのご批判，ご叱正を得てさらに内容の改善，充実をはかって行くつもりである。

　有斐閣編集部の新井宣叔氏には，旧版のときと同様ひとかたならぬお世話になった。心から謝意を表したい。

　1998年　5月15日

　　　　　　　　　　　　　　　　　　　　　　　　小　澤　周　三

はしがき

　科学技術の急速な進歩，社会の発展およびわが国の社会全般における国際化の進展に対応して，教育の分野でも，インテリジェント・スクール，オープン・スクール，あるいは国際バカロレアとかエスニシティと教育という新しい言葉が登場してきている。

　他方では，普通教育と職業教育，一般教育と専門教育，公教育と私教育，あるいは義務教育，レディネスなど，いつの時代にも用いられるが，少しずつ内容の変化してきている言葉もある。

　また，今日，教育といえば学校を連想するほど，教育と学校の結びつきは強くなっているが，逆に今日ほど，学校以外の家庭や社会全体の教育力の回復が求められている時代はない。そして，生涯教育，リカレント教育，オールタナティヴ・スクール等々新しい試みや構想が発表され，脱学校論さえ主張されるようになっている。学校制度の発展とともにその弊害もあらわれ，真の教育，学習のあり方が見失われかねなくなってきたからである。

　本書では，今日の視点から，教育学の用語の中から 100 のキーワードを選び出し，なるべく読みやすく，肩のこらない表現で解説するよう心がけた。

　教育学の分野は，学問の体系だけではわりきれないところがあり，重複するところもあるが，一応 8 つの柱にそって分類し，それに最近用いられるようになった重要な用語を 9 番目にまとめてみた。

　1章：教育の本質と目標では，教育とは何か，その構造は，そしてその目標はどのように分類されるのかを，自然的・社会的・文化的環境と人間の営み，および人間が生まれながら持っている潜在的能力との関係でとらえようとしている。

　2章：子どもの発達と学習では，成長の最も急速な幼少時に，人はどの

ように学習をするのか、親や教師、周囲の人々はどのような環境づくりをし、いかに対応すべきかを取り扱っている。

3章：教育課程では、教育の内容を、その構成要素のみならず、学習指導要領、生活科といった具体的な姿のものまで追求している。

4章：教育方法では、ペスタロッチの開発教授、ヘルバルト派の五段階教授法など今日なおその有効性が認められるものをはじめ、インフォーマル・エデュケーション、ティーム・ティーチングなど新しい実践にまで言及した。

これに続く5章：教育制度、6章：教育行財政、7章：評価と進路指導、8章：教師の養成、教職においても、それぞれの分野での、古くて新しい重要な鍵概念と新しいものをとりあげたが、9章では、特に新しいキーワードをまとめてみた。100種にしぼったため、項目からはずされざるをえなかった用語は、できるだけ解説の中で触れることにした。遺漏なきを期したが、読者からご教示賜われば幸いである。

なお、執筆者のほとんどは、東京大学の大学院博士課程で教育学を専攻した研究者であり、学会や研究会で交流のある人々である。

お互いに多忙なこの時期に、ささやかながらも『教育学キーワード』をまとめることができるにあたっては、有斐閣編集部の新井宣叔氏に負うところが大である。氏には、休日返上で、原稿やゲラを拙宅にまで届けていただいたりした。記して謝意を表したい。

1990年2月3日

小澤　周三

目　　次

1章　教育の本質と目標

1. 夢と理想を求めて——教育　2
2. 思わぬところでも教育の作用——教育の基本構造　4
3. 人間は社会の中で人間になる——野生児　6
4. 危機を乗り越え新しい段階へ——通過儀礼　8
5. 人間の発達を支えるもの——遺伝・環境と教育　10
6. 子ども中心から社会改造へ——新教育　12
7. 非識字者の解消をめざして——識字教育　14
8. 学校のスローガンをどのように授業と結びつけるか
   ——教育目標のタキソノミー　16
9. 能力に応じた選別と序列化——能力主義　18
10. 世論が学校に期待するもの——道徳教育　20

2章　子どもの発達と学習

11. 「よく遊び・よく学べ」——遊びを通しての学習　24
12. 他律から自律へ＝社会化のプロセス——しつけ　26
13. 人は各時期に何を達成すべきか——発達課題　28
14. 愛着の形成と子どもの発達——ホスピタリズム　30
15. 知能は測れるのか——知能指数　32
16. 学習成立の内的条件——レディネス　34
17. 発達と教育のダイナミックなとらえ方
    ——発達の最近接領域　36
18. 幼稚園と保育所，そして認定こども園へ——幼保一元化　38

3章 教育課程

- *19* 誰が何を子どもに教えるか——教育課程 44
- *20* 何学年で，何を教えるのか——学習指導要領 46
- *21* 「教科書を教える」のではなく「教科書で教える」——教科書 48
- *22* 理科と社会の単なる統合か——生活科 50
- *23* 体のことだけでなく人間としての教育——性教育 52
- *24* 新たに重視されるようになった教育——特別活動 54
- *25* 学校で国旗国歌はいかに扱うべきとされているか——日の丸・君が代 56
- *26* 「朝顔」によって国語，算数，音楽などを学ぶ——合科教授 58
- *27* 誰にも必要な教育——普通教育・職業教育 60
- *28* 専門バカにならないために——一般教育・専門教育 62
- *29* 「特別な配慮」を必要とする子どもの教育——特殊教育から特別支援教育へ 64

4章 教育方法

- *30* 授業の流れは，いつも五段階か——五段階教授法 68
- *31* 注入よりも能力の開発——開発教授 70
- *32* 詰込み教育からの脱却——範例方式 72
- *33* 発見学習——仮説実験授業 74
- *34* 目と耳からの教育——視聴覚教育 76
- *35* 子どもに何を学ばせるか——形式陶冶と実質陶冶 78
- *36* 教師から子どもへのメッセージ——発問・助言・指示・板書 80
- *37* 人格形成に寄与するもの——生活指導 82
- *38* あってはならないこととも，よくあることともいわれる——いじめ 84
- *39* 教育的配慮とは——非行 86

40 学級王国から学校共和国へ——ティーム・ティーチング　88
41 家庭的雰囲気での学習
　　　　——インフォーマル・エデュケーション　90
42 教育的効果を期待できる力の行使か，単なる暴力か
　　　　——体罰　92

5章　教育制度

43 6・3制のスタート——一条校　96
44 ニーズに応じた学校——専修学校・各種学校　98
45 障害者の教育権の保障——特別支援　100
46 すべての人に中等教育を——総合制中等学校　102
47 一斉教授の打破
　　　　——ドルトン・プランとウィネトカ・プラン　104
48 学校以外の教育——ノンフォーマル・エデュケーション　106
49 在宅で学習できる便利な授業形態——放送大学　108
50 もう1つの学校——塾　110
51 ストリーミングやトラッキングとは——能力別学級編成　112
52 父母と先生の会——PTA　114
53 地域の学習の拠点——社会教育施設　116
54 マスメディア利用の学習——マスコミ・マスメディア　118
55 学校と地域社会の架け橋——コミュニティ・スクール　120
56 マイペースの学習——無学年制　122

6章　教育行財政

57 地域の教育は誰が——教育委員会　128
58 教育委員会と学校のパイプ役——指導主事　130
59 教育にはお金がかかる——教育費　132
60 教育の根本法——改正教育基本法　134
61 日本の子どもの権利宣言——児童憲章　136
62 子どもの権利を守る
　　　　——国連児童権利宣言・子どもの権利条約　138

- *63* なぜ学校に行かなければならないのか——義務教育　140
- *64* 度を過ぎれば非教育的となる教育的規則——校則　142
- *65* 公の教育とは何か——公教育と私教育　144
- *66* 文部科学大臣の相談役——中央教育審議会　146
- *67* 日本の教育はどこへ
  　　——臨時教育審議会から教育再生会議まで　148
- *68* 国はどこまで教育にかかわれるのか——文部科学省　150

7章　評価と進路指導

- *69* 通知表の仕組み——総括的評価　154
- *70* どこがクリアできないでいるのか自分でわかる
  　　——形成的評価　156
- *71* 家庭と学校との意思疎通のための連絡簿——通知表　158
- *72* 進学に際し校長が上級学校長に内密に申告する書類
  　　——内申書　160
- *73* 青年の自立への援助——進路指導・キャリア教育　162
- *74* 高校間格差の是正——総合選抜　164
- *75* 試験を受けなくとも入学できる——推薦入学　166

8章　教師の養成，教職

- *76* 戦前は師範学校，戦後は大学で——教員養成機関　170
- *77* 教職はどこまで専門職か——教職の専門職性　172
- *78* 新しい制度で教育は良くなるか——教員免許　174
- *79* 教職生活を通じて自己を磨く——INSET　176
- *80* 新任教員・若手教員を鍛える
  　　——初任者研修・10年経験者研修　178
- *81* 学校のミドルリーダー——主任制　180
- *82* 再生の道険しい？——教職員組合　182
- *83* 専門職組織としての学校
  　　——校長・副校長・教頭・主幹教諭・指導教諭・教諭　184

9章　教育における新しい動き

- *84* 生涯にわたる学習構想——生涯学習　188
- *85* 地域の生涯学習の拠点——インテリジェント・スクール　190
- *86* 壁のない自由な学校——オープン・スクール　192
- *87* コンピュータを利用した教育——CAI, CBT, WBT　194
- *88* 国際的な大学入学資格——国際バカロレア　196
- *89* 受入れ方で国際化の程度がわかる
  ——海外子女・帰国子女　198
- *90* 帰国子女，外国人，一般生徒が一緒に学ぶ学校
  ——国際学校　200
- *91* 桜にこだわれば難しい？——秋季入学　203
- *92* 学校・家庭・地域の連携が鍵——学校週5日制　206
- *93* 根源的な学校制度批判——脱学校論　208
- *94* 個性尊重のための教育方法——個別化・個性化　210
- *95* 多文化教育——エスニシティと教育　212
- *96* 大学入試の変容——AO入試・推薦入試の増加　214
- *97* 生涯教育・学習実現の一方策——リカレント教育　216
- *98* 伝統・主流に縛られない新しい学校の模索
  ——オールタナティブ・スクール　218
- *99* いつでも，誰でも学べる学校——単位制高校　220
- *100* 学習する大人たちのための教育機関——成人教育機関　222
- *101* 教育の世界にも市場原理
  ——教育のプライバタイゼーション　224
- *102* 世界は小さくなった——教育のグローバリゼーション　226
- *103* 教育への国際協力——教育開発援助　228
- *104* 生きる力の基礎を築くために——心の教育　230
- *105* 学校に行かなければならないと思っているのに行けない
  ——不登校　232
- *106* いじめや不登校に悩む学校関係者を支援する心の専門家
  ——スクールカウンセラー　234

- *107* 男女ともに平等な教育
  ——ジェンダーフリー・エデュケーション　236
- *108* 共生社会実現への架け橋——在日外国人教育　238
- *109* かけがえのない地球を守る感性を育むために
  ——環境教育　240
- *110* 持続可能な社会をつくるための資質を育てる
  ——消費者教育　242
- *111* 学校を選べる？——規制緩和と学校選択制　244
- *112* 個人差に応ずるための指導形態——習熟度別学級編成　246
- *113* 30人学級はいつ？——学級編制と教職員配置　248
- *114* 進級・進学を早め「優れた能力」を開花させることは可能か
  ——飛び級・飛び入学　250
- *115* 高校入試を廃止し中等教育の個性化・多様化をはかる
  ——公立中高一貫制　252
- *116* 高等学校第3の学科——総合学科　254
- *117* 生徒を引きつける学校——マグネット・スクール　256
- *118* 学びながら働く
  ——大学・高校におけるインターンシップ　258
- *119* 一般教育と専門教育の有機的統合へ
  ——大学設置基準の改訂　260
- *120* 開かれた大学——大学の自己点検・評価から認証評価へ　262
- *121* 学習も支え合って行おう——教育（学習）ボランティア　264
- *122* 情報社会に生きる力——メディア・リテラシー　266
- *123* 学校教育を脅かすクレーマーの増加
  ——モンスター・ペアレント　268

図表・写真の出典　275
事項索引・人名索引　277

♣ 執筆者紹介 (五十音順, *印編者) と分担 (キーワードの番号)

浅沼　茂（あさぬま　しげる）　　AS★　10, 25, 37〜39, 42, 64, 105,
　立正大学心理学部特任教授　　　　　　　106

一見　真理子（いちみ　まりこ）　IM　12〜18, 61, 104, 110
　国立教育政策研究所総括研究官

今井　重孝（いまい　しげたか）　II　57, 59, 60, 63, 65〜68, 119,
　川口短期大学教授　　　　　　　　　　120

江原　裕美（えはら　ひろみ）　　EH　23, 88〜92, 103
　帝京大学教授

小澤　滋子（おざわ　しげこ）　　OK　8, 11, 19〜22, 24, 26, 29〜31,
　元・女子栄養大学教授　　　　　　　　69, 70, 107, 116

*小澤　周三（おざわ　しゅうぞう）OZ　1, 2, 4, 7, 20, 21, 27〜29,
　東京外国語大学名誉教授　　　　　　　41, 46, 51, 75, 86, 93, 95
　　　　　　　　　　　　　　　　　　　〜97, 101, 102, 117

川下　新次郎（かわした　しんじろう）KS　33, 34, 40, 43〜45, 56,
　東京海洋大学教授　　　　　　　　　　99, 118

澤野　由紀子（さわの　ゆきこ）　SW　88〜92, 103, 122, 123
　聖心女子大学教授

杉村　美紀（すぎむら　みき）　　SM　3, 5, 32, 35, 36, 55, 62, 87, 98,
　上智大学教授　　　　　　　　　　　　108, 114, 115

西井　麻美（にしい　まみ）　　　NI　48〜50, 52〜54, 84, 100, 109, 121
　ノートルダム清心女子大学教授

藤井　佐知子（ふじい　さちこ）　FS　58, 76〜83, 85, 111, 113
　宇都宮大学理事・副学長

宮本　健市郎（みやもと　けんいちろう）　　MM　6, 9, 47, 71〜74, 94,
　関西学院大学教授　　　　　　　　　　　　　　112

世良　正浩（せら　まさひろ）　　新版（1998年）までの執筆者
　明治学院大学教授

★　執筆担当者を各項目末尾に，このイニシャルで表記した。共著の項目もあり。

本書のコピー，スキャン，デジタル化等の無断複製は著作権法上での例外を除き禁じられています。本書を代行業者等の第三者に依頼してスキャンやデジタル化することは，たとえ個人や家庭内での利用でも著作権法違反です。

1章 ▶ 教育の本質と目標

1　夢と理想を求めて——教育

❖原型としての教育

　子を養育し，社会の他のメンバーと一緒に生活ができるようになるまで育て上げることは，人間だけでなく，他の動物にもみられる営みである。高等な動物になるほどその期間は長くなり，内容も複雑になってくる。そこには，獲物や食料の獲得の方法，危険に対する防衛の仕方などが含まれている。これらの営み一般を，原型的（原始的）な意味での教育と呼んでいる。養育の仕方，食事の仕方，挨拶の仕方などを含めて社会的に伝承される生活様式のすべてを文化と呼ぶことがあるが，教育はその意味での文化を伝達する側面をもっている。人間は他の動物とは比較にならないほど高度で複雑な社会を形成してきたのであり，生産労働によって集団の生命を維持する段階に達した時には，労働の技術，集団の禁忌（タブー）その他の慣行などが，親や集団を通して伝達されていたと思われる。その社会の一人前の成員として必要な能力と文化を身につけたと思われるころに，成年式（イニシエーション）が行われたに違いない。

　成年式にいたるまでも，子育ての諸段階でさまざまな通過儀礼を経たであろうし，その間に一定の価値や規範，信念や態度，行動様式を身につけ，知識や技術を習得し，その過程でパーソナリティが形成されたことであろう。このように，個人の側からは社会の文化を内面化することを通して，社会の一員として必要な能力や態度を身につけることになるし，社会の側からは，若い世代を社会の中に統合・同化し，社会の統一と存続をはかることになる。

❖定型的な教育

　知識や技術，価値や規範の伝達は，未開の社会では特に意識されることなく，慣行としての祭儀や呪術と結びついて伝承されたのであろうが，他の集団との接触や融合を通して，あるいは決定的なこととしては，言語の発達によって，それらの意識化をもたらしたことであろう。特に文字の成立は，古代国家の官僚群と聖職者の意図的養成を必要としたであろう。税

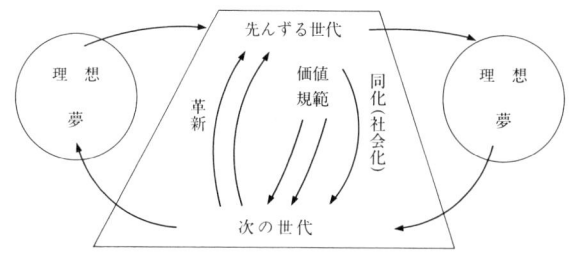

図　教育——夢と理想を求め，同化のみならず革新をも含む

や王の功績に関する記録のための，あるいは神意や戒律を表現する神聖なシンボル（象徴）としての，文字の教授と学習は意図的な活動であり，その組織化がはかられたことであろう。その意図的な訓練の組織が，学校に代表される定型的な教育の原型になったものと思われる。そしてまた，言語の発達を伴った人間の行為や活動の意識化は，他方では理想や思想の形成を促したものと思われる。

❖理想を掲げ，現状の変革を求めて

　教育は，単に同化作用や現状維持の機能のみにとどまらず，社会の発達をもたらす革新的な機能をも兼ね備えているのである。そして，特に意図的・意識的になされる教育の過程においては，理想の存在を無視することはできない。教育には，現実の社会を乗り越え，未来をつくりだす使命が課されている。歴史的にも，近代公教育は，宗教や権力から自己を解放することによって成立した。社会の現実的要求はそのままでは教育の目的とはなりえないし，社会の伝統や文化も，ただちに公教育の内容とはなりえない。公教育は，固有の立場から，これらを吟味し，批判し，精選して，より高い要求や文化につくりかえるのである。

❖老いも若きも相互に影響し合い，しかも生涯にわたるもの

　教育は一見すると，先んずる世代（成人）が次の世代（青少年や若者）に対して，一定の理想に向けて目的的に働きかける側面だけが注目されがちであるが，実際には一方的なものではなく，知らないうちに成人が若者から影響を受けており，相互作用的なものなのである。また，教育とのかかわりは成長期に限られるものではなく，生涯にわたるものであることが，しだいに多くの人々によって気づかれるようになってきた。（OZ）

2 思わぬところでも教育の作用——教育の基本構造

❖総合的な教育の現実

　人間社会における教育の営みは，きわめて複雑な作用が併存しており，それが総合的に作用することによって一定の効果をもたらしている。ある作用は無意識のうちになされ，またある作用は意識的になされている。海後宗臣は教育の基本構造を，陶冶，教化，形成の3つに分けて整理している。

　(1) 陶冶　　教育の主体，客体および両者の教育的関係の媒介をなすものという三者が目に見える状態で存在している場合をいう。この構造は学校の中で最も顕著であり，教育の主体としての教師，客体としての生徒，それに教師の言葉，教科書，掛図などの媒介物がある。しかし，これは学校の中に限られるのではなく，講演会における講師と聴衆，職場におけるベテラン社員と新入社員，あるいは家庭内での親と子や兄と弟との間にも，このような関係が生じることがある。

　(2) 教化　　表面的には教育の客体と媒体をなすもののみがあり，主体が登場しないようにみえる場合をいう。これは，主として博物館，美術館，図書館あるいはコンサート・ホールなどの社会教育のための観覧施設や文化施設などでみられる構造である。学校でも自習をしている時などがこれにあたる。いわば自学方式というのがこの構造の特徴であり，被教育者（教育の客体）は自らの意思で図書館の中の図書を選んで読み，博物館や美術館の中の陳列物や展示されている芸術作品を鑑賞している。しかし，その図書館にどのような図書を備えるべきか，博物館での陳列品を，どのような歴史観にもとづいて，どのような説明をつけ，どのように配列すべきか，あるいはコンサート・ホールにおいて演奏曲目として何を選ぶべきかということを背後で決めている人が存在することも，この基本構造の特徴である。

　(3) 形成　　教育の主体も媒介をなすものもともにみえず，客体だけの集団が存在する場合をいう。そしてその集団がつくりだす雰囲気，つまり

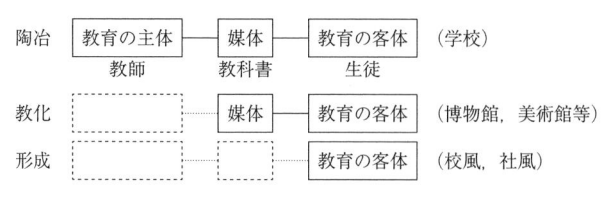

```
陶冶   ┌教育の主体┐─┌媒体┐→┌教育の客体┐  （学校）
        教師      教科書    生徒

教化   ┌    ┐┄┄┌媒体┐→┌教育の客体┐  （博物館，美術館等）

形成   ┌    ┐┄┄┌    ┐┄→┌教育の客体┐  （校風，社風）
```

図　教育の基本構造

校風（スクール・カラー），社風，家風などが人間形成作用をもっていることに注目したものである。校風によって，学生が「○○ボーイ」とか「○○マン」となったり，職場の気風によって「警官タイプ」「役人タイプ」とか「教師タイプ」となったりする。

　現実には以上の3つの基本構造が複合的にあらわれている。たとえば学校の中でも，授業中は陶冶が最も顕著であるが，生徒が教師の授業を受けながら図表を見たり，実験をしたり，標本に接したりしている時は教化の構造となっている。また，教室の中にいる生徒たちは相互に結び合って1つの学級集団をつくりあげ，学級に特有な風格をあらわしている。そこでの教師は陶冶の主体であるとともに，教室の雰囲気をつくるのになくてはならない人間的要素となっている。このように教室だけを取り上げても，授業の中に3つの基本構造が複合して1つのまとまりをなしている。教育の場面を図書館に移せば，生徒は図書を用いて自学し，集団としての雰囲気をつくりだしていて，教化と形成の基本構造が中心となる。運動場でスポーツをしていれば，スポーツ精神によって生徒は相互に結ばれ形成の基本構造が主たる教育力をもっている。会社の中でも，社内研修で講師が社員に説明している時は陶冶であり，新入社員が先輩のやっていることを見よう見まねで習得していく時は教化であり，社員全員がかもしだす社風は形成である。家庭においても，親が子に家事を教えたり，食事の前に手を洗うように注意する時などは陶冶であるが，子どもが親のやっていることを見よう見まねで習得していく場合は教化の構造であり，名誉とかしきたりを重んじる家風があれば，それは形成の構造ということになる。（OZ）

3 人間は社会の中で人間になる——野生児

　私たち人間は，生まれてすぐには立つことも話すこともできず，生きていくために最低限必要な食物をとることさえも，1人ではままならない。こうした人間の誕生を，ポルトマンは他の動物と比べて「早産」と評した。人間は，生まれてすぐにはまだ未熟な存在であり，その後，一方では生理的な成熟をとげながらも，発達過程の社会的環境によっても大きく左右されるのである。このことを端的に示すのは，動物によって育てられたり，放置されたため，社会からまったく切り離されて育つことになったと考えられている野生児の例である。

❖狼に育てられたといわれる少女

　1920年，インドで狼の巣穴から2人の少女が発見され，カマラとアマラと名づけられた。発見者であり，その後9年にわたって養育にも携わったシング牧師の日誌によると，発見当時のカマラとアマラの推定年齢は，それぞれ8歳と1歳半であったが，実際にはせいぜい1歳と1歳以下の子としてしかみなされなかったという。2人は，手や足の変形，あごや犬歯の著しい発達といった点で普通の子どもとは異なった体つきをしており，夜になると四つ足で活発に動きまわった。また嗅覚・触覚・聴覚などが非常に鋭敏で，食事の際には地面に置かれた皿に直接口をつけて飲んだり食べたりし，寝る時には互いに重なり合いうずくまって眠るなど，動物的本能にもとづく習慣や行動形態を示した。アマラが1年後に亡くなった後，カマラは2本の足で歩いたり，当初のようにただほえたり叫んだりするのとは違って，わずかながらことばを使って自分の感情を表現しようとするようになった。それでも，亡くなる1年前（推定16歳）の時点での人間としての成長は，3～4歳の幼児程度であったという。

　もっともこの事例については，最近になって子どもたちが本当に狼に育てられたのかどうかをめぐって，今ひとつ信憑性に欠けることが指摘されている。しかし，この事例が提起している人間の発達における社会環境の重要性ということは，話の真偽にかかわらず認められるべき点であろう。

❖ 社会から切り離されて孤独な日々を過ごした少年

そのことは、1799年にフランスの森の中で発見されたアヴェロンの野生児の事例からもうかがえる。後にビクトールと名づけられたこの少年は、発見当時、推定11〜12歳であったが、姿形こそ人間でありながら、それまでの単独生活のため感覚機能も退化しており、ことばも一定の喉頭音が出る以外は何も話せず、人間的感情を少しも示さない動物のような存在であった。この少年に対し、その後の5年間に教育実験を行った医師イタールによれば、視覚・触覚・味覚の発達、他者からの命令を受けたり、考えを交換する能力、他者からの保護や愛情の感受といった点では進歩がみられたものの、聾唖の克服や知的能力の発達といった点では効果があがらなかったことが報告されている。

❖ 人間になるために重要な「決定的な時期」

こうした野生児の事例は、ヘッブが行った初期環境が発達に及ぼす影響についての研究ともあいまって、人間の発達にとっては、その初期の段階の社会環境が決定的な役割を果たし、それを変更することはできないという発達の不可逆性が主張される根拠となった。しかしながら、人間性の完全な獲得とまではいかなかったものの、教育者の献身的な努力に対して野生児が多少の変化を示したことは、彼らがもっていた人間としての発達の可能性を暗示するものともいえよう。

いかなる理由からか、17年間にわたって地下牢で幼児・少年期を過ごし、1828年にドイツのニュルンベルクで保護された青年ハウザーの例がそのことを裏づけている。発見当時2,3歳の幼児にみえた彼は、5年後に暗殺という悲劇的な死を遂げるまでに、「教養のある礼儀正しい人」とみなされるまでになったといわれる。しかし彼のことばや行為の中には、最後まで大人らしさと子どもらしさが年齢に不相応に混在していた。

このため今日では、人間の発達にはそれを左右する決定的な時期があり、その時点で何を学ぶかによって人間はどのようにも変わりうると考えられている。野生児の事例は、私たちに対して、人間性とは何か、自然な発達とは何かを問いかけているのである。(SM)

4 危機を乗り越え新しい段階へ──通過儀礼

❖洋の東西を問わず,いつの時代の誰にでも

　誰でも,生まれた時から死ぬまでに,社会生活上いくつかの危機に出会うものである。ある状態から他の状態へ,あるいはある集団から他の集団に移行する際に,広い意味での危機に出会うことが多い。その危機を解消しやわらげるために,移行に際してもろもろの社会的儀礼が行われている。これらの儀礼のことを通過儀礼(移行儀礼,推移儀礼)と呼んでいる。この用語は,フランスの民族学・民俗学の研究者ファン・ヘネップ(従来ヴァン・ジュネップと紹介されてきたが本人はオランダ語的にこう呼んだと推定される)によって創始されたものである。

　洋の東西を問わず,いつの時代にも,人々は誕生,幼年時代,少年少女時代,成人,結婚,親,死亡という段階の多くを通過していく。それぞれの段階は,前後の段階とははっきり異なっている。新しい段階への移行に伴って人間関係の様式も変わるし,新しい権利や義務,新しい役割が与えられ,期待されるようになる。つまり,生活様式や生活態度の急速な変化をもたらすので,新しい段階への移行は危機となる。この危機を乗り越え,覚悟を新たに,次の段階に適応できるようにすることがめざされる。そのため,従来の段階に別れを告げるための心の準備,次の段階に適応するための準備,その移行を実現することを自他ともに明示するための行為,新しい段階に入ったことの確認とその人々に対する祝福等(たとえば成人になった人々に対する成人式,死去の場合は哀悼,葬礼など)が行われる。

　ファン・ヘネップは,通過儀礼には,①別離(séparation),②過渡(marge),および③編入(agrégation)の3つの要素があり,通過儀礼の種類によって,それらの要素のいずれかが強調されるという。たとえば,葬礼においては別離が,成人式においては過渡が,婚礼においては編入が,というように。

❖イニシエーション

　通過儀礼の中に意図的な教育の萌芽がみられるのであるが,特にその要

イギリスのケンブリッジ大学における学位授与式の日の風景

素が強かったのは，成年式，入社式などと訳されているイニシエーション（initiation）においてである。その際に，社会の規範や価値観が若者に伝達されたのである。わが国でもかつて江戸時代には部落単位に形成される年齢集団として，子ども組→若者組→中老（成年組，壮年団）→年寄組が存在した。男子はほぼ15歳ころに成年式を迎え，子ども組から若者組へ移行すると若者宿での共同生活をした。組織性の強い若者組では，その村の掟，礼儀作法，異性との交際に関する事項をも含む成文化された若衆条目を有し，入会式に際し若者頭がそれを読みきかせていた。若者組（娘組）は明治・大正期には青年団（女子青年団，処女会）へと形を変え，今日ではほとんど消滅し，祭礼行事の中に片鱗を残すだけになっている。

❖今日的意味

社会の個人化・世俗化が進み，そして成年になっても就学中の者が多数を占める今日においては，イニシエーションや通過儀礼一般の意義は小さくなった。しかし社会の変化に対応して，通過儀礼のあり方も変化してきている。成年と未成年の区別は不明確となってきたが，代わって入学試験や就職が個人の人生航路を大きく左右する新たな危機を含むものとみなされるようになっている。

なお，一人一人の生徒よりも生徒集団として集団の側に重点を置いてみる場合，新学期や新学年などの学校生活の折り目に際して，新しい状況に対する生徒の不安を除去し，学校全体のまとまりを強めるために行う学校行事（入学式，始業式など）を，強化儀礼として，通過儀礼と区別する見方もある。（OZ）

5　人間の発達を支えるもの──遺伝・環境と教育

　親にとって子どもの教育は最も大きな関心事の1つである。子どもの素質をしっかりと伸ばしてやることこそ親の務めと考えるのは、親として当然の心理であろう。そこには「環境を整えれば、うちの子だって隣のA子ちゃんやB君に負けないくらい読み書きができるようになるだろう」という思いがある。その一方で、必ずしも他の子どもと自分の子どもの発達の進み具合が同じでないことに気づくと、「どうして同じ歳で同じ時期に学校に入学しながら差が出るのだろうか」と問うことになる。そして、やっぱり、もって生まれたものの違いによるものかと考える。こうした「遺伝か環境か」という問題については、これまでにもさまざまな議論が行われてきた。

❖素質による成熟の違いこそ発達の決め手

　1つの立場は、発達は遺伝による内的要因（素質）によってほとんど決定されるとしたゲゼルらの成熟優位説に代表されるものである。ゲゼルは、双子の乳幼児を対象に階段のぼりの実験を行い、最初は訓練を受けていなかった子どもも、わずかの訓練で前から訓練を受けていた子どもにすぐに追いついたことを示し、環境要因は発達を支援したり特殊化することはあっても、発達を生み出したり、決定的な方向づけを行うことはないとした。そして、成熟を待ってからの学習の方が、未熟なままで訓練を行うよりも効果があがることを指摘したのである。ここから、教育を行う際には、学習者の心身が、学習するのに適するだけ成熟し、準備性（レディネス）を備えていることが必要であると考えるようになった。

❖素質よりも環境が発達を左右する

　もう1つの立場は、逆に環境が発達を規定すると考えるものである。特にアメリカ行動主義を担ったワトソンらは、刺激-反応理論を唱え、乳児の情動が環境の一定の条件づけのもとに形成された実験例によって、それを裏づけた。そして、才能、性向、適性、能力、人種のいかんを問わず、訓練によってどのような人間にも育てあげることができると述べて注目を

集めた。この立場を受けて、教育においても、スキナーのプログラム学習の理論に示されるように、学習過程を段階的に細かく分け、それを学習者の反応をみながら各人のペースで確実に進めさせることで、どのような学習も達成可能となると考えるようになったのである。

❖ **「遺伝か環境か」から「遺伝も環境も」へ**

さて、以上のような発達をめぐる「遺伝か環境か」という考え方であるが、現実に即して見直した場合、両者の主張をまったく切り離すことはできない。たとえば子どもが言葉を習得するときは、成熟するまでは、いくら言葉を覚えさせようとしても効果があがらないのに対して、いったん学習を始めると、子どもは日常生活の中でどんどん母語を吸収していく。また、能力によっては、立つ、歩くといった基本的動作のように成熟が大きな役割を果たすものと、宙返りのように学習が大きな役割を果たすものとがある。これらから、「遺伝か環境か」という問いは、両者のつながりを指摘したシュテルンの輻輳(ふくそう)説を端緒として、「遺伝も環境も」という主張にとって代わられることになった。

❖ **遺伝と環境の相互作用と教育のかかわり**

こうして今日では、遺伝と環境は相互に影響し合いながら発達を規定しているという相互作用説が一般的となっている。この立場に立つピアジェは、成熟によって発達の可能性を得た子どもが、主体として能動的に環境に対応し、自分のもつ構造（シェマ）をあてはめたり（同化）、環境に応じてシェマを変化させ（調節）、新しい均衡をつくりだす過程として発達をとらえた。彼の理論は、子どもの主体性を尊重し、学習環境の設定や子どもへの働きかけの中で内発的動機づけを促すことを示唆した点で、教育理論に大きな影響を与えた。

また、レオンチェフは、環境の変化に対して人間だけが逆に環境を変えていくことに着目し、それには遺伝によって伝えられる種の経験や、個体的経験に加えて、人間に固有な社会的・歴史的経験が重要な役割をもっていることを指摘した。教育は、こうした創造的適応を実現する場を提供する意味で、大きな役目を担っているのである。(SM)

6 子ども中心から社会改造へ——新教育

❖義務教育制度の成立

19世紀の末に多くの国で義務教育制度が確立した。しかし,その中で実際に行われた授業は,教師による教え込みが中心であり,多くの場合,一斉授業という形態であった。このような教師中心・教材中心の授業を批判する中から,子どもの自発性と個性と創造性を生かした授業の必要性を強調する声が各地からあがり,やがて新教育の理念として世界に広がった。

❖子ども中心

新教育の理念は子ども中心である。その意味は2つある。1つは子どもの個性と自発性への強い信頼である。この思想の起源は18世紀のルソーにまで遡ることができる。彼は,子どもは小さな大人ではないとして,子どもの独自性を認めた。さらに,キリスト教の原罪説を否定し,子どもの内にある善性を保護し,その自然な発達を保障するために,社会の諸悪から子どもを守ることを教育の使命と考えた。子どもの内発的な発達を重視する彼の思想は,ペスタロッチの開発教授やフレーベルの幼稚園に受け継がれていった。アメリカではエマーソンが自己信頼と個性尊重の思想を発展させ,デューイやパーカーストに大きな影響を与えた。

もう1つの意味は,子どもの発達に関する科学的研究にもとづく教育の推進である。19世紀末にダーウィンの進化論が発表されて以後,子どもの発達を実証的に研究する発達心理学が急速に発展した。たとえばアメリカのホールは,子どもの語彙が年齢の上昇につれてどのように増加していくかを統計的に調査した。ヨーロッパでは,ビネーやピアジェなどの心理学者が,実験と観察にもとづいて子どもの知能の発達段階を詳細に解明した。こうして発見された発達の法則に従ったカリキュラム編成や教授法の開発が急がれた。

❖教育実践の改革

子ども中心の思想は,多方面にわたる教育改革をもたらした。授業の形態をみれば,子どもの聴講を前提とした一斉授業が批判され,子どもが自

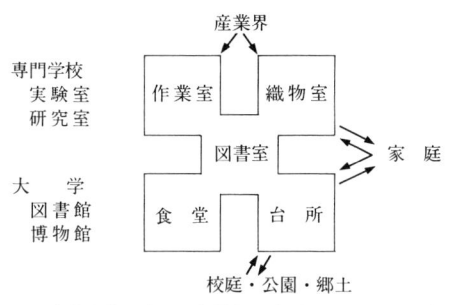

図　学校と社会生活の有機的関連（デューイの構想）

ら活動したり，協力したりする機会が増加した。時間割は画一的ではなくなり，子どもの興味の推移に対応できるように融通のきくものになった。授業の内容としては，子どもの興味や自発性が重視され，子どもの生活と関連の深いものが取り上げられることが増えた。授業の方法としては，教科内容を教師が生徒に伝達することよりも，生徒が問題を自ら解決する過程が重視された。

❖社会改造

　新教育の理念を子ども中心ということばで言い尽くすことはできない。子どもの発達を保障するような社会を形成すること，すなわち社会改造も新教育の重要な課題であった。たとえば，1896年に開設されたデューイ・スクールでの実践では，子どもの興味と発達段階に即したカリキュラムが用意されただけでなく，社会の発展の過程を学校での学習の中で子ども自身が追体験すること，学校外での子どもの経験が学校内での学習に利用され，学校で学んだことが社会生活の中で生かされることなどが慎重に配慮されていた。さらに，子どもたちは協力して主体的に作業に参加することを通して，学校をコミュニティにし，民主的な社会の一員としての知性を磨き，その知性によって，実際の社会を改革することまでをデューイは構想していた。

　運動としての新教育は20世紀の前半で一応の終結を見たが，子ども中心を徹底させることで社会改革を推進するという新教育のユートピアは，新しい世代への希望の表明であり，現在の教育思想の中に生き続けている。(MM)

7 非識字者の解消をめざして――識字教育

❖非識字者の定義

　非識字者の世界的な統一基準はないので，ユネスコに報告される各国からの非識字率もさまざまな基準にもとづいている。わが国をはじめ多くの国々，そしてユネスコでは，15歳以上の人口を対象に，日常生活の簡単な内容についての読み書き計算のできない人を非識字者としている。非識字率や識字率も15歳以上の人口を対象にしたものが用いられている。

❖機能的識字

　読み書き計算も，どのレベルを採用するかで非識字の定義も違ってくる。自分の名前や簡単な単語と数字が読み書きできるという最低限度のもの，日常生活に必要な文章表現の読み書き計算ができるというもの，さらには義務教育修了段階の学力など多様なレベルがある。同一の国でも，時代によってその基準が異なるのが普通である。

　非識字者解消をめざして行われる教育が識字教育であるが，かつてのように単に文字の読み書き計算というだけでなく，今日では機能的識字（functional literacy）という観点が取り入れられている。1965年9月にテヘランで開かれた世界文部大臣会議において提起されたもので，生産その他の社会活動に従事している成人を対象とする識字教育は，子ども相手の教育のように読み書き計算それ自体の能力の育成というよりも，成人の従事している仕事や生産活動と関連づけて実施すべきであり，学習の成果が実生活において有効に機能しうるようにすべきだというのである。識字の基準の転換が求められたのである。

❖世界の非識字者がやや減少，しかし格差は拡大

　2000年から06年の間に世界の識字率は76％から83.6％に向上し，非識字者は過去15年間に約100万人減少して7億7400万人（その64％は女性）になった。しかし地域間の格差は拡大し，その75％はバングラデシュ，ブラジル，中国，インド，ナイジェリアを含む15ヵ国の住人であり，サハラ以南のアフリカ諸国の中には，非識字者が100万人も増えたところ

表　世界の国の識字率

識字率の低い国	識字率
1　ベナン	39%
2　セネガル	41%
3　バングラデシュ	41.1%
4　エチオピア	41.5%
4　パキスタン	41.5%
5　コートジボアール	48.1%
6　ネパール	48.6%
7　イエメン	49.0%
8　モロッコ	50.7%

がある。開発途上国の多くは，初等教育さえ普及していない中で子ども時代を過ごし，そのまま成人したために非識字者となった人々を多数かかえている。

❖識字教育にさらなる努力と工夫

　社会開発に及ぼす教育の役割が認識されて，開発途上諸国の多くは識字教育を国の重点政策の1つとして取り組んでいる。ユネスコもこれらの諸国の開発や生涯教育・学習の一環として識字教育の援助を続けている。中国では非識字者撲滅をスローガンに，初等教育の普及や成人に対する夜間の識字学級を開設したりしている。途上国では常に学校不足・教師不足に悩まされているが，その不足を，放送教育やノンフォーマル・エデュケーション（→ 48）によって補う努力をしている。識字教育に成功している諸国としては，ベトナム，タンザニア，キューバ，ニカラグァなどが知られている。

　なお，国際連合は，1990年を国連識字年と定めていたが，今なお大量に存在する非識字者の解消に力を入れるため，2003年から2012年までを「国連識字の10年」とし，2015年までには世界の識字率を87%にまで引き上げることを目標にしている。(OZ)

8 学校のスローガンをどのように授業と結びつけるか
——教育目標のタキソノミー

「思いやりのある子・ねばり強い子・よく考える子」(A小学校)、「一生懸命がんばる生徒・礼儀正しくけじめのある生徒・自主的に行動できる生徒」(B中学校)、「自学自省・自治自律・敬愛親切・質実剛健」(C高等学校)のように、どの学校にも、子どもたちにこうあってほしいという理想像がある。このような学校の教育目標は、わが国では、学校制度の組織上は、どのように位置づけられるのか。大まかには次のようである。

学校の教育目標は、教育基本法、学校教育法および学校教育法施行規則を根幹にし、各学校の実状に応じて定められている。後二者の法律は、同時に学習指導要領を規定する。学習指導要領にある教科目標、学年目標は、各学年、各教科の教科書の内容を枠づける。教科の教育に際しては、各学校で、目標達成のために学年別に、年間指導計画を作成する。これにもとづいて、単元の指導計画、日々の授業の指導案、細案が立てられる。これらの関係を直接的に結合させるものではないが、ブルームの教育目標のタキソノミー (taxonomy) は、この関係を考える基礎を与えてくれる。

❖ブルームの教育目標のタキソノミー

学校のように体系だった教育機関での実践には、明確で具体的な教育目標を欠かすことができない。教育目標を授業における単元や教材の教育目標にまで具体化し、カリキュラム開発に貢献したのは、ブルームの教育目標のタキソノミー (分類) である。

ブルームは、教育目標の明確化を主張したタイラーの影響を受け、1948年から教育目標の分類・体系化の開発を行った。彼らには、それまでの教育目標分類では、体系的・操作的な方法の欠如のため、曖昧さや誤解が生み出され、教育者間のコミュニケーションも阻害されているという認識があった。この打開のため、学習行動の包括的リストの作成という目的で、教育目標の分類を始めたのである。

彼は、教育目標設定の留意点を次のようにあげる。

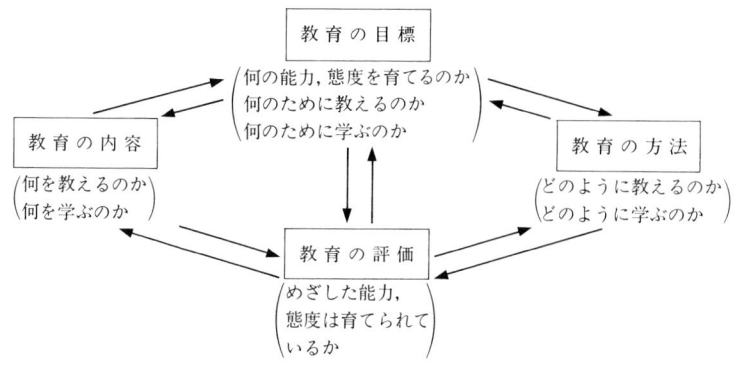

```
             ┌─────────┐
             │ 教育の目標 │
             └─────────┘
          何の能力,態度を育てるのか
          何のために教えるのか
          何のために学ぶのか
┌─────────┐                  ┌─────────┐
│ 教育の内容 │                  │ 教育の方法 │
└─────────┘                  └─────────┘
 (何を教えるのか)              (どのように教えるのか)
 (何を学ぶのか)                (どのように学ぶのか)
             ┌─────────┐
             │ 教育の評価 │
             └─────────┘
             めざした能力,
             態度は育てられて
             いるか
```

図　教育目標と内容・方法・評価との関係

(1) 教育目標には一貫性がなければならない。
(2) 教育目標の設定と目標実現の方法・手段の構想とは並行して行われなければならない。
(3) 教育目標は,被教育者の諸条件にふさわしいものでなければならない。
(4) 教育目標は,教育者側に受け入れられるものでなければならない。
(5) 教育目標の設定と実現には,弾力的な運用が必要である。

この観点から,彼は,教育目標を「認知領域」「情意領域」「精神運動的領域」の3つに分け,各領域ごとにさらに下位目標を設けた。そこでは,上位のカテゴリーが下位のカテゴリーより複雑で抽象的な能力を含むものと考えられている。認知領域では,知識の成果から始まり,理解,応用,分析,統合,評価のように,複雑に階層化されている。情意領域では,受容から始まり,反応,価値づけ,価値の組織化,1つの価値あるいは複合的価値による個性化のように,内在化の系列として構成されている。精神運動的領域は,彼のものは未完成であるが,シンプソンやハローによって系列化されている。

教育目標のタキソノミーは,プログラム学習や訓練プログラム,学習指導においては,マスタリー・ラーニング (mastery learning: 完全学習) および評価の考え方に大きな影響を及ぼしている。(OK)

9 能力に応じた選別と序列化——能力主義

　能力主義という言葉は，組織内での人事管理の中で使われることが多い。それは，メンバーの家柄や財産よりも，職務遂行能力を基準として，人材を組織内の各所に配分する方法である。これを教育に応用すれば，子どもの能力と適性を見極めて，各教育機関や職場へと子どもを配分することができ，学校教育の機能となる。わが国では1960年代の急速な経済発展の中で，経済界の要請に応じて，教育における能力主義が進行した。

❖経済界からの要請

　1963年1月，経済審議会の人的能力部会は，池田首相（当時）への答申「経済発展における人的能力開発の課題と対策」の中で，教育における能力主義の徹底を提言し，1960年代のわが国の教育政策の基本方向を示した。当時，池田首相は「所得倍増計画」を掲げ，わが国の経済発展を強力に推し進めていた。これに応えるように，同答申は，経済発展のためには労働力としての人的能力の発見と養成が急務であること，とりわけ，「経済発展を直接に担いリードする人的能力」として，ハイタレントの開発の必要なことを強調した。ハイタレントは知能テストで上位3〜6％とされ，中学と高校の時期は「ハイタレントの発見とプールの時期」とみなされ，その発見のために，中等教育段階で，能力の観察と進路指導を強化し，能力に応じた飛び級などを認めることが，提言された。その一方で，高校での職業科目の履修促進，工業高校の拡充，障害児への職業教育の振興などがうたわれていた。つまり，ハイタレントとロータレントとを選別し，その能力差に応じた教育を，経済界は求めていたのである。

❖能力主義にもとづく多様化政策

　この方向は，1960年代の中央教育審議会の答申の中で，いっそう具体的に示された。「後期中等教育の拡充整備について」（1966年）は，能力差に応じた多様な学科の設置や，高度の素質をもつ者に対する特別教育，中学での観察指導の強化や内申書の重視などによる高校入試の改革などによって，子どもの能力・適性に応じられるように高校を多様化することを提

案した。さらに,「今後における学校教育の総合的な拡充整備のための基本的施策について」(1971年)は,従来の6・3制を改め,中高一貫の中等学校の設置や小・中・高の区切りの変更などによる学校体系の多様化,中等段階でのコースの多様化,能力別指導の強化などを打ち出した。

　このような答申が出されたころ,中等教育の能力主義的改革は,すでに進みつつあった。まず,学習指導要領の改訂(中学は1958年,高校は1960年)により中学・高校に就職組・進学組がおかれ,中等段階での実質的な能力別の振分けが始まった。また,1950～60年代は高校進学者が急増した時期であったが,これに対して産業界の要請に応じて,普通高校はレベルを下げないために増設せず,職業高校を増設しようとする動きが富山県などでは顕著に現れた。進学のための普通高校と就職のための職業高校へと,「能力に応じて」生徒が選別される体制ができつつあった。さらに,新制高校ができたころには多かった小学区制が60年代にはほとんどなくなり,高校選択の幅が広がると,進学校であるかどうかで,高校間の格差も生み出された。

　個性重視を強調した臨時教育審議会の答申が出された1980年代以後は,能力主義が個性重視の思想と結びついて,学校制度の多様化を推進する根拠の1つとなっている。

❖「能力に応じて」の意味

　能力主義の教育観に欠けているのは,人間の能力は教育によって形成されるという視点である。逆に,能力は固定的であり,テストや観察によって発見すべきものであるという視点に立っている。そのため,「すべて国民は,法律の定めるところにより,その能力に応じて,ひとしく教育を受ける権利を有する」(憲法第26条)を法的根拠として,個人の能力の有無,程度に応じて,教育を受ける権利が制約されるのは当然との立場をとる。しかしながら,人間の能力は教育によって形成され,変化すること,かつ,基本的人権を「不断の努力によって,これを保持」(憲法第12条)するためには能力が必要であること,とを考え合わせると,「能力に応じて」は,能力が発達する必要に応じて,という意味に解釈すべきであろう。(MM)

10 世論が学校に期待するもの——道徳教育

❖ 2006年改正教育基本法の方向と世論

　2006年に改正された教育基本法は，その前文において，改正前の教育基本法とは異なり，「個性ゆたかな文化の創造」という文言を削除し，「公共の精神」と「伝統の継承」を強調する新たな文言をつけ加えた。そして，第1章の第2条において「自他の敬愛と協力」という文言を削除し，「豊かな情操と道徳心を培う」という文言をつけ加えた。

　世論の期待は，むしろ，税金の使い道の目的や価値そのものよりも，税の公正で有効な使われ方とかアカウンタビリティ（説明責任）の方向に向かっており，必ずしもその公共性の内容について問うような形とはなっていない。社会が向かうべき方向よりもそのコストパフォーマンスにかかわる「評価」自体が，道徳的な価値基準の指標になっている。このような価値基準が実は，道徳教育にかかわる世論の求めるものともなっている。

❖ 道徳教育に関する世間的議論

　道徳教育そのものは，社会的な公正や国家に対する義務や忠誠ではなく，個人的な価値や目的に対する権利として大衆には認識される場合が多く，教師がもっている価値観や美意識とは大きく対立する場合が多い。たとえば，神奈川県の公立学校が，生徒の服装や髪型や髪の色を入学者選抜の基準としていたことが2008年にマスメディアで取り上げられ，学校側が強く批判されていた。このような現象は，道徳教育そのものではないが，世論と学校側の論理や価値観とは大きくすれ違っていることを示している。

　この事例は，個人の私的な権利と公共性にかかわる集団の価値観の大きな対立を示すと同時に教師のもつ価値観に内在する根本的な道徳的価値観の葛藤を示している。憲法や教育基本法が規定するように個人の内面や価値にかかわる自由を社会や公的機関が侵してはならない。他方，その個人の価値や学習権を侵害するような他の個人がいる場合は，その権利は保障されるべきなのであろうか。その権利の侵害は，どのような場合にどの程度侵害されたとき，個人の権利を侵害されたというのであろうか。つまり，

教師の判断としては，個人の服装や髪型や態度などを指標として，他の生徒への迷惑行為あるいは学級経営上の問題点とみなすことに問題があるというのであろうか。

教師としては入試などの生徒の選別の段階において明示的ではない形で危機を予想し，リスクを回避しようとする。明示的な形でなければ，その評価基準は問題視されることはないと予想する。他方，入学を志望する生徒としてはその服装や髪型が将来の自分たちの行動を予測する指標とされていることは知らない。けれども，経験的には受験生は非明示的な評価規準を心得ている。ダークカラーの就職スーツと黒髪に身を固める就職活動に走る学生や生徒は，明示的ではないがそのことを隠れた基準として自明視している。

一見すると道徳教育とは，このような事件とは無縁の個々人の生活上のマナーにかかわるものであると考えがちである。しかし，このような事件は世論としては正当とされる論理とは異なる教育現場での道徳教育の価値基準が存在し，世論とは異なる学校教師のもつ「公共性」の基準が潜在し，機能していることを示している。それは，教室での秩序と安寧，そして他の生徒へ迷惑をかけないということが，教師自身が内在的に保持している公共性の基準であり，その破壊にむかう指標となるものが，服装や髪型などに象徴されるということなのである。

教師自身のジレンマは，それを公共性の基準として明示することができないし，そのような基準自体が世論のもつ「公正」意識や個々人の私的な「権利」の意識と対立するという葛藤をかかえている。「個人の価値」に代わり「平和で民主的な国家及び社会の形成者」たるものどのような服装をすべきなのかということは，単にその服装がどのような形でなければならないという世論の表層的な議論を超えて，他の人に迷惑をかけるという行為をどのように予想するのかというきわめて道徳的な問題をかかえている。

道徳教育に関する世論は，このような問題を正視することなく，教師にはより大きなプレッシャーを与えている。そして，教育と教師のジレンマをさらに隠れたものへと潜行させる機能を果たしている。(AS)

参考文献

梅根悟『新教育への道』(教育著作選集2) 明治図書出版, 1977
梅本堯夫・麻生誠編『発達と環境』(教育学講座3) 学習研究社, 1979
大田堯編著『戦後日本教育史』岩波書店, 1978
小澤周三ほか『現代教育学入門』勁草書房, 1982
海後宗臣『改訂新版 教育原理』朝倉書店, 1962
勝田守一編『現代教育学入門』有斐閣, 1966
勝田守一『教育と教育学』岩波書店, 1970
佐々木享『高校教育の展開』大月書店, 1979
柴田義松ほか『人間(ヒト)にとって教育とはなにか——教育人間学の試み』群羊社, 1985
シング, J. A. L.(中野善達・清水知子訳)『狼に育てられた子』福村出版, 1977
『中学校指導書 道徳論』大蔵省印刷局, 1989
遠山啓『序列主義と競争原理』(教育論著作集3) 太郎次郎社, 1980
ドベス, M.・ミアラレ, G.(波多野完治ほか監訳)『教育科学序説』白水社, 1977
豊田俊雄「発展途上国の教育」(細谷俊夫ほか編『教育学大事典』)第一法規出版, 1978
長尾十三二監修『世界新教育運動選書』別巻3冊, 明治図書出版, 1988
ピアジェ, J.(波多野完治・滝沢武久訳)『知能の心理学』みすず書房, 1960
ファン・ヘネップ, A.(綾部恒雄・綾部裕子訳)『通過儀礼』弘文堂, 1977
ブルーム, B. S. ほか(梶田叡一ほか訳)『教育評価法ハンドブック』第一法規出版, 1973
ポルトマン, A.(高木正孝訳)『人間はどこまで動物か——新しい人間像のために』岩波書店, 1961
松本金寿・柴田義松編『道徳教育の理論と実際』国土社, 1981
UNESCO, *The Global Literacy Challenge.* Paris, UNESCO, 2008

2章 ▶ 子どもの発達と学習

11 「よく遊び・よく学べ」――遊びを通しての学習

「遊んでばかりいないで勉強しなさい」。親が子どもに対して,しばしば口にする言葉である。勉強という言葉は,強制的な意味合いを感じさせるが,遊びは,自由で気ままである。人間にとって遊びのもつ意味は,古くから学者によって考究されてきた。たとえば,スペンサーの余剰勢力説,グロースの生活準備説,ホールの反復説,カーの浄化説など,またホイジンガ,カイヨワによっても定義がなされている。

勉強とは本質において異なるが,類似の言葉として学習がある。学習は,人がそれまでもっていた経験,知識,技能,また能力をもとに,新しい世界への到達をめざす主体的な活動とみることができる。学習と遊びとは,人間の主体的・自主的な活動として共通の性格をもつ。遊びは,学習をどのように生起させるのか。特に,幼児期において遊びと学習との区別はできないほどに密接な関連をもっている。幼稚園の創始者であるフレーベルの思想の中に,それを見たい。

❖フレーベルにおける遊びの本質

フレーベルは,遊びの本質を「内なるものの自由な表現」であり,遊びによって,「喜びや自由や満足や自己の内外の平安や世界との和合」が生み出されるとする。彼は,幼児が小枝や小石,木片などを集めて遊ぶ様を「子どもは,自分の将来の生命の建設のための,生命の建物のための材料を運び集めているのではなかろうか」という。子どもは,それらを,あらゆる方向に回したり,ひっくり返したり,ちぎったり砕いたりして,そのものの性質を知ろうとする。フレーベルによれば,それがやがては,子ども自身が自分の性質を理解することにつながるのである。

❖遊びと学習

以上に見るように,遊びによって,子どもは自分の世界観を広げ,自身をも見つめる眼を養うのである。

いくつもの小枝を集めるのは,子どもの興味から引き起こされた活動であり,それは集中する力を生み出していくであろう。小枝の中には,形の

遊びを通しての学習（イギリス・ケンブリッジのホマトン・ナーサリ・スクール）

異なるもの，色がいくぶん異なるものなど，さまざまであろう。これらを用いて何か物をつくろうとするならば，形や色の組合せ，バランスを考えなければならない。そこに材質の異なるものを加えるならば，その組合せを考えたり，形を工夫しなければならない。また，こうした作業が，仲間との活動であるならば，時には，物の奪い合いなどのトラブルがあるかもしれない。その中でトラブルを避け，協力し合って物をつくり，楽しく遊ぶことを子どもなりに考えていく。その遊びが，ごっこ遊びのようなものならば，子どもは，それまで経験したことを思い浮かべ，それらを再構成しながら，自分以外の人の役割，それに対する期待を学んでいく。

❖ **遊びに対する大人の指導**

フレーベルは，子どもの遊びに接する大人の役割として，「ただ子どもが行ったり，学んだり，見たり，発見したりすることを，言い表したり，それに名前をつけたり，それに言葉を与えてやったりしさえすればよい」（『人間の教育』）としている。ここでは，子どもが勝手に遊ぶのにまかせていればよいというのではない。ふさわしい指導によって正しい言葉遣い，表現の仕方，数や量の概念，分類の仕方など，数限りないものが子どもの中に育っていくのである。（OK）

12 他律から自律へ＝社会化のプロセス——しつけ

　しつけとはもともと，田植えや衣服の仕立てに使われた日常語が転じて，子どもの養育にもあてはめられたものである。水田にまっすぐに植えつけられた苗，きちんと糸で縫い合わされた布のイメージは，まだ一人前でない子どもに，要所要所を押さえながら，あるべき習慣や態度を仕込む働きかけにたしかに重なるものがある。

❖かつてのしつけ

　子どもがその社会の一員として無事迎え入れられるように，両親をはじめ周囲の大人たちは，食事や排便などの基本的生活習慣，挨拶などの礼儀作法，その他の生活上必要なしつけを行う。子どもがまだ幼い時，しつけは賞罰による条件づけとなることが多い。「しつけに理由はない」という言い方や「鞭を惜しむと子をだめにする」という西洋のことわざはこのことを物語っている。子どもが少し大きくなると，大人は実生活の中で折にふれて何かをやらせ，失敗したりつまずいた時に，叱りながら教え込み，あるべき姿に矯正していった。しつけを「子やらい」ともいったのは，伝統社会の価値規範がまだはっきりしていたころのことで，子どもを一日も早く一人前に仕立てあげるために，親元から追いやることであった。かつての子どもは，奉公や行儀見習いに出され，他人の中で苦労しながら自立を学ぶ機会があったのである。戦前のしつけには階級性，保守性が色濃くみられ，その方法も，多くは他律的，抑圧的だったが，その反面，子どもは家族と地域社会の大人たちの総がかりの子育てに恵まれた時代でもあった。

❖今日のしつけの困難さ

　核家族化の進む今日，しつけを担当するのはもっぱら若い父母となり，両親の養育態度が子どものパーソナリティ形成に強い相関を示すようになっている。伝統に根ざした子育ての知恵を受け継ぐこともなく，氾濫する情報の中で，しつけを行うのは容易ではない。豊かな物質に囲まれ，叱る人のいない気のおけない人間関係の中で育った子どもたちの基本的生活習

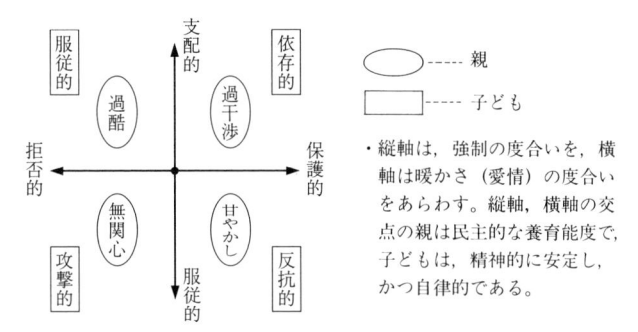

図 親の養育態度の型と子どものパーソナリティ傾向

慣のくずれや社会性の欠如が叫ばれてすでに久しい。社会の規範や理不尽さを厳しく子どもに教える父性原理が家庭から失われたため、子どもは幼少期に試練に打ち克つ経験を欠いたまま学校生活に突入しがちである。幼児期から学童期をつなぐ適切なしつけのあり方が問われている。

❖何がしつけを成功させるか

しつけを受ける幼児期の子どもは、賞罰による強化、模倣、同一視によって社会化する。2歳ぐらいまでのしつけは、やはりほめたりタイミングよく叱ったりの形態である。3歳前後から、子どもは身近にいる尊敬し愛情を抱く人のようになりたいと願い、その人を通して、価値や信念、行動の基準を取り込んでいく。いずれにしても子どもは愛情の裏づけのない人からのしつけを受け入れはしないものである。また、この時期のしつけは他律的であっても、やがては子どもが自律的に行動できるようになることに主眼を置かなければならない。禁止と抑制に訴えるだけでは、子どもの自信や自発性の発達を促すことはできない。大人は子どもの「自分でやりたい」という自立的行動を励ましながらしつけを行いたいものである。子どもの道徳性の発達を促す要因についてピアジェは、子ども同士の協同的活動をあげている。しつけをする者は、仲間集団を通した社会化の重要性ももちろん忘れてはならない。しつけで最も大切なのは、両親や他の大人が愛情ある一貫した態度で臨むことであり、それにはまず大人自身が、信念や価値を内面化した民主的なパーソナリティを獲得していくことが大前提となるであろう。(IM)

13 人は各時期に何を達成すべきか──発達課題

　人生という航路は，絶えざる変化と変転の連続である。個体の生命は成熟・成長と老化の不即不離の状況下に置かれ，人は生涯ひとつところにとどまるわけにはいかない。私たちは，人生の各段階の変化に適応し，時には風雨に耐えながら，航海を続けていかなければならないのである。むろん航海を全うするには，何らかの海図にあたるものが不可欠であろう。

❖発達段階と発達課題

　人間の発達は，決して単純かつ直線的なものではない。各時期には質的な断絶があり，それ以前の状態を否定的に乗り越えながら成長する。ルソーが『エミール』で幼児期と青年期が発達の危機的段階であることを先駆的に示したように，特にこの2つの時期に達成すべき課題をクリアしたかどうかは，のちの人生航路を大きく左右することになる。

　人間の生活周期（ライフサイクル）に沿って，各段階の心理社会的危機の起源と型を明らかにしたエリクソンは，個々の人間が自己のアイデンティティ（自我同一性）を獲得することを発達の中心課題とした。彼によれば，個人が各発達段階で直面する心理的危機ならびにそれを乗り越えて獲得すべき事柄は表のとおりである。

　またエリクソンの影響を受けた教育学者ハヴィガーストは，より具体的で実践的な「発達課題」の概念を体系化した。彼は発達課題の源泉には，身体的・生理的成熟，社会的・文化的圧力，個人的欲求・価値観の3つの要因があり，各時期の課題の達成に成功すれば個人を幸福に導き，それ以後の課題達成を容易にするが，もしその達成に失敗すれば，その個人の不幸と社会からの非難を招き，それ以後の課題の達成を難しくするとし，以下のような課題を提示した。

（1）乳幼児期　○歩行の学習　○固形食物の摂取　○言葉の獲得　○大小便の排泄を統御することの学習　○性の相違と慎みの学習　○生理的安定の獲得　○社会や事物についての簡単な概念形成　○家族および他人との愛着関係の形成　○正・不正の区別の学習と良心の発達

表　エリクソンによる発達課題

発達段階		主な環境	克服すべき危機	獲得すべきもの
幼児期	乳児期	母	不信	基本的信頼感
	早期幼児期	両親	恥・疑惑	自立性
	遊戯期	家族	罪悪感	主導性
児童期	学童期	近隣・学校	劣等感	勤勉・生産性
青年期	思春期	仲間・外集団	アイデンティティの拡散・混乱	アイデンティティ
成人期	初期成人期	性愛・結婚	孤独感	親密感
	成人期	家政・伝統	停滞	生殖・生産性
	完熟期	人類・親族	絶望感	統合（死への準備）

(2) 児童期　○各種ゲームに必要な身体的技能の学習　○自己の身体に対する健全な態度の養成　○同年齢の友人と仲良くすることの学習　○適切な性的役割の学習　○読み・書き・計算の基礎的技能の獲得　○日常生活に必要な概念の形成　○良心，道徳性，価値の尺度の発達　○人格の独立性の発達　○社会集団および諸機関に対する態度の発達

(3) 青年期　○同年齢の男女との新しい関係づくり　○身体の変化に伴う適切な性役割の獲得　○両親や他の大人からの情緒的独立　○経済的独立に関する自信の確立　○職業選択とその準備　○結婚と家庭生活の準備　○公民として必要な知識技能と態度の発達　○社会的に責任のある行動を求め，遂行すること　○行動の指針としての価値観，倫理の体系の獲得
（壮年期，中年期，老年期の発達課題については省略）

❖発達課題をどう活かすか

上記のような代表的な発達課題の提示は，現代社会を生きぬくための海図として有効である反面，当然ながら提出された時代と文化からの影響・制約を受けている。幼年期の基本的信頼感や青年期のアイデンティティの獲得といった重要課題の達成は，グローバリゼーションのもとでの家族や社会の急激な変化によってさらに難度を増している。個々人の生涯発達と課題達成は，多様な形で幾重にも社会からサポートされ，保障されていく必要のある時代となっている。(IM)

14 愛着の形成と子どもの発達——ホスピタリズム

母親の腕の中ですやすやと眠る子ども、無心に乳房に吸いついている子どもは自然な愛情を一身に受け、安心しきっている。このような乳幼児がもし母性的な愛護を突然奪われたとしたらどうなるであろうか。

❖施設の子どもにみられたさまざまな発達障害

17世紀から19世紀にかけてのヨーロッパでは孤児院などの慈善施設における乳幼児が病気にかかりやすく、しかもその死亡率がきわめて高いことが知られていた。一方、里子に出された子どもの多くは状態が改善し無事に育つことから、子どもにとっての家庭の重要性が経験的に理解されていた。20世紀に入り、子どもの発達診断の技術が進歩してからも、乳児院などの施設の医学的管理のもとに置かれた子どもの身体的発達の遅れや罹病率の高さ・回復の遅れなどは依然として認められていた。問題はそればかりではない。そうした子どもの多くが外からの刺激に対して無反応で何の好奇心も示さなかったり、無意味な言葉をぶつぶつつぶやく、あるいは自分の頭を何度も壁に打ちつけるなどの異常な症状をみせていた。このような現象は環境的な刺激の乏しい（真っ白な壁や寝具、粗末で少ない玩具など）、人手の足りない施設においてよくみられ、ホスピタリズム（hospitalism: 施設病）として、世の注目を浴びたのである。その後、2度の大戦によって、多くの孤児が施設に収容され、ホスピタリズム問題の原因究明が急がれることになった。1948年、WHO（世界保健機関）の委託を受け、この問題を再検討し、理論化したのがイギリスの精神医学者ボウルビーである。

❖ボウルビーの研究とその意義

施設収容児の身体的・知的・社会的・情緒的発達が損なわれるのはなぜかについて、ボウルビーは「母性的な養護の喪失（母性剝奪, maternal deprivation）」に原因を求め、母子関係（もっと広義には愛着形成）の理論を構築した。子どもは、生後まもなく母親またはこれに代わる特定の人物との間に強い愛着関係を築く。子どもは特定の人物に愛され、守られている

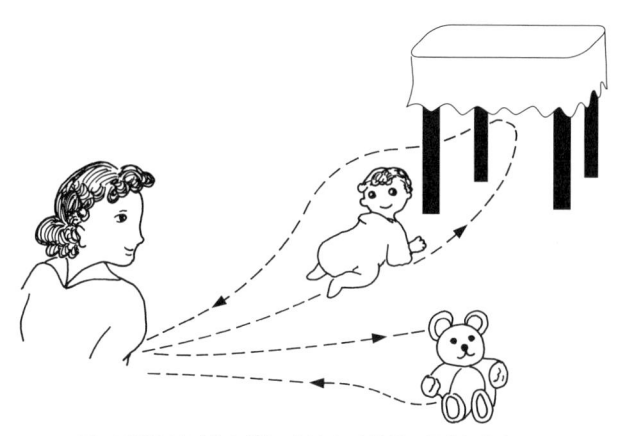

図　子どもは愛着の対象（母親）を基地に探索行動を行う

ことを知って、情緒的に安定し、それを基礎に知的・社会的な世界を広げることができるのである。はいはいを始めたばかりの赤ちゃんは、愛着の対象（母親）を基地にして周囲の探索行動をするが、もしそばに、その人がいなければ、安心して探索を続けることはできない。また、愛着対象との第１次的関係を築いている子どもは、スムーズに他の大人との２次的な関係を結ぶことができる。人手不足の施設においては、それぞれの子どもが特定の保育者から愛情のこもった一連の世話を受けることは難しい。子どもたちが強い欲求不満や不安を感じ、精神発達が歪むのも当然のことであった。ボウルビーの理論は、施設の人的配置や子どもと保育者の関係の改善に大きく寄与し、以後、かつてみられたようなホスピタリズムはかなりの程度まで解消されている。そのため、現在ではホスピタリズムということばよりも、「母性剝奪」または「分離不安」、より積極的には「愛着形成」（アタッチメント）ということばの方がよく使われる。

❖健全な愛着関係の形成を

家庭の教育力の低下や、女性の社会進出に伴う保育の社会化の進む今日、あらゆる幼い子どもが愛着の対象となる人物との健全な絆をもつことがますます重要性を高めている。健全な愛着関係に恵まれた子どもは、不安や困難に耐え、人を愛し、信じることのできる、安定したパーソナリティを形成することができるからである。(IM)

15　知能は測れるのか——知能指数

　ある人の頭脳のよし悪しを表すのに,「彼の IQ は高い／低い」というように, 今日では IQ (intelligence quotient: 知能指数) はすっかり日常用語として定着している。この IQ を導き出す知能テストを就学前後から受けたことのない日本人はまずいないはずである。しかし, このように社会慣行化している知能検査は, これまでに多くの論議を呼んできた。

❖知能とは何か

　人間の知能とはそもそも何なのかについては,「それを語る人の数だけ定義がある」といわれている。いわゆる知能とは, 実体のある"もの"ではなく, その時代のさまざまな"知能観"を反映した概念なのである。ある人は知能を各人に備わった抽象的・論理的思考力だといい, またある人は問題の合理的解決能力であるなどという。この知能を客観的な尺度を用いて, 科学的に測定しようという試みは, 20世紀初頭に開花し今日にいたっている。それゆえ,「知能とは信頼できる測定用具（テスト）によって測定されたもののことである」という定義も存在する。知能テストの知能観とは, 人間の知能はいくつかの基本的な知的機能（たとえば, 言語的能力, 数値的能力, 視覚的・空間的能力, 記憶力など）から成り立っていて, 異なった要素からなるテスト（実際には大きく言語的テストと非言語的テストに分かれる）によって測定することができるというものである。

❖知能測定へのアプローチ

　世界で初めての知能検査はフランスのビネーによって 1905 年施行された。ビネー・テストの基本的コンセプトは, 子どもの知能は年齢とともに発達し, 各年齢段階で獲得する知的操作能力には共通性がある, というものである。ビネーはサンプル調査によって各年齢段階のテスト問題を標準化し, ある子どもがある年齢の問題まで解答可能な場合, それをその子どもの精神年齢であるとした。1916 年, アメリカのターマンが開発したスタンフォード＝ビネー法で初めて用いられた IQ とは, 実際の年齢（＝暦年齢）と精神年齢との百分比である。これにより, IQ＝100 を標準として

一人一人の子どもの知能発達が進んでいるか／遅れているかが一目瞭然となったため、広く使用されるようになった。ただしIQにも不合理な面（たとえば、子どもの年齢が高くなるほど比であらわすのには無理があるなど）があるため、知能偏差値（偏差値IQ）が今日ではよく使われている。

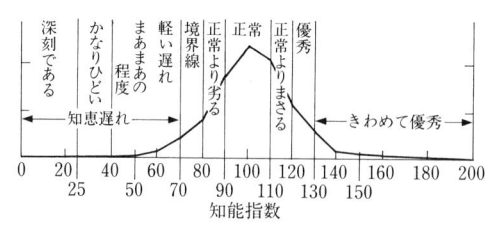

$$IQ（知能指数）= \frac{MA（精神年齢）}{CA（暦年齢）} \times 100$$

図 IQ値は知能程度を示す大まかな指標となる

ところでビネーはもともと、子ども（とりわけ知的障害のある子ども）の個人差に応じたよりよい教育の可能性を探ることを意図して、個別的な知能測定法を開発したのであった。しかし、知能測定への社会的要請は、就学率拡大期にあって就学不可能な児童を選別することにあった。また、今日一般化している集団的な知能テストの歴史的背景には第1次大戦中、軍隊内の適正な人材配置のために効率のよい判別法が必要だったことがある。このように知能測定には当初から、「子ども一人一人の発達の保障」と「社会的選別」という方向性の異なった使命が負わされていたのである。

❖知能発達の要因と教育

知能の決定要因ははたして遺伝か／環境か、は古くからの論争テーマだが、今日ではそのどちらか一方が支持されることはほとんどない。バーノンによれば遺伝的な素質（これを知能Aとする）が、環境との相互作用によって発達したのが今あらわれて活動している知能Bであり、知能Bを測定によってサンプル化したのが知能Cであるという。私たちはともするとIQで表された知能Cを知能AやBと混同しがちである。これまで過信されたIQは人種差別などのイデオロギーに利用され、また教師が子どもを見捨てるときの口実にも使われてきた。教育の場では、IQを子どもの発達程度や適性の把握のために参考とする一方、その限界を十分意識して、指導にのぞむことが必要である。（IM）

16　学習成立の内的条件——レディネス

　私たちがある事柄を学習する時，楽しさや満足感を伴ってスムーズに学習が進行する場合もあれば，逆に，苦痛や無理を感じたりして，結局不満足な成果しか得られないこともあるのはなぜだろうか。学習を成立させる条件には大きく分けて，教師や教材も含めた学習者の外的な条件と学習者の内側に準備された内的条件とがある。この内的条件を，ある学習に対するレディネス（readiness）と呼ぶ。

❖成熟，経験，興味——レディネスの諸側面

　筋肉も知力もまだ十分に発達していない幼児に複雑なテクニックやルールの要求される運動を教えようにも無理があるし，加減の演算を習得していない児童に乗法・除法を理解させるのは困難である。また興味や動機の希薄な外国語学習は中途で挫折しやすい。このようにレディネスの有無は学習の成立を大きく左右するが，これらの例からもわかるようにレディネスには学習者（＝子ども）の成熟・発達という側面や，学習のプロセスにおける既習内容の定着度（過去の経験），さらに学習者の興味・意欲・動機などの態度的側面などさまざまな要素が互いにかかわっている。そして，たとえ教える側がどんなに熱心であっても，学習者がレディネスのいずれか一面を欠いていたら，学習の成功は見込めないのである。

❖新教育のレディネス観

　長い間，学校が子どもの主体性や個性を無視して画一的・注入的な教育を行ってきたことへの反動として，20世紀に入ると世界各国で児童中心的な教育改革が行われた（→6）。「教育＝成長」（デューイ）という理念のもとでは，子どもに読み書き，計算を教える時にも，決して無理強いすることなく，子どもの成長や生活に即した方法で学習を後押ししてやることがめざされた。この教育観を支えたのが当時発展しつつあった子どもの発達研究だった。ピアジェなどの研究により，子どもの心身の成熟が特定の学習を可能にする時期，あるいは最も効果的に学習を成立させる時期（最適期）がしだいに明らかになり，それぞれの発達段階にふさわしい教育と

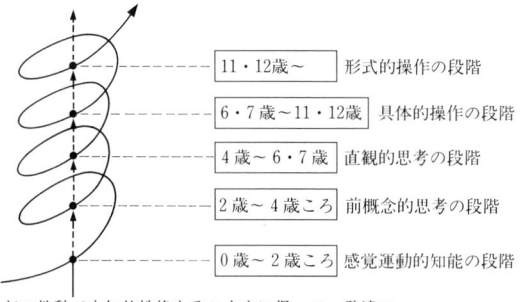

図の説明：
- 11・12歳〜　形式的操作の段階
- 6・7歳〜11・12歳　具体的操作の段階
- 4歳〜6・7歳　直観的思考の段階
- 2歳〜4歳ころ　前概念的思考の段階
- 0歳〜2歳ころ　感覚運動的知能の段階

どの教科でも知的性格をそのままに保って、発達のどの段階の子どもにも効果的に教えることができる。

図　スパイラル（らせん）型教育課程（ブルーナー）と子どもの知的発達段階（ピアジェ）

いう考え方が定着したのである。

❖「待ちのレディネス」から「つくりだすレディネス」へ

　新教育のレディネス観は、古い時代にレディネスに対する配慮なき教育がなされたことへのアンチテーゼであり、その時点でまさに画期的な意義をもっていた。しかし、それぞれの子どもの成熟や発達を待ちながら、ゆっくりと生活に密着した学習を進める方法に対しては異議がとなえられたこともまた事実であった。子どもが諸科学の重要な概念を学ぶことを可能にするレディネスを、教授活動によっていかにつくりだすか、科学振興の時代的要請とあいまって、新たに問われることになったのである。

　旧ソビエトの心理学者ヴィゴツキーは発達と教育との関係を考えるにあたって、教育が発達を追いかけるのではなく、教育が発達を先回りすることができることを主張し、学習のレディネスの2つの異なった水準に着目した（→ 17）。また、1960年代アメリカの教育内容の現代化運動に影響を与えたブルーナーは、「どの教科でも、知的性格をそのままに保って発達のどの段階のどの子どもにも効果的に教えることができる」という仮説にもとづき、「らせん型教育課程」を提唱した。このことにより、それまで考えられていたよりもかなり年齢の低い子どもに楽しく自然科学や数学の基礎的概念を教える工夫がなされるようになり、早期の学習経験がのちのさらに高次な学習のレディネスとなることが明らかにされた。以上のような「つくりだす」レディネス観は、今世紀後半のカリキュラム改革や教授法改革の基礎理論となっているのである。（IM）

17 発達と教育のダイナミックなとらえ方
——発達の最近接領域

　子どもはこの世に生を享けた瞬間から日々成熟し，年月とともに知的・社会的な発達を遂げる。個々の子どものこのような発達に対して，教育という営みはどのようにかかわればよいのだろうか。発達と教育という2つのプロセスの関係を解き明かすことは，教育者にとって根本的な問題である。ここでは旧ソ連の心理学者ヴィゴツキーが提起した「発達の最近接領域」の理論について考えてみよう。

❖発達と教育についてのさまざまな見方

　発達と教育に関する見解は単純化して考えるなら，次の3つの立場に分かれるだろう。第1の立場は，発達を成熟と同義にとらえ，教育は発達のあとを追って進められるべきだと主張するものである。知能テストの生みの親のビネーも，また発生学的心理学の立場から子どもの発達にアプローチしたピアジェも基本的にこの見解をとっていた。第2の立場は発達そのものが，学習の過程であり，教育であるというもので，この立場に立つ代表的人物にはデューイがあげられよう。ヴィゴツキーによれば，第1の立場も第2の立場も，発達と教育をそれぞれ別個のものとするか，同一視するかで，両プロセスのかかわり方を明らかにはしていない。ヴィゴツキー自身は第3の立場，すなわち第1と第2の立場の中間に立ち，発達を成熟と学習の二元論的立場からとらえ，教育との関係を明らかにしようとした。

❖子どもの発達の2つの水準

　ヴィゴツキーは子どもが独力で解決できる問題が示す「現下の発達水準」と，子どもが集団の中で「教師の指導や仲間の援助を受けながら解決できる問題が示す発達の水準」の双方に着目した。現下の発達水準とは，いわば昨日までの学習によって子どもの中にすでに成熟している機能のことであり，今日からの新たな学習へのレディネスでもある。一方，子どもが今はまだ自分1人でできなくとも，人の手を借りてできることは，近い将来それがわがものとなること，つまり明日の現下の発達水準になりうる

図 教授－学習過程における昨日・今日・明日

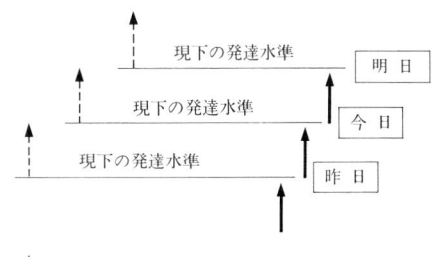

↑ は発達の最近接領域を，⇑ はレディネスをあらわす

表 同一クラス内の子どもの相対的成績

	IQ	発達の最近接領域	相対的成績
A	高	広	良
B	高	狭	不良
C	低	広	良
D	低	狭	不良

ことを示している。

　ヴィゴツキーはこの2つの水準の間の領域を「発達の最近接領域」と定義した。「発達の最近接領域」が示しているのは，今はまだ完全には成熟していないが，たしかに成熟の途上にある機能が存在しているということである。果樹園で園丁は果樹が実を結ぶずっと前から，そこへ至るまでの段階を念頭に置いて世話をする。これと同様，教師は今はまだあらわれていない子どもの発達の可能性を見通しながら指導にあたるべきで，そうしてこそ，教育実践は豊かな実りを結ぶとヴィゴツキーは主張したのである。

❖発達の可能性に焦点をあてた教育実践が子どもを伸ばす

　一般に，IQは子どもの教育可能性を示していると考えられがちである（→ **15**）。ヴィゴツキーによれば，異なった4つの類型に属する4人の子ども，A，B，C，D（表参照）が同じクラス内でどのような相対的成績（各人における進歩の度合いをみる成績）を収めるかを調べると，高い成績を示したのは，「IQ高」群のAとBではなく，「発達の最近接領域広」群のAとCの方であった。この実例は，あらゆる子どもの力を伸ばすにはIQを知るだけでは不十分であることを示している。IQはあくまで現下の発達水準を表すもので，発達の可能性を全面的に示すものではないからである。また授業における課題の難易度は，子どもの発達の最近接領域内に設定すれば，やさしすぎも難しすぎもしないので子どもは意欲的に取り組むことができ，学習は効果的に行われる。以上から，教師は教授活動のなかで常に子どもの発達の最近接領域を推し量り，そこに的をしぼった適切な働きかけや環境の設定をすることが肝要であるといえよう。（IM）

18 幼稚園と保育所,そして認定こども園へ
――幼保一元化

❖幼稚園と保育所,どう違うのか

　幼稚園と保育所はともに就学前の子どもが過ごす施設である。その起源をたどれば,幼稚園は富裕層の教育機関として,保育所は貧困層のための福祉機関として発展した歴史がある。こうした制度的な分断状況を克服することを「幼保一元化」と通称する。現在,乳幼児期からの発達保障の重要性とその長期的な社会経済効果がさまざまに立証され,"Starting Strong"(人生の始まりこそ力強く,OECD)のスローガンのもとに,就学前の制度を整合性のある利用しやすいものに改革(理想的には一元的行政制度のもとに統合することが世界的潮流となっている。日本も例外ではなく,以下のような段階的な取り組みが進められている。

❖少子化社会の到来と幼稚園・保育所のあり方の変化

　地域社会と家族の変化や経済格差の増大等の影響で,若い世代が安心して子どもを産み育てることがますます困難となり,幼稚園と保育所には,地域内の多様な保育ニーズをもつ親と乳幼児にむけたサービスの提供が求められるようになっている。1989年の1.57ショック以来,初の省庁連携による子育て支援・少子化対策としての「エンゼルプラン」(94年～)に盛り込まれた「緊急保育対策事業」はそのさきがけであった。その後,97年に文部・厚生両省(当時)の担当部局の協議から「幼稚園・保育所の施設共用化」促進事業が開始し,地域の数少ない子どもを共用施設で一体的に保育することが試みられるようになった。幼稚園と保育所は従来の縦割り行政の制約から必要に迫られ新たなステージに入ったのである。

❖幼保一体的な「認定こども園」の登場

　2003年の「少子化対策基本法」と「次世代育成支援対策促進法」の通過後,文部科学省と厚生労働省は「幼保連携推進室」を設置,06年には既存の両制度はそのままに,幼稚園と保育所の「よいところどり」をした「こども園」への認定移行制度を発足させた。認定こども園は,保護者の

表 「子ども・子育て支援新制度」下の就学前機関（2015年4月より）

	幼稚園	保育所	認定こども園
主管する省庁	文部科学省	厚生労働省	内閣府・文部科学省・厚生労働省
根拠法	「学校教育法」	「児童福祉法」	「就学前の子どもに関する教育・保育等の総合的な提供に関する法律」（通称：「認定こども園法」）による各都道府県の条例
保育内容・方法に関する基準	「幼稚園教育要領」	「保育所保育指針」	「幼保連携型認定こども園教育・保育要領」（他類型のこども園にも適用）
保育者の資格と職称	幼稚園教諭免許	保育士資格	0-2歳児：保育士資格；3-5歳児：幼稚園教諭免許と保育士資格併有。幼保一体型認定こども園の場合の保育職称を「保育教諭」とする
入園・入所	保護者の自由意思により入園（利用制限なし）	市町村が，「保育の必要性」に照らし入所可能かどうかを認定	利用希望者が直接「認定こども園」に申し込む（親の特殊事情のある場合には市町村が認定）
保育時間の標準	1日4時間（午後の預かり保育も可）	1日8時間（延長も可）	子どもにより1日4時間，または8時間（このうち教育課程に係る教育時間は午前中の4時間とする）

就労の有無に関わりなく必要に応じて利用可能な(1)就学前の子どもの教育と保育を一体的に行う機能，(2)地域における子育て支援を行う機能をもち，①幼保連携型，②幼稚園型，③保育所型，④地方裁量型の4類型がある。当初認定件数は飛躍的には伸びなかったが，制度設計が具体化するにつれ，07年の94件から14年の1359件へと増加中である。なお幼保連携により文科省の幼稚園課は幼児教育課と改称，課程基準の整合化から着手したことも特筆すべき点である（06〜08年）。

2015年始動の「子ども・子育て支援新制度」（「子ども子育て支援法」等関連3法〔2012年〕による）のもとで，①の幼保連携型こども園は，教育と福祉を結合した単独施設としての役割を担い，3歳以上の担当資格統合の布石として「保育教諭」（職称）を導入した点でも注目される。（IM）

参考文献

アイゼンク,H.・ケイミン,L.(斎藤和明ほか訳)『知能は測れるのか——IQ討論』筑摩書房,1985

ヴィゴツキー,L. C.(柴田義松・森岡修一訳)『子どもの知的発達と教授』明治図書出版,1975

エリクソン,E. H.(仁科弥生訳)『幼児期と社会』1・2,みすず書房,1977・80

大田堯『教育とは何か』岩波書店,1990

勝田守一「能力と発達と学習」(勝田守一著作集6)国土社,1973

蒲原基道ほか編『幼稚園・保育所・認定こども園から広げる子育て支援ネットワーク』東洋館出版社,2006

繁多進『愛着の発達』大日本図書,1987

清水義弘『子どものしつけと学校生活』東京大学出版会,1983

全国保育団体連絡会・保育研究所編『保育白書2003』草土文化,2003『同2006』『同2008』『同2009』ちいさいなかま社,2006,2008,2009

中山徹ほか編『幼保一元化——現状と課題』自治体研究社,2004

西平直喜「青年期における発達の特徴と教育」(岩波講座・子どもの発達と教育6)岩波書店,1979

ハヴィガースト,R. J.(荘司雅子ほか訳)『人間の発達課題と教育——幼年期から老年期まで』牧書店,1958

パーソンズ,T.・ベールズ,R. F.(橋爪貞雄ほか訳)『家族』(「核家族と子どもの社会化」合本)黎明書房,1981

ビネー,A.(波多野完治訳)『新しい児童観』明治図書出版,1962

ブルーナー,J. S.(鈴木祥蔵・佐藤三郎訳)『教育の過程』岩波書店,1963

ボウルビィ,J.(黒田実郎訳)『乳幼児の精神衛生』岩崎学術出版社,1967

ボウルビィ,J.(黒田実郎ほか訳)『母子関係の理論』1〜3,岩崎学術出版社,1977・81

細谷純「学習とレディネス」(岡本夏木ほか編『発達と学習』)(児童心理学講座2)金子書房,1969

三宅和夫ほか編『波多野・依田 児童心理学ハンドブック』金子書房,1983

森上史朗編『幼児教育への招待』ミネルヴァ書房, 1998
文部科学省・厚生労働省幼保連携推進室「就学前の教育・保育ニーズに対応する新たな選択肢　認定こども園」(説明リーフレット), 2005
我妻洋・原ひろ子『しつけ』弘文堂, 1974

3장 ▶ 교육과정

19 誰が何を子どもに教えるか——教育課程

 教育課程は，カリキュラムの訳語である。その語源のラテン語のcurrereは「レースコースを走ること」の意味と解釈されることから，カリキュラムとは，人間が人生の中で積み重ねてきた経験を再構成すること，あるいは個人の人生における経験の説明ともみられる。経験はその時代や社会の文化を反映し，顕在的ならびに潜在的カリキュラムを構成する。

 わが国では，第2次大戦前，カリキュラムは，「学科課程」「教科課程」と訳され，学校の教科内容，時間配当を指していた。戦後，「教育課程」として，訳語が定着した。この背景には，学校観の変化があるとみられる。戦前においては，学校教育の中心は，主として，学問体系にもとづく教科であり，それが教育の全体計画の骨組みになっていた。教師の役割は，教科別に編集された教科書を，順を追って忠実に児童・生徒に履修させることであった。いわば，これは，ドイツ流の学校観であった。そこでは，教科の内容は「学ばれるべきもの」とされている文化財と教科内容から構成されていた。それに対して，戦後は，児童・生徒の望ましい成長・発達は，その主体性を重視し，多様な活動や経験の助長によるものという経験主義に立脚した，いわばアメリカ流の学校観が広まった。ここでは，学校は，伝統的な教科の教育にとらわれることなく，児童・生徒の興味や要求を取り入れて計画を立て，学習の展開をはかろうとする。したがって，その教育計画は，教科および教科外活動から成り立つものと考えられた。

❖教育課程の定義

 以上の経緯から，今日，教育課程は，広義では「教育目的を達成するために教育機関が計画し指導する一切の教育内容とそれに即して展開される児童・生徒のすべての活動を指すもの」として，狭義では「学校における各教科および教科外活動の組織と教育内容の編成を指すもの」として規定されている。

❖教育課程の編成法

 定義にも示されるように，教育課程は，教育の目標，教育の内容，教育

方法，および評価から成り立つ。教育の目標は，その時代の要請と深くかかわりをもつ。教育課程の科学的研究の先駆者といわれるイギリスのスペンサーはその著『教育論』の中で，人間の生活で価値ある活動として，①直接の自己保存活動，②生活の必需物質を得ることによる間接的な自己保存活動，③子孫の育成としつけを意図する活動，④社会的・政治的関係を保つための活動，⑤余暇を満たし趣味や感情を満たす活動，の5つをあげている。これらの活動を有効に行うために必要な科学によって，教育課程は構成されるべきだと彼は主張した。このような意味の科学的研究は，その後，アメリカで発展し，1920年代初めには，ボビットやチャーターズによる活動分析法，1930～40年代では，キャズウェルやキャンベルの社会機能法に依拠した教育課程改革運動が展開された。特に社会機能法は，戦後の日本の教育改革，とりわけ地域教育計画として全国各地で行われたプランに示されるように，「社会科」の実践に大きな影響を及ぼした。

❖潜在的カリキュラム

何の目的で何をどのように教えるのか，学校案内や時間割のように明確な形で示されているのは顕在的カリキュラムである。児童・生徒は時間割の中に組まれた教科や活動の教育を受けたり，学んだりするが，それを通して学校側がまったく意図していなかったことをも習得する。子どもたちが自分を取り囲む環境の中から無意識のうちに学んでいる部分を，潜在的カリキュラムという。たとえば，教師の話し方，字の書き方，あるいは，成績のよい者への接する態度なども，生徒に影響を及ぼしている部分である。また，特定教科の時間に生徒がいわゆる「内職」をすることがあるが，学校では表立ってその時間は「内職」向きのものとして教えているわけではない。むしろ，どの教科も独自の目標があり重要であると教えているはずである。それにもかかわらず，この状態が改まらないのは，学校全体の中にそれを暗黙のうちに是認する雰囲気があり，生徒がそれを感じとっている場合も多い。このようなことが生徒の価値観にも影響を及ぼす。潜在的カリキュラムは，無意図的であるがゆえに，いっそう強力な働きをもつ。イリッチやブルームがこの重要性を指摘している。(OK)

20　何学年で，何を教えるのか——学習指導要領

漢字や英単語にいたるまで，小学校，中学校，高等学校の各学年で学習すべき内容については，1953年以後は文部省（現在は文部科学省）発行の「学習指導要領」（告示）で定められ，教科書もこれを忠実に反映するものになっていた。しかし98年の学習指導要領の改訂では，英単語の学年配当が緩和されるなど各学校段階での裁量の幅が広げられていた。そして2008年の小学校，中学校，09年の高等学校の学習指導要領の改訂では，前の学校段階での復習や発展学習を含めてもよいことになった。

❖学習指導要領が公示されるまで

現行の学習指導要領は，小学校，中学校，高等学校，特別支援学校の学校別に作成されており，幼稚園用には幼稚園教育要領が発行されている（なお保育所用には，厚生労働省が保育所指導指針を発行している）。

学習指導要領が公示されるまでの手続きは，まず，教育課程審議会に対する文部科学大臣の諮問に始まる。諮問を受けた同審議会はその事項を調査審議し，文部科学大臣に建議する。同審議会には，初等教育，中学校，高等学校の3つの教育課程分科審議会が置かれ各界各層の専門家の意見をもとに，各学校段階の内容が分担審議される。審議の結果は「答申」として示される。文部科学省は，この答申の趣旨にもとづき，学習指導要領作成協力者会議で検討を行い，各学習指導要領を作成する。そして学校教育法施行規則という省令を改正し，文部科学省告示として官報に公示をする。

❖学習指導要領の歴史

アメリカ教育使節団の報告書を受けて，1946年4月，文部省（当時）は教科課程改正準備委員会を発足させた。ここではアメリカと旧ソ連の教育課程の調査をもとに，具体的な教育課程の改正案の検討がなされた。そして47年に「学習指導要領一般編（試案）」が生まれた。一般編では，学習指導の「一応の基準」を示しており，それは「児童中心」の新教育と経験主義による指導法を掲げていた。そしてこれは，「教師自身が自分で研究していく手びきとして書かれたもの」と解説されている。同年数カ月遅れ

て「学習指導要領各科編（試案）」が，各教科ごとの委員会の検討を経て刊行された。この学習指導要領の特徴は，社会科，家庭科および自由研究の新設であった。また，中学校の教科目に必修と選択の区別が設けられた。51年には高等学校の学習指導要領が作成された。そして小・中・高等学校の教科課程に代わって，教育課程という概念が示された。

1958年の学習指導要領改訂では，これまでの「試案」という性格は大きく変わり，学習指導要領は文部省の「告示」となり，法的拘束力をもつことになった。系統主義への転換がはかられたほか，小学校と中学校の教育課程に，「道徳の時間」が特設されることになった。

1968年小学校，69年中学校，70年高等学校の各学習指導要領が改訂され，能力主義と教育の現代化が導入された。

1977年に小学校と中学校，78年に高等学校の学習指導要領が改訂された。今回はゆとりと創造が重視された。この後もほぼ10年ごとに改訂がなされ，89年には新学力観，98年には「生きる力」という重点課題が打ち出された。特に98年の改訂では，各学校が特色ある教育課程を編成できるよう教育課程の裁量幅拡大の方針がとられた。そして小・中・高校の教育課程に新たに「総合的な学習の時間」が導入された。

2008年には小学校と中学校，09年には高等学校の学習指導要領が改訂され，小学校の高学年から外国語活動を行うほか高等学校の英語の授業は英語で行うことを基本とすることになった。（OK・OZ）

21 「教科書を教える」のではなく「教科書で教える」
——教科書

　教科書とは，法的には「小学校，中学校，高等学校，中等教育学校及びこれらに準ずる学校において，教育課程の構成に応じて組織配列された教科の主たる教材として，教授の用に供せられる児童又は生徒用図書であって，文部科学大臣の検定を経たもの又は文部科学省が著作の名義を有するものをいう」(「教科書の発行に関する臨時措置法」)。教科書の使用については，「小学校においては，文部科学大臣の検定を経た教科用図書，又は文部科学省が著作の名義を有する教科用図書を使用しなければならない」(中学校および高等学校は小学校に準用——「学校教育法」第34条) と定められている。教科用図書以外の図書その他の教材で，有益適切なものは，これを使用することができる。これ以外に，文部科学省による検定で不合格になった本を使うことはできない。それは，「教育上好ましくないものであるから補充教材その他いかなる名目においても，又いかなる手段によるとも，これを教材として使用し，或いは児童生徒に使用させてはならない」(「教科書局長による通達」) と厳しく禁じられている。

　現行の教科書検定制度は，1953年，学校教育法が一部改正され，文部大臣 (当時) の教科書検定権が明示されて以来とられてきた。検定基準には全教科に共通の基本条件と，各教科に必要な条件とがある。前者は，①教育基本法，学校教育法の目的，目標との一致，②学習指導要領の教科の目標との一致，③政治や宗教についての取扱いが公正，があげられる。後者には，①学習指導要領に示される目的，内容の一致，②児童生徒の発達にふさわしい内容，③正確な内容，④他教科との関連，⑤適切な組織，配列，分量，⑥表記，表現，⑦教科書としての体裁，⑧適切な創意工夫，などがあげられている。

　小・中・高等学校および中等教育学校では，このような吟味を経て合格した教科書を，とにかく使用しなければならないのである。教科書検定は，国民の精神的自由をおびやかすものではないかとの批判もある。たとえば，

歴史学者の家永三郎は自らの執筆した高校日本史教科書について，教科書検定によって不本意な記述を強いられたとし，1965年に国を提訴した。家永は，教科書検定は教育の自由や表現の自由，検閲の禁止，学問の自由などに反すると主張した。97年，第三次訴訟の判決が最高裁によって下され検定制度自体は合憲であるが，国の裁量権の範囲を逸脱する箇所は違憲であるとされた。32年間にわたる裁判は学校教育の内容と国のかかわり方を考えさせるものでもあった。

❖「教科書を教える」のではなく，「教科書で教える」

「教科書を教える」のではなく，「教科書で教える」のが望ましい授業であるといわれたりする。細部にいたるまで検討されたはずの教科書を教えることは，なぜ否定されるのか。それは，教職の専門職性に関連をもつ。「教科書を教える」とは，子どもへの知識・技術の伝達が強調されるのに対し，「教科書で教える」とは，教科書に示される知識・技術を，教師が研究・解釈したうえで，子どもに教えることである。教師は子どもの実状を把握・理解し，子どもの納得がいくよう教授方法を考えなければならない。

また，子どもはそれを学んだことにより新たな知見を得て向上し，学ぶ意欲を芽生えさせていく。このような指導においては，教材に対する教師の解釈の中に，少なからず，教師の見方，感じ方，さらには生き方までもが反映される。それによって，子どもは意欲的にもなるであろうし，逆に意欲がそがれるかもしれない。たとえ一時，意欲がそがれたとしても，子どもは別の見方を知ったということになるのである。

「教科書で教える」ためには，教科書によって何を子どもに教えていくのか，教師自身が絶えず追究していかなければならない。教えていくべき「何か」は教師の姿勢にほかならない。それを明らかにし，磨いていくのは，教師自身であり，その意味でも日々の研修は欠くことができないのである。(OK・OZ)

22　理科と社会の単なる統合か──生活科

1987年12月,教育課程審議会は,教育課程の改訂の必要を明らかにした。その中で,小学校低学年では社会科と理科とを廃止し,「生活科」として新しい教科を設けることが示された。「生活科」は92年度からの小学校全科の新教育課程の全面実施よりも先に,90年度から実施された。

❖生活科成立の経緯

1983年,中央教育審議会の教育内容等小委員会による「審議経過報告」では,「小学校低学年の教科構成については,国語,算数を中心にしながら既存の教科の改廃を含む再構成を行う必要がある」とした。ここから,小学校低学年の教科構成の検討が始まった。これを受けて成立した「小学校低学年の教育に関する調査研究協力者会議」は,86年,「審議のまとめ」の中で,生活科について次のように述べた。

> 低学年児童には未分化な発達状況がみられ,この時期は,児童の具体的な活動や体験に即して指導することが有効である。したがって,児童の生活に即した活動や体験を通すことによって,社会認識や自然認識の芽を育てることができる。また,これらを通して,自己認識の基礎,生活上必要な習慣や技能を習得させ,自立の基礎を養うことをねらいとして,生活科を打ち出した。

この「審議のまとめ」を受けた教育課程審議会は,冒頭のような生活科設置を答申したのである。

❖生活科のねらい

新学習指導要領の「生活科」の教科目標は,次のようである。

> 具体的な活動や体験を通して,自分と身近な社会や自然とのかかわりに関心をもち,自分自身や自分の生活について考えさせるとともに,その過程において生活上必要な習慣や技能を身につけさせ,自立への基礎を養う。

学年共通の目標は,①自分と学校,家庭,近所の人,公共物とのかかわりの中で,集団の一員として行動できる,②自分と身近な動植物などの自

然とのかかわりの中で，自然を大切にし，自分の生活を工夫できる，③社会や自然の観察，動植物を育てる，遊びや生活に使うものの作成を通して，活動の楽しさを味わう，それの表現のしかたを学ぶ，となっている。

1学年の内容では，①学校の様子，学校生活を支える人々，友だち，通学路，安全な登下校，②家族の仕事，家族の中での自分の役割，健康な生活，③公園などの公共施設の利用のしかた，自然の観察，季節の変化とそれに合わせた生活，④土，砂，草花，木の実などでの遊びの工夫，⑤動植物の飼育・栽培，生き物への親しみ，生命の大切さ，⑥日常生活での自分の役割，となっている。

2学年の内容では，①日常生活での買物，手紙，電話など人々との応対，②公共物の働きとそこで働く人々，公共物の利用のしかた，③季節や地域での行事，④自然材料を用いる遊び，生活に使うものの工夫，⑤自然観察，動植物の飼育・栽培，生き物への親しみ，⑥人々への感謝の気持ち，である。

指導計画の作成にあたっての配慮事項としては，①社会，自然を一体的に扱う工夫，②社会や自然とのかかわりの具体的な把握，③生活習慣・技能の指導，④言語，造形などの指導との関連，があげられている。

❖生活科に対する批判および問題点

生活科の新設理由の1つである発達観に対して，最近では，思考力の領域固有性を認める説が有力で，子どもの発達は未分化とする見方が主流ではなくなっているとする批判，また，生活科の究極のねらいは児童の自立性の育成であるべきなのに，現実のそれは，社会認識，自然認識を育成するより，徳育強化につながっているという問題も指摘される。たとえば，生活のねらいについての文部省（当時）の説明の例に，朝顔の栽培や観察を通じて，子どもに自分も周囲の人々の世話になって大きくなったことに気づかせ，感謝の気持ちをもつようにさせることがあげられていることも，道徳との結びつきの強調を感じさせている。また，国語，算数の基礎・基本を重視するならば生活科の総合学習とは矛盾するのではないかという見方もある。（OK）

23　体のことだけでなく人間としての教育──性教育

　人間の性は人格の根底をなすもので，男であるか女であるかは思考，行動，職業，服装，態度などに差異をもたらす。すなわち性は人間の生き方を決定する重大な要因といえる。ゆえに，性教育は単なる性器教育や純潔教育だけではなく，社会的・心理的な面も含めた広い概念に立った「人間の性」（ヒューマン・セクシュアリティ）の教育であり，全年齢を含んだ一貫したプログラムから本来議論されるべきであろう。学校における性教育は教育基本法に示された教育の目的を達成するものであると同時に，前述した観点からもその年齢段階にふさわしい価値あるものでなくてはならない。

❖性教育の移り変わり

　第2次大戦後，占領下での私生児の増加，性病の蔓延などの状況に対する対策の1つとして，文部省は1947年に「純潔教育の実施について」を通達した。これを基礎に学校に関しては同年の「中等学校保健計画実施要項（試案）」で性教育を健康教育に位置づけ，「成熟期への到達」という単元を設ける案が示されている。

　その後，1958年の学習指導要領の中からこの単元は削除され，以後今日まで保健分野においては「性に関する内容に関しては…（中略）…効果的に取扱うものとする」という程度の表現となっている。しかし，生徒指導の分野では「性に関する指導」として各種の資料を発行している。

❖学校における性教育の位置づけ

　学校での性教育は，①児童・生徒の性的な発達課題への対応，②児童の実態への対応，③性情報に対する選択能力の育成，④社会的・文化的条件の変化と児童の社会的資質の向上，⑤知育偏重から豊かな人間性の育成をめざす学校教育改革の視点，⑥各々のライフサイクルにおいて適切な性に関する学習を行う生涯学習の視点などの観点から必要なものである。学校が行う性教育は教育課程の一部としての組織的・計画的な指導と生活指導として個別に行う指導に分けてとらえることができる。

　各教科・道徳の中にある性に関する内容は性教育という観点から組織さ

れたものではないので，その
ままでは先にあげた必要を満
たすことができない。ゆえに
各学校では目標を明らかにし
た上で，教科の内容を考慮し
つつ，その学校の性教育の内
容を選択・組織し，教育課程
に位置づけることが必要であ
る。そして学級指導で，生徒
をよく知っている学級担任も
含めた協力体制の中で指導す
ることがよいと思われる。

❖性教育の内容

　小学校では理科および保健
で生物には雌雄の区別がある
ことを植物の栽培などから学
び，「からだの発育」を理解
させるとされている。また，
社会や家庭科で家族の役割，
道徳で生命の尊重などを学ぶ。

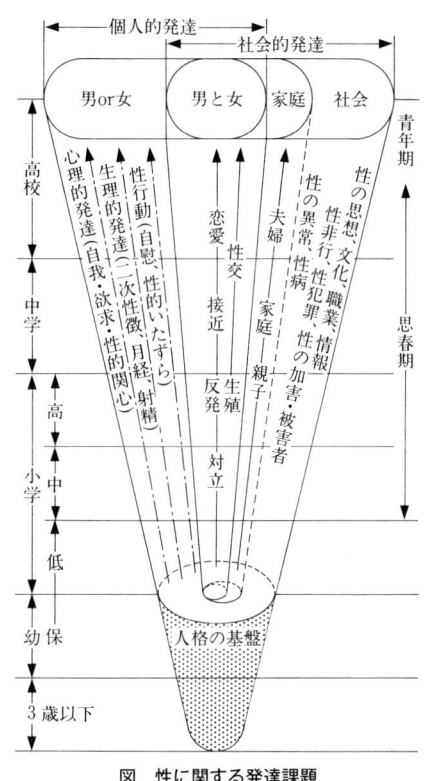

図　性に関する発達課題

中学校では理科で動物においては受精により個体が発生することを学び，
保健分野では第2次性徴，人間の欲求などを勉強する。社会の公民的分野
と道徳では家族関係，男女の尊重などを学ぶ。高校では理科で生殖と発生，
遺伝など，保健では家庭生活と健康の観点から，思春期，結婚，母子と健
康などを学び，家庭科では家庭生活，母子保健などを学習する。また社会
科の各科目の中でも「性と人権」「性と社会」などを学ぶことができる。

　このように性教育は多様な学問分野を基盤としており，その内容は相互
に深く関連している。教材の精選と児童の学習過程を重視する意味からも
指導内容の構造化による効果的な性教育の取組みが必要である。（EH）

24　新たに重視されるようになった教育——特別活動

　特別活動は，1968，69，70年の学習指導要領の改訂で設けられた教育課程の一領域である。そのねらいは，児童・生徒の望ましい集団活動の経験を通じて，①個人的適応や市民的・倫理的な資質の形成，②健康・安全の習慣・態度の涵養，③個性を伸ばし，将来の自己実現をはかる資質の育成，である。内容は，児童（生徒）会活動，学級活動，学校行事である。

❖わが国への導入

　特別活動は，教科外の活動であり，課外活動とも呼ばれる。これらは，19世紀末，アメリカにおいて，学校教育の中での重要な活動とされた。1910年代では，特に中等教育において教科外活動が，自発性の育成という中等教育本来の目的に沿うという意味で，積極的に教育課程の中に組み入れられた。具体的には，新聞の作成・発行，自分の周囲の出来事や社会的出来事の討論，あるいは音楽鑑賞などの文化的活動，スポーツ活動，生徒会のような自治的活動が，学校教育のカリキュラムの1つとして承認された。このような活動は，進歩主義教育運動を背景として，アメリカ各地に普及したのである。

　わが国においては，戦後，上記の流れをもつアメリカの新教育の導入によって，まず1947年，「学習指導要領（試案）」の中に，「自由研究」として成立した。そこには，教科の発展としての自由な研究活動やクラブ活動，委員会活動などが含まれていた。しかし，49年，中学校で，自由研究の名称は廃止され，運動，趣味，娯楽，ホームルーム活動，生徒会などの活動を含む領域として「特別教育活動」が新設された。51年，小学校の自由研究も廃止され「教科以外の活動」に，高校は中学同様に「特別教育活動」とされた。58年（小・中）および60年（高）には，「特別教育活動」ならびに「学校行事等」とに分けられたが，68年（小），69年（中），70年（高）の改訂で両者は「特別活動」として統合され，今日にいたっている。

❖特別活動における問題

　この活動における指導方法は，ねらいを達成するのにふさわしいものを

```
教育課程 ┬ 教科の教育──各教科
         │
         │              ┌ 道徳（小学校, 中学校）
         └ 教科外の教育 │ 外国語活動（小学校 2008 年より）
                        │ 総合的な学習
                        └ 特別活動──ねらい──内容
```

A　学級活動（小学校, 中学校）
　　ホームルーム活動（高等学校）
B　児童会活動（小学校）
　　生徒会活動（中学校, 高等学校）
C　クラブ活動（文化的・体育的・生産的・奉仕的活動）［小学校のみ必修］
D　学校行事
　(1) 儀式的行事
　(2) 学芸的行事
　(3) 健康安全・体育的行事
　(4) 旅行（小学校は遠足）・集団宿泊的行事
　(5) 勤労生産・奉仕的行事

図　教育課程における特別活動の位置とその内容

教師が，児童・生徒の実状に即してとるものであり，一様ではない。たとえば，卒業式の時期は学校によってかなり違う。高等学校の卒業式は，大学受験などの関係もあり，かなり早い時期に行われたりもする。学校教育法施行規則によって，学年は４月１日に始まり，翌年３月 31 日に終わることに定められているので，この期間内での期日の決定は各学校に委ねられているのである。また，学校行事やクラブ活動において，特定の宗教にかかわる事柄が取り入れられることもあろう。公立学校でも無意識のうちに宗教的行事が持ち込まれていることがある。たとえば，精神修養のためにということで，寺社参拝や座禅を組ませるなどである。これらには，児童・生徒の人格を認め信教の自由を尊重する点から，配慮がなされなければならない。集団活動のみが重んじられることで，児童・生徒各個人の個性や自主性の伸展を損なわないよう配慮する視点をもつことである。集団の規準や規範の受容，集団との同一化のみが重視され，個人の人格を軽視・無視する方法は避けられるべきである。（OK）

25　学校で国旗国歌はいかに扱うべきとされているか —— 日の丸・君が代

1999年8月に国旗国歌法が公布・施行された。その内容は，第1条「国旗は，日章旗とする」こと，そして，第2条「国歌は，君が代とする」こととある。この法律によって，これまで法的な規定がなかった国旗国歌が明確に法的な根拠をもつこととなった。

❖脱イデオロギー時代の国旗国歌

世界的な脱イデオロギー的風潮とは逆に，教育の現場では，1990年代において国歌斉唱と国旗の掲揚について大きな論争が巻き起こっていた。国旗国歌法はこのような論争と対立を背景に登場したものである。

公立学校においては，対立が先鋭化したのは，1995年ころからの当時の文部省の指導により，国旗掲揚と君が代斉唱が義務づけられるようになってからである。それに反対するグループは，憲法に保障する「思想・良心の自由」に反するものとして反対運動を行っていた。98年には，広島県立世羅高校の校長がその板挟みになり自殺したが，この事件は国旗国歌の法制化を促した。当時の小渕首相は，国旗国歌の強制や義務づけをしないと答えていたのにもかかわらず，文部省の官僚は，国旗掲揚や君が代の指導は，「国民としての基礎，基本的な内容」であり，公務員として公立学校の教師は，国旗掲揚と国歌斉唱を拒否しえないと答えている。このような強制は，私学においても問題になり，議論は今も鋭く対立している。

たとえば，1999年4月に東京日野市の小学校の入学式で君が代のピアノ伴奏を拒否した音楽教師が戒告処分になり，それを取り消すよう東京都教育委員会を訴えた裁判の判決が2007年2月に最高裁において下された。判決は，「校長の職務命令は思想及び良心の自由を保障した憲法19条に違反しない」とされ，その校長の職務命令は，「特定の思想を持つことを強制したり，特定の思想の有無を告白することを強要するものではなく，児童に一方的な思想を強制することにもならない」とされた。この判決の前提には，国旗や国歌は特定の思想にあたらないという仮定が隠されている

わけである。都立高校においては，このような国旗掲揚と国歌斉唱の職務命令に従わなかった教師を多数処分し，今も係争中である。

国旗国歌が国家の象徴たりうるか，あるいは，特定のイデオロギーを押しつけるものであるのかは，国家の正統性と思想信条の自由を考える上で非常に大切な問題である。現行の司法・行政においては，憲法に保障する思想信条の自由とは矛盾しないという判断がなされている。しかし，国家自体が戦争や動乱の歴史を経てきた現在の日本国民の経験において，このことを葛藤なく素直に受け入れる土壌があるとはいえない。国家主義自体が戦争犯罪に加担し，多くの人心を荒廃に追いやったという責任は，国旗国歌の推進者といえどもそれを強制することには何らかのためらいを伴っているはずである。国旗国歌にかかわる論争の背景には，このような戦争経験があるがゆえに司法・行政の判断を素直に受け入れらないという国民感情が存在することは否定しえない。

❖国家意識と厭戦意識

このような中で，現在の教育基本法が社会への規範意識を強調することは，日本人の心性ともなっている厭戦意識，戦争への忌避感とは，対立し，矛盾している。

他方において，国際化社会の中で，日本人自身が内向するこのような感情を超えなければならない事態も生じている。カンボジアやアフガニスタン，イラクへのPKFの派遣は，グローバル化する日本自体が紛争に対しては遠くから眺めるだけではいられないという現実を直視させることになった。外国との接触は，自分たちが日本人であり，その国家という象徴を背負わねば，自分たちは何者であるかを表現できないことを意識させる。このようなグローバル化の中で，国歌国旗は，あらためて自分たちのアイデンティティを意識させる1つの装置となっていることをいやおうなしに認識せざるをえないのである。(AS)

26 「朝顔」によって国語,算数,音楽などを学ぶ
——合科教授

　合科教授とは,児童の興味や生活に即して設けた学習教材をもとに展開する活動の中に,複数の教科内容を統合して教授・学習を行う方法である。

❖ **木下竹次の合科学習**

　わが国では,1920年,奈良女子高等師範学校附属小学校で,木下竹次によって始められている。彼はその著『学習原論』で,子どもの環境の中から求めうる学習教材の一例として「朝顔」をあげ,次のように述べる。

　　子供は学校園の朝顔を写生した。批評鑑賞した。朝顔の特徴について種々の疑問を起した。朝顔について算術の学習も理科の学習も出来た。子供は朝顔の写生の時に最早(もはや)歌を作つて謡うて居た。朝顔の説明も画紙の裏にかいた。童謡も出来た。朝顔の花が欲しいと云ふものがあつて修身談も出来た。一旦学習が出来た後に又写生をさせて呉れと云うて写生したものもあつた。……子供は右の如くにして主として道徳的・文学的・数学的・理科的・地理歴史的・表現的の六方面から各科に関することを初学年から学習する。

　この例から,合科学習を具体的にイメージすることができよう。

　なぜ,合科学習が主張されたのであろうか。理由を木下の述べるところからみる。彼は,学習とは「学習者が生活から出発して生活によつて生活の向上を図るもの」であり,「異なつた遺伝と異なつた環境とを持つて居るものが,機会均等に自己の発展を遂げ自己を社会化していく」ものとみる。いわば学習のねらいは,自己の発展・向上である。このような学習を可能にするのは,「自ら機会を求め自ら刺激を与へ,又自ら目的方法を立てて進行する」場であるとし,学校が「自律的に学習の出来る学習組織」となり,子どもにとって「愉快なる学習場」になるべきであると述べる。

　このような場としての学校を考える時,教科別の画一的な時間割で行われる方式,また教科書や教師が中心となる方式は,批判される。それを克服するものとして合科学習が求められたのである。しかし,合科学習を志

向する時,知的訓練の徹底という,教科の担うべき役割が軽視されないよう,木下自身も注意を喚起している。

❖その他の例

木下の合科学習のほかに,1941年に始まる国民学校でも「皇国民ノ錬成」をめざして,教科の合科的な取扱いが導入された。戦後では,社会科を軸として展開された各地の地域教育計画や,コア・カリキュラム運動,あるいは,90年の小学校「生活科」の設置(→22)なども合科学習の流れとみることができる。

イギリスの小学校のトピック学習——「鳥」の学習資料(1980年,チェスター・クリストルトン小学校)

❖諸外国の例

諸外国に目を向けると,ドイツでは,19世紀後半,ヘルバルト派のツィラーによって,教科間の統合が,中心統合法として主張された。百科全書的な知識の授受を排し,子どもの中に宗教的・道徳的統一をはかろうとした。宗教,情操教材をコアとして全教材の統合を主張した。

20世紀初頭,オットーは,「家庭教師学校」で「合科教授」の名のもとに,子どもたちの生活上の諸問題を中心に自由な話し合いを行った。彼は,教科別学習と並行してこの方法をとったのに対し,生活から出発し,生活へ還元していく学習活動を主張したのがライプチヒ・プランであった。ここでは,学習材を,子どもの環境から地域へと拡大し,直観教授,事物教授が中心となった。アメリカでは,パーカーらが地理を中心とした統合を主張し,実践した。

今日では,イギリスなどのオープン・スクール(→86)のトピック学習,テーマ学習の中に,合科学習の流れを認めることができよう。(OK)

27　誰にも必要な教育——普通教育・職業教育

❖権利であり，義務でもある教育

　日本人なら中学校を卒業するまでの教育は，自らは受ける権利があり，親としては子どもに受けさせることが義務だということは，ほぼ常識として知っている。たしかに日本国憲法第26条と新教育基本法第5条（旧法第4条）に，その旨の規定がなされている。しかしその教育が普通教育と規定されていることに気づいている人は，必ずしも多くはないであろう。

　実際，普通教育（general education）ということばは明確に規定されたことはなく，わかったようでわからない概念である。時代によっても，国によっても一様でないからである。一般的には，特定の職業に就く準備として行われるのが職業教育であり，普通の社会人として日常生活に必要な能力を身につけさせるための教育が普通教育とみなされている。今日では，男性に限らず女性も，ほとんどの人が職業に就くようになっているので，すべての職業に共通する知識や技術などは，普通教育の方に取り入れられていく。一国のすべての人，あるいは多くの人々にとって共通の文化とみなされる知識，技術，価値，規範についての教育は，普通教育とみなされるわけである。ただし同じ内容でも，それを特に深く，特定の人々にとってのみ必要な程度に狭く取り扱うのであれば，それは普通教育ではなくなる。逆に技術教育の中にも，その内容や学習の仕方によっては普通教育と分類されるものもある。実際にわが国の中学校では，技術教育が，普通教育としても職業教育（選択科目として）としても開設されている。社会主義諸国では，総合技術教育が普通教育の中に含まれている。

❖関連する諸概念

　普通教育と類似の概念としては，一般教育や自由教育があり，職業教育に類似したものとしては実業教育，産業教育，職業訓練がある。一般教育などは別項に譲り，ここでは職業教育に関連するものを取り上げたい。

　実業教育は，第2次大戦以前のわが国で，大学以下の中等レベルでの諸学校や専門学校での職業教育を指すことばであった。それに対して産業教

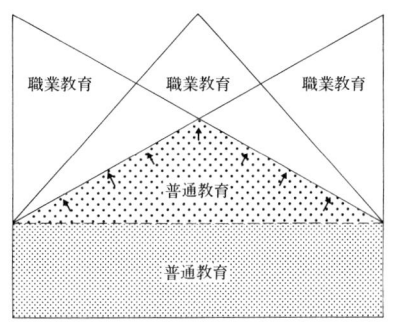

図　普通教育・職業教育

育というのは、戦後になって使われるようになったことばであるが、職業教育とは若干異なるニュアンスをもって使用されている。特定の職業のための教育といっても、医師、法律家など一定の学識を必要とする職業については適用されていない。産業教育という言葉は、1951年の産業教育振興法以後わが国の教育界で用いられるようになったが、同法では産業教育を「中学校、高等学校、大学が、生徒又は学生に対して、農業、工業、商業、水産業その他の産業に従事するために必要な知識、技能及び態度を習得させる目的をもって行う教育」というように、大学レベルのものまで含めて幅広く規定している。

　職業訓練については、教育と訓練とを区別する場合、教育があくまでも長期的視野でなされる人間性の育成であるのに対して、訓練は短期間に特殊な習慣、能力、技能、態度などを形成・発展させる活動とみなされている。しかし、そのような能力、態度の基礎となる基本的なものは、教育も訓練も重なる部分がある。したがって最近では、職業教育と職業訓練の間で内容面での接近がみられ、また普通教育と職業教育の間でもその境界線が不明確になりつつある。

　ともかく職業という日本語はあらゆる職業を含んでいるにもかかわらず、歴史的に職業教育は医師、法律家、技師などを養成するための教育は含まず、これらの教育は専門教育と呼んできたため、概念上の混乱を招きやすくなっている。(OZ)

28 専門バカにならないために──一般教育・専門教育

❖人と人とを結びつける一般教育

第2次大戦後のわが国の大学では,専門教育だけでなく一般教育も行われることになった。自分の専門のことだけでなく,世界の平和や人類の将来のことにも広く関心をもつようにとの反省にもとづくもので,アメリカの大学の一般教育の理念に負うところが大きかった。バランスのとれた教養という観点から,専攻のいかんにかかわらず,人文科学,社会科学,自然科学の3系列にわたって各12単位以上の履修が求められた。名称もはじめのうちは「一般教養」と呼ばれていたが,1950年に「一般教育」と改称された。56年には専攻分野の特色に応じた一般教育科目として基礎教育科目の開設が認められ,教養課程(教養部または教養学部)は一般教育科目,外国語科目,保健体育科目および基礎教育科目から構成されることになった。

今日なお,人々の間での学問観の違いにより,一般教育についての考え方は統一をみていないが,細分化の進む専門に対して,学問全体への見通しを得て,その中での自らの専門分野の位置づけをはかれるようにする方向がめざされている。

❖教養と一般教育

一般教育の概念は教養概念と深いつながりをもっている。ただし一般教養には自由教育(リベラル・エデュケーション)の伝統が色濃く反映されている。自由教育には,アリストテレスのいう自由人にふさわしい知識や学習方法,さらには近代自由主義による真実についての自由な学習という要素が含まれているが,奴隷労働や貧困階級の生産活動を前提としていた。近代教育が全国民・全階層の教育を前提とするにいたり,その教育内容に変化が求められたのである。一般教育は,すべての人に共通する内容という点で普通教育の一部とみることができる。しかし現実には,一般教育は高等教育レベルでの普通教育を指しており,しかも専門教育と対比して用いられることが多い。

	専門教育（高等）	
一般教育	非職業的（中等）専門教育	職業的（中等）専門教育
普通教育		

図　一般教育・専門教育

❖ ただ深いだけでない専門教育

　一定の職業人または専門研究者を養成する教育を，専門教育と呼んでいる。わが国では大学のみならず中等教育レベルの高等学校においても，農工，商業，あるいは音楽，理科，体育などの専門教育が行われている。

　元来，中世ヨーロッパの大学では，法，医，神学部において，高度の学識を必要とする専門職業とみなされる法律家，医師，聖職者などの専門的職業人養成を行っていた。わが国でも近代の大学は，実際には，職業教育機関として出発している。しかし旧制大学の，特に文学部は，自らを職業教育でない専門教育を行うところとみなしてきた。文学部は，専門教育の準備としてのリベラル・アーツ（ドイツの哲学部，パリ大学の文学部など）の伝統をひくもので，教会の権威や世俗の職業にとらわれずに自由な立場での研究を特色としてきた。その意味では，専門教育でありながらも一般教育的な側面を持ち合わせているということができる。したがって，同じ素材を研究対象としても，職業のためなのか，学問全体を見通すためなのか，その目的や方法，研究態度によって，その性格が大きく違ってくることがわかる。

　一般教育は，「専門バカ」を生み出さないようにとの消極的な役割ばかりでなく，優れた専門家になるためには不可欠なものとしての積極的役割をも持ち合わせている。1つの学問分野での限界や境界線は，他の学問分野を意識することによって明らかになるように，各分野は，相互に積極的な影響を及ぼし合っている。旧制の帝国大学では3ヵ年であった専門課程が新制大学では2ヵ年半と短いため，とかく専門課程からの圧力を受け，軽視されがちな一般教育ではあるが，その役割の再確認が望まれる。
（OZ）

29 「特別な配慮」を必要とする子どもの教育
——特殊教育から特別支援教育へ

❖**用語の変更**

 特殊教育とは広義では特別な配慮を必要とする児童生徒への教育であり，特に知的に優れた子どもや障害をもった子どもはもちろん，普通の子どもでも発達の途上で特別な配慮を必要とすることがあり，それらを含めた概念である。狭義では心身に障害のある子ども（幼児・児童・生徒）に対する教育を指し，わが国では従来特殊教育とはこの意味で使用されていた。そこで対象とされる障害は，視覚障害，聴覚障害，知的障害，肢体不自由，病弱・身体虚弱，言語障害および情緒障害の7障害種であった。また障害の程度に応じて教育の場を特殊学校（盲学校，聾学校および養護学校）と特殊学級および通級指導教室（1993年から，教科等の指導は通常の学級で行うが，障害の改善・克服のための指導は特別の場で行う）とに分類してきた。しかし今日ではこれまでの障害種にとどまらず，学習障害（LD: learning disorders or learning disabilities），注意欠陥多動性障害（ADHD: attention deficit hyperactivity disorder），高機能自閉症（high-functioning autism），アスペルガー症候群（Asperger's syndrome）などの発達障害といわれる特別なニーズを有する児童生徒が通常の学校にも数多く（約6％）在籍していることが明らかになった。そこで従来の特殊教育の対象者だけでなく，これらの障害のある児童生徒を含めて障害のある子どもたちの自立や社会参加に向けて，その一人一人の教育的ニーズを把握して，そのもてる力を高め，生活や学習上の困難を改善または克服するために，適切な教育や指導を通じて必要な支援をしていこうということになった。そして特殊教育という用語に代わって，特別支援教育という用語が用いられるようになった。教育の場も，特殊学校（盲・聾・養護学校）をこれまでの障害種に応じた学校から，複数の障害種に応じた教育のできる特別支援学校への転換をはかることになった。現実には複数の障害種をもった子どもが少なくないのである。なお高機能自閉症やアスペルガー症候群は，広汎性発達障害

（PDD: pervasive developmental disorders）に分類されている。

❖特別支援学校のセンター的機能

このように，特別支援教育は特殊教育の対象をより広くし，学校の名称も特別支援学校としてこれまでの障害種にとらわれない学校への転換をはかった。単に対象をより広くしただけではなく，考え方をも変えた。障害のあるなしにかかわらず，すべての子どもを視野に入れて学校内と学校間の支援体制を構築することにしたことがポイントである。特別支援学校は自ら特別支援教育を行うほか，近隣の幼稚園，小学校，中学校，高等学校，中等教育学校の要請に応じて，それらの学校での特別支援教育に関し必要な助言または援助をすることが法制上からも求められた。そして小・中学校に併設されてきた特殊学級を学校全体で総合的に対応していくことにした。このような考え方や，特別支援教育という用語を用いる動きは，2003年には文部科学省の調査研究協力者会議でも登場していたが，2005年の中央教育審議会答申でもこの用語が用いられ，学校教育法の一部が2006年に改訂され2007年4月より施行された。

❖特殊教育・特別支援教育をめぐる動向

さまざまな特徴をもったり，障害をもつ子どもと一般児童・生徒とを分離するのではなく，両者ともに等しく社会に生きる一員として相互に理解を深めさせるための「統合教育」の意義は早くから認められていた。さらには，1997年度から障害をもつ子どもともたない子どもや地域社会の人々とが種々の機会に活動をともにする「交流教育」が全都道府県において交流教育地域推進事業として実施されている。

このような傾向は，1994年，ユネスコによってスペインのサラマンカで開催された「特別なニーズ教育に関する世界大会」の宣言でいっそう促進された。通常の学校と障害をもつ子どもの学校を分離して学校教育を考えるのではなく，すべての子どもを対象として一元化すべきであるという「インクルージョンの原則」が示された。わが国で障害をもつ子どもの教育が義務化されたのは1979年であるが，今後はますます一元化とインクルージョンの原則が実現されていくものと思われる。（OK・OZ）

参考文献

扇谷尚「一般教育」(細谷俊夫ほか編『教育学大事典』) 第一法規出版, 1978
扇谷尚ほか編『現代教育課程論』有斐閣, 1981
勝田守一編『現代教育学入門』有斐閣, 1966
神田修ほか『史料教育法』学陽書房, 1963
河野重男ほか「学校と教科外活動」(現代教科教育学大系2) 第一法規出版, 1974
日本性教育協会編『性教育指導要項解説書』改訂版, 小学館, 1987
細谷俊夫『教育方法』第3版, 岩波書店, 1980
細谷俊夫・仲新『教育学研究入門』東京大学出版会, 1968
前田博『自由人の育成と一般陶冶』未來社, 1970
文部科学省『小学校学習指導要領』東京書籍, 2008
文部科学省『中学校学習指導要領』東山書房, 2008
文部科学省『高等学校学習指導要領』東山書房, 2009
山住正己『日の丸・君が代問題とは何か』大月書店, 1988
山田栄『現代教育課程入門』協同出版, 1981
山本正英『各種性教育探険論』上・下, 東山書房, 1989
Hirst, P. H., *Knowledge and the Curriculum*. London, Routledge and Kegen Paul, 1974

4章 ▶ 教育方法

30 授業の流れは，いつも五段階か——五段階教授法

「五段教授で汗水流し，きょうもお腹がヘルバルト」

これは，1890年代，ヘルバルト派の教授法がわが国の教育界を風びしたころ，それを諷刺した狂歌である。当時，授業といえば，五段階という形式を踏むものとして画一的に受けとられていた様子を知ることができる。

❖ヘルバルトの教授法

この教授法は，ヘルバルトの教授理論にもとづいて，ツィラーやラインなどの，ヘルバルト派の人々によって主張された教授理論である。ヘルバルトは，その著『一般教育学』の中で「教育の目的は倫理学によって，その方法は心理学によって」と述べるように，教授法について，独自の心理学にもとづく理論を展開した。彼は，興味の「多面化」と「統一化」をめざし，「脈絡と統一のある認識」の過程を明らかにしようとした。

その過程を彼は，「専心」と「致思」の二段階でとらえている。「専心」とは，一定の対象に没入し，他の対象を意識の外に排除していく状態を指し，「致思」とは，「専心」で得た表象を，相互に関連づける精神作用であるとした。

さらに彼は，この両者をそれぞれ静的段階と動的段階に分け，「静的専心」「動的専心」「静的致思」「動的致思」という四段階で認識の過程を示した。そして，各段階を，明瞭，連合，系統，方法という用語に対応させている。明瞭とは，対象の限定によって意識の混乱を排することであり，連合とは，明瞭にされた対象を，すでに習得していた知識と結合させたり，他の対象と比較することを指す。系統とは，連合を経た知識を系統化することであり，方法とは，以上の段階を経た知識が，他の事象に応用可能な方法となった状態を意味する。

以上にみるように，ヘルバルトの教授理論は，学習者の認識が深められ，発展する過程を明確にとらえようとしたものであった。しかし，その後，彼の弟子であるツィラーやラインは，基本的に彼の発想とは異なる教授法を開発した。それが五段階教授法であった。

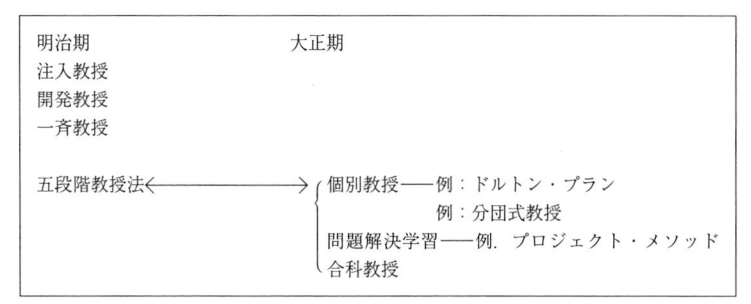

```
明治期                  大正期
注入教授
開発教授
一斉教授

五段階教授法 ←―――――→ ┌個別教授――例：ドルトン・プラン
                    │        例：分団式教授
                    │問題解決学習――例．プロジェクト・メソッド
                    └合科教授
```

図　明治期と大正期にみられる教育方法

❖五段階教授法

ツィラーは，ヘルバルトの「明瞭」を「分析」と「統合」に分け，五段階を考えた。後に，ラインは，それを修正して「予備」「提示」「比較」「概括」「応用」という五段階を主張した。この五段階教授法の強調点は，学習者の認識過程を明らかにすることではなく，教師が教材を提示する順序であった。ヘルバルト派の思想が普及するに従い，授業とは，教師中心，教科書中心の方式が当然のものとして受け入れられ，授業は画一的になっていった。

❖わが国への導入

19世紀から20世紀初めにかけて，五段階教授法はデュ・ガルモ，マクマーリ兄弟らによって，アメリカに普及した。わが国には，1890年代にヘルバルト教育学として谷本富らの紹介によって，学校の教授法にも取り入れられ，冒頭にみる狂歌として詠まれるほどになったのである。それまで組織だった教授法がなかったわが国では，一定の公式的な技術を必要としていた多くの教師がいたことも，この普及に拍車をかけたとみられる。しかし，これによって，あらゆる教科の授業が機械化・形式化される傾向を招いた。

明治末から大正期にかけて展開された新教育運動は，教育の画一化・硬直化に対する批判であり，その打開をめざし，別項（→ **26**）で取り上げる「合科教授」等が主張され，実践された。（OK）

31　注入よりも能力の開発——開発教授

「能力開発」「才能の開発」など，教育の場では，「開発」ということばがしばしば用いられる。「開発教授」とは，子どもの能力の開発をめざして，明治期に導入された教授法で，注入教授法（教師が一方的に子どもに知識・技術を伝達する教授法）に対するものである。

❖わが国への導入

歴史的には，高嶺秀夫の指導のもとに東京師範学校を中心に研究が進められ，1880年代後半には，「心性開発主義」として実践に影響を及ぼした教授法である。これは，ペスタロッチ主義の教授法であった。なぜ高嶺らがこれを日本に導入することになったのか，その経緯をみたい。

1874年，文部大輔に就任した田中不二麿の発案によって，小学師範学科取調員のアメリカへの派遣，留学が実施された。これにより，75年，高嶺秀夫はニューヨーク州のオスウィーゴ師範学校へ，伊沢修二はマサチューセッツ州のブリッジウォーター師範学校へ，神津専三郎はニューヨーク州オバーニ師範学校へと，それぞれ入学した。これらの師範学校では，当時，直観教授，感覚訓練，心性開発を柱としたペスタロッチ主義の教育法が研究されていた。

彼らは，1878年に帰国した。中でも高嶺秀夫は，オスウィーゴ師範学校の教育に感銘を受け，東京師範学校校長補として，同師範学校およびその附属小学校の改革を推進するとともに，開発教授を唱導した。やがて，東京師範学校は開発教授のモデル校となり，これを拠点に同校卒業生が，開発教授普及の役割を担った。また各県では，開発教授を中心とした教員講習会が開催され，文部省，各県学務課，郡区役所が，これを奨励した。さらには，府県師範学校がモデル校となるなど，開発教授は大幅な普及をみた。

このような開発教授の普及に拍車をかけたのが，白井毅，若林虎三郎による『改正教授術』であった。この著書は，東京師範学校の実験にもとづいて，教授の具体的原理を9つ，次のように示している。

①活発ハ児童ノ天性ナリ，動作ニ慣レシメヨ，手ヲ習練セシメヨ，②自然ノ順序ニ従ヒテ諸心力ヲ開発スベシ，最初心ヲ作リ後之ニ給セヨ，③五官ヨリ始メヨ，児童ノ発見シ得ル所ノモノハ決シテ之ヲ説明スベカラズ，④諸教科ハ其元基ヨリ教フベシ，一時一事，⑤一歩一歩ニ進メ，全ク貫通スベシ，授業ノ目的ハ教師ノ教ヘ能フ所ノ者ニ非ズ生徒ノ学ビ能フ所ノ者ナリ，⑥直接ナルト間接ナルトヲ問ハズ各課必ズ要点ナカルベカラズ，⑦観念ヲ先ニシ表出ヲ後ニスベシ，⑧已知ヨリ未知ニ進メ，一物ヨリ一般ニ及ベ，有形ヨリ無形ニ進メ，易ヨリ難ニ及ベ，近ヨリ遠ニ及ベ，簡ヨリ繁ニ進メ，⑨先ヅ総合シ後分解スベシ

この表現には，心性開発，感覚訓練，直観教授を特徴とするペスタロッチの教育法，さかのぼっては，コメニウスの思想との関係もうかがうことができる。

こうした原理に立つ開発教授を実のあるものにするために，東京師範学校および同附属小学校では，たとえば，当時では珍しいかな文字や絵入りの教科書の採用，さまざまな教具，機器類，薬品の導入，教案や週案の工夫など，条件の整備にもつとめた。

❖開発教授の限界

開発教授は，当時，師範学校で研究開発された教授法というだけではなく，教員の養成，教育実習と附属小学校の相互関連の強化，教員講習制度の促進など，実際の教員の養成や現職教育のあり方にまで影響を及ぼした。

しかし，この普及は，1881年の「小学校教則綱領」を前提としていた点で限界があった。教則綱領では，修身を重視し，小学校の教則は府知事県令が編成し，文部省が認可することに定められた。これによって，国の決めた教育内容の伝達，管理方式の体系化が行われたのである。

このような規定のもとで，また仁義忠孝を教育の要とする見方が強まっていく中で，開発教授は，人間愛にもとづく人間解放の精神を根幹とするペスタロッチの思想とはかけ離れたものになっていく。開発教授は，国家の定めた教育内容の伝達方法というきわめて限定的な役割をもつものにすぎなくなった。(OK)

32 詰込み教育からの脱却——範例方式

翌日に試験を控えて分厚い教科書を前にため息をついた経験は誰にでもあるだろう。そして必死で暗記しても、試験が終わってしまえばそれまでで、自分は何を学んだといえるのかさっぱりわからない。こうした詰込み教育の弊害が指摘されるようになってからすでに久しい。範例方式は、そうした教育のあり方を問い直した旧西ドイツでの試みである。

❖範例方式の誕生

範例方式が提起される直接の契機となったのは、1951年にチュービンゲンで行われた高等学校の教育改革に関する会議であった。会議では、「ぜい肉はついているが筋肉がない」子どもたちを、教材過多による精神的窒息から解放するために、教材の精選・集約化をはかり、真の学力形成に役立つ基礎的なもの・本質的なものを獲得させることが決議された。これによって、学問体系の中から重点的に選択された代表的・典型的「範例」を取り上げ、その範例を用い、範例を獲得させることで子どもに科学的な探究の筋道や方法を理解させるという、範例方式が注目されるようになったのである。

❖範例方式の特徴

このように教材の精選問題の一方策として登場した範例方式は、その後デルボラフ、シュテンツェルによって、教授＝学習過程としてその構造が質的に深められた。デルボラフによれば、範例方式は、①系統的な教授＝学習ではなく、問題テーマ的に教授学習内容を選択する、②知識体系の注入・伝達を拒否し、学習者が探究の筋道や方法を自ら発見していくことを重視する、③典型的事例を用いて学習者を問題の発生に着目させるように配慮する、④範例は基礎教育的機能をもったものとする、という4つの特性をもつとされる。中でも特に重視されたのは4点目であり、範例が学習者に対してもつ教育機能を、㋑学問および自立的学習の基礎を与え（基礎的）、㋺範例で示されたものをより広範な論理的関連の中で把握させ（開示的）、㋩学問の根本的な法則やそれが位置する世界そのものを理解させ

表 シュテンツェルによる範例方式の4つの教授段階

① 個が範例的に解明される段階
② 類型、類が範例的に解明される段階
③ 法則的・範疇的関連が範例的に理解される段階
④ 世界および生活関連の経験が範例的に獲得される段階

る(照明的)とした。上に掲げたシュテンツェルが示した教授段階も、そうした範例の機能にもとづいたものであり、特に照明的次元にあたる第3段階から第4段階への深まりこそ、範例方式の特質を最もよく示すものとされる。こうした範例方式の例として、中世史を12人の人物(範例)を取り上げることによって教えようとするプランがある。各人物は特定の個であるが、それが時代の傾向性を象徴した歴史的個性をもつものとして選択されていれば、学習者は、範例と「出会う」ことによって自己活動的にその時代の基本的で本質的な特質を発見していくというわけである。

❖範例方式の日本への影響

範例方式が提起した教材の精選ということは、ブルーナーらによる1950年代から60年代にかけての教育内容の現代化と共通の基盤をもつものであった。教材の構造化は、科学技術の振興という時代の要請も受けながら、知識を駆使し、発見・創造する能力の育成をめざした教育内容の再編成を促した。このことは、問題解決学習か系統学習かという論争に揺れていた日本にも影響を及ぼし、68年の学習指導要領では基本的事項の精選・指導内容の集約が積極的に取り上げられた(→**20**)。

その方針は、1987年末の教育課程審議会答申、および89年の学習指導要領でも繰り返されているが、精選ということが単に学習内容の量の削減を意味するのではないことも同時に確認する必要があろう。主体的に生きる力を育成するという目標は、範例を精選する教師とそれを学ぼうとする子どもの間に、相互の人格を尊重した豊かな教授=学習の場があってはじめて可能となるものだからである。(SM)

33　発見学習――仮説実験授業

　教師の指導性と生徒の自発性，この両者は授業の構成を考える上で重要なポイントとなる。前者を重視するとおしつけ教育にかたよるおそれがあり，後者に重点を置きすぎると放任教育と非難される。授業にかかわる問題の歴史はこの両者のバランスをいかにとるかにあったといえる。

❖仮説実験授業のねらい

　このことは，客観的な事実・法則の発見をめざす科学教育にあっては，それらを正しく認識するためには個々の見方・考え方を除くべきという授業観と，事物を認識するためには対象への積極的な働きかけがあって可能となるという授業観としてあらわれる。板倉聖宣はこの問題に対し次のように述べて，仮説実験授業を始めた。

　　理想的な授業というのは，生徒の自由な活動にある種の束縛を与えて教師の指導性を発揮することがかえって生徒の自発性をよびおこし，その自由な発想をトコトンつきつめさせることによって教師の指導性を高めることができるような授業ではないか。

❖仮説実験授業の方法

　問題―予想（仮説）―討論―実験を基本線として，科学的認識の成立過程に即して科学上の一般的で基礎的な諸概念や原理的な諸法則を学ばせるとともに，科学の意味を体験的に把握させようとする。すなわち，まず授業書（授業案，教科書，ノートを兼用）の問題について各自に実験結果を予想させる。それからそのように予想した理由（仮説）を出し合い，討論させる。その討論の過程では教師は方向づけはせず，討論がスムーズに進み，深まっていくことに注意する。そして実験を行い，結果と仮説との関係をつかませる（図参照）。さらに関連した問題を繰り返す中で注目する法則・概念を習得させる。また生徒にも問題をつくらせてみることでそれらの定着をはかる。

　板倉はこのような授業構成の基礎をなす命題として，①科学的認識は対象に対して目的意識的に問いかける実験によってのみ成立する，②科学的

こんどは、糸の長さをかえてふりこの周期がどうなるか、しらべてみましょう。

右図のように、AとBの2つのふりこを作ります。Aのひもの長さはBの半分です。おもりは同じにします。周期はどちらが長いでしょう。あなたの予想をたててください。

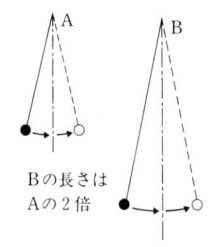

Bの長さはAの2倍

《予想の分布》

10回ふれる時間は	♂	♀	計	話し合い後
ア Aの方が時間がかかる	0人	0人	0人	0人
イ Bの方が時間がかかる	7	1	8	13
ウ AとBと同じ	16	12	28	23

(38人中♂1♀1欠・本日36人)

《考えのだしあい》
T （イ）と（ウ）の2つにわかれましたね。どうしてそうなると思うのでしょうか。これもまえと同じように少数派の方から先に考えをだしてもらいましょう。
（生徒の討論、略）

T いろいろな考えがありますね。それでは実験をしてみましょう。
実験と結果（略）

《おさえ》
ふりこの周期は糸の長さに関係する。糸の長さが長いほど周期が長いと結び、テキストに記入させる。フーコー振子の周期の長さを想像させておわる。

図　仮説実験授業の具体例

認識は社会的認識である、をあげる。これらはともに彼が科学的概念・法則の成立過程を研究する中で抽出したもので、①は、科学的認識は豊かな想像力を働かせて事実、法則、理論を予想し（仮説）、それらが存在あるいは常に成立するかを確かめ（実験）、その一致によって生まれるということであり、②は、そのように個人のレベルで確認されたものが社会的に批判、検討を受け、承認されることで科学の一部となる、ということである。①の過程はそのまま授業過程となり、②はクラス討論の中で実現される。

❖仮説実験授業の意義

この授業理論は、1963〜64年に「ふりこと振動」「ばねと力」の授業書によって、板倉らによって提唱された。その後もさまざまな授業書が作成され、全国の小学校、中学校に普及している。この授業書は、授業内容、方法、評価を含むもので、教師の専門的知識の不足を補い、授業効果を高める上で役立つものとなる。また、科学への興味を引き出すことを目標とすることから、授業への積極的な態度形成にも役立つ。さらに、討論を通して養われる民主的・科学的態度は他の教科、学習活動への波及効果が期待される。(KS)

34　目と耳からの教育——視聴覚教育

　私たちはさまざまな形で，時には無意識的に視聴覚教育を受けてきた。たとえば，掛図，模型，標本，写真，スライド，映画，ラジオ，テレビ，OHP，テープレコーダー，ビデオ，パソコンなどがあげられる。

❖視聴覚教育の歴史

　視聴覚教育は，もともとは目や耳を通して学ぶことで，抽象的・論理的な知識の習得を容易にしようとする試みであり，たとえば，コメニウスの絵入り教科書『世界図絵』(1658年) はこの先駆的なものである。また，ルソーの実物教育，ペスタロッチの直観教授，フレーベルの「恩物」などもこの流れにおいてみることができる。

　こうした視聴覚教育を急速に発展させたのが，いわゆるマスメディアの発達である。19世紀末にスライドが教育に利用され始め，1920年代には特にアメリカでの映画技法の発展に伴い，映画も利用されるようになる。このころ日本でも教材映画 (instructional film) が製作されている。映画はこれまでの絵画，写真，模型などの視覚的・静的教材に対し，音と動きを与えることで視聴覚教材の新たな地平を開いた。また，放送の教育的利用もこの文脈において重要である。日本では1933年に小学校向けラジオ放送が始まり，41年には文部省が教材として公認し，教材用番組を指定している。そして，戦後51年に文部省に「視聴覚教育利用の手引」編集委員会が設置され，視聴覚教育の言葉が一般化するようになった。53年にはテレビ放送の開始とともにテレビ学校放送も始められている。

　戦後GHQが社会教育振興の目的で貸与した16ミリ映写機と，教育映画利用のため各都道府県に設けられたフィルム・ライブラリーは，その後引き続き利用され，教育映画の保管・貸出・製作，利用者に対する技術研修などを行う視聴覚ライブラリーとなって，学校教育に寄与している。

❖視聴覚教育の変化

　ところが，近年における語学演習室 (language laboratory) やティーチングマシンの出現は，従来の視聴覚教育に異なる意味合いを与えるようにな

った。すなわち，それまでの視聴覚教育は非言語的・視覚的な情報を提示することに重点が置かれていたが，新たな教材は言語情報を中心とし，さらに，情報伝達のみならず学習者からの反応に対する正答情報や治療的情報の提示（フィードバック）を含むものとなっている。また，プログラム学習のように個人のペースで学習を可能にするものもある。特に，パソコンの利用にみられる CAI（computer assisted instruction）の発展がこの方向の教授の可能性を広げている。

❖情報化社会における視聴覚教育

「高度情報通信ネットワーク社会形成基本法（IT 基本法）」の成立（2001年施行）など社会の情報化の中で，メディア・リテラシー（情報活用能力）の必要性が高まっている。学校においては，「総合的学習の時間」，「技術・家庭科」の技術分野，高校の「情報」などの時間に情報教育が行われているが，なおいくつかの課題をかかえている。

まず，IT 環境の整備があげられる。2007 年において，教育用コンピュータは，児童生徒約 7 人に 1 台，超高速インターネット接続は約 35％，校内 LAN 整備は約 56％ であり，なお普及の余地が残されている。

次に，教員の指導力の向上があげられる。文部科学省の ICT（情報コミュニケーシュン技術）活用指導力調査によれば（2007 年），「教材，研究，指導の準備，評価などに ICT を活用する能力」「情報モラルなどを指導する能力」「校務に ICT を活用する能力」に比べ，「授業中に ICT を活用して指導する能力」「児童・生徒の ICT 活用を指導する能力」が低くなっている。

最後に，教員の指導力向上支援のための情報教育用の教材（コンテンツ）の開発・普及があげられる。これに対しては，たとえば，国立教育政策研究所が，教育情報ナショナルセンター（NICER）を設置し，さまざまな授業支援ツールを提供している。また，特に頻繁に更新が求められる自然科学分野においては，科学技術振興機構がデジタル教材「理科ねっとわーく」を無償配信している。今後このような全国レベルの活動とともに，地域に根ざした教材開発が求められる。（KS）

35 子どもに何を学ばせるか——形式陶冶と実質陶冶

「学校では、ものの考え方や創造力といった物事の基礎となる力をつけてほしい」「実生活ですぐに役立つような知識こそ学校で教えるべきだ」。子どもに何を教え子どもの何を育てるべきかをめぐっては、古くからこの2つの主張のもとに論議が繰り返されてきた。この問いは、学習の主体である子どもと、学習の内容である教材（文化財）との関係をどのように考えるか、子どもの中にどのような力を育てるか、という問題提起を内に含んでいるために、子ども、教材、教師の三者から成り立つ教授＝学習過程の目的を私たちに問いかけている。

❖諸能力の育成を重視する——形式陶冶

形式陶冶は、学習内容の習得よりも、それを手段として、記憶力、推理力、創造力、判断力、観察力、意志力、感情といった精神的能力の形式的側面の育成を重視する立場である。形式陶冶の意義が特に意識的に取り上げられるようになったのは近代以降であり、ヨーロッパの上流階級を対象とした学校で伝統的に教えられてきたラテン語・ギリシャ語といった古典語や数学の教育的価値の主張と結びついて、その合理的・普遍的効果が強調された。この背景には、もともとは、中世以来の形式的な人文主義や七自由科の教育に対する批判として出された百科全書主義にもとづく教育が、学問の発達と分化に伴って単なる知識の注入であるとして逆批判されたことや、能力心理学による形式陶冶説の支持ということがあった。

❖実質的な知識・技能の習得を重視する——実質陶冶

これに対して実質陶冶は、学習内容の実質的な価値に注目し、実生活の中で役に立つ具体的・個別的な知識や技能の獲得を重視する立場である。実質陶冶説が興った要因としては、自然科学や社会観の進歩と、中世の形式主義批判をふまえた実質主義の主張が、母語や自然、社会といった生活と直接結びついた教育内容を意義づけたことがあげられる。このため実質陶冶は、特に19世紀に入ると、前述のように古典的・形式的教科の価値を新たに見直した形式陶冶の考え方と盛んに対立するようになった。ここ

にはまた，形式陶冶が，それまで支配階級を対象に行われていた形式的自由教育を弁護することになったことに対して，自分たちの生活に密着した教育を求めるようになった市民階級の動きを読み取ることができる。

❖「学習の仕方を学習する」

しかしながら，こうした形式陶冶か実質陶冶かという二者択一的な論議は，実証の裏づけが得られないまま観念的で不毛な対立に終始した。この問題に対し科学的な探究の糸口を示したのが，ソーンダイクらアメリカの心理学者である。彼らは，ある領域で習得された能力が別の領域にも転移するかどうかという実験的研究を行い，能力の転移は従来考えられてきたほど大きくはないことや，転移が生じる条件などを明らかにした。この実験結果は，形式陶冶の再考を促し，中等教育を中心とした教育課程改革の契機となった。そして，その成果をさらに質的に高めたのがブルーナーである。彼は，形式陶冶の元来の理論が能力の訓練のあり方にはほとんど言及していなかったのに対し，転移に関する研究が刺激となって，複雑な学習や教科の構造についての一般的理解を生むような学習過程への関心が心理学者の間に高まったことを指摘した。そして，単に事実や技能を習得させることよりも，教科・教材の基本的構造を子どもに理解させることこそ，教授の中心的課題であると主張したのである。そこには，基礎的・一般的観念を認識させることが，連続性および適用性という点で次に続く学習への基礎となること，またそうした原理や態度の転移は，科学的概念にもとづく構造化された知識の習得によって可能となるという考えがあった。ブルーナーのこうした見解は「学習の仕方を学習する」という教授＝学習過程の目的を強調することになり，子どもの認識をふまえた教材の精選と構造化ということを軸にした教育内容の現代化として，実践に大きな影響を及ぼした。そこでは，それまで別々にとらえられていた能力と知識・技能というものが，発達過程において相互に補完し合うものとして見直されたのである。知識や情報量が爆発的に増大する今日，形式陶冶の再評価を含めて，ブルーナーの主張は教育学に対し，2つの陶冶説の統合・止揚をあらためて迫るものである。（SM）

36 教師から子どもへのメッセージ
――発問・助言・指示・板書

わずか40分あまりの授業。しかし、その間に展開される教授＝学習過程は、教師と子どもと教材との間に起こる対立や葛藤といった緊張関係の有無によって、創造的なものにも形式的なものにもなりうる。授業の中で矛盾を生み出し、その矛盾を克服していく中で、教師も子どもも新しいものの考え方や見方を発見し創造していくのだということを明確にしたのは、そうした授業を「展開のある授業」と呼んだ斎藤喜博であった。

❖授業展開の中核としての発問

教師が子どもにことばを媒介として投げかける発問は、授業の開始にはじまり、新しい課題の提出や問題を発展させるきっかけをつくりだすという点で、授業の展開を決定づけるものである。その意味で、発問は一問一答的なやりとりにみられる質問とは異なり、子どもの思考や論理、行動に対して「展開を促すもの」「反問したり反撃するもの」「疑問や不満を投げかけるもの」「同感や感動の意思をあらわすもの」「確認したり、はっきりさせたり、さらにそれを拡大したり発展させたりするもの」といったように、その時々の状況に即し、子どもの表情や発言の背後にある心情や思考過程を的確に読み取った上で発せられるべきものである。

❖メッセージに必要な明確さと具体性

しかも発問は、それによって子どもの中に新しい思考が浮かんだり、それまでにもっていたイメージがより豊かなものとなるように、明確で具体的なものであることが常に要求される。たとえば小学校2年生の国語の授業で、「やまいもが　ずぼずぼ　ぬけて　きました。」という箇所について、教師が単に「ずぼずぼとはどういうことですか」と問いかけたという場合、斎藤はこれを「子どもによりかかっている曖昧な発問」として批判する。そして「ずぼずぼ」に対して、スー、スッポン、ズー、ズルズルなどといった類似表現をあげて、それらとの違いを問うことを提案する。教師が、自分自身で考えぬいた解釈やそれを授業で取り上げる方向性をもっていな

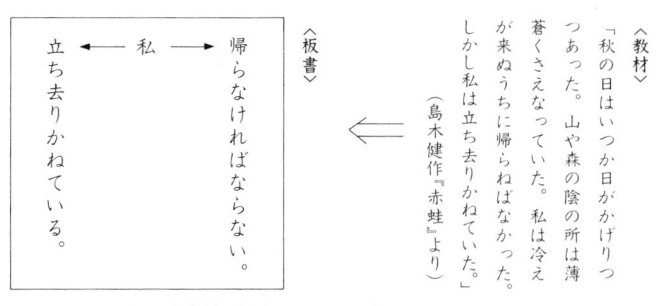

図　小学校5年生の国語の授業における板書の例

〈教材〉
「秋の日はいつか日がかげりつつあった。山や森の陰の所は薄蒼くさえなっていた。私は冷えが来ぬうちに帰らねばなかった。しかし私は立ち去りかねていた。」
（島木健作『赤蛙』より）

〈板書〉
帰らなければならない。
←　私　→
立ち去りかねている。

いと，子どもから出される何通りかの一般的な発言を，単に列挙するだけにとどまってしまうからである。

　教師の教材解釈，授業に対する目標に支えられた明確さ・具体性は，助言や指示にも不可欠なものである。授業の中では，教材をめぐる教師の解釈や，子どもから出された考え方や疑問を，学級全体でともに確認し合ったり，どの部分を課題として取り上げるかという選択にせまられる。その際に，発問と並んで教師が出す助言や指示は，それがなぜそうなのかという説得力をもって子どもに伝えられなければ，多様な意見を無視した一方的な授業になってしまうためである。

❖教師の一挙手一投足がメッセージとなる

　授業ではまた，教師の動作や声，表情までもが，子どもの学習活動に影響を及ぼす。たとえば板書の書き方ひとつにしても，ただ何気なく書くのではなく，力をこめてゆっくり書くことによって，子どもに板書の内容の意味を考えさせることになるため，授業の展開の上で必然性をもって提示される必要がある。板書は学習内容の要点を整理したり提示することにその一義的な機能が置かれがちであり，その結果，黒板に教師が整然と書いた内容を，子どもが授業の間中かかってノートに写し取るということも起こりうる。しかし板書には，その場で中心となっている話題を確認したり新たな問題提起を示すことで，子ども同士が話し合う場を創造し集団思考を促す機能もある。上の例では，この板書に続いて，教師は「どうして帰らなければならないのか」「私をひきつけているものは？」という発問を出すことで，板書自体を発問の一部として位置づけているのである。（SM）

37 人格形成に寄与するもの——生活指導

❖日本的生活指導概念

　生活指導は，戦前の教育学における集団づくり，班づくりのような学習集団つくりと同一視される場合もあるが，それは1つの解釈にすぎない。生活指導は，アメリカのガイダンス概念にもとづくものであり，それを日本的につくりかえてまったく日本的な実践を生み出している。ちなみに日本での生活指導の項目例を以下にあげてみよう。

　(1) 性的被害防止　　夏になると激増する性的被害から子どもたちを守るため保護者の注意を喚起する。

　(2) 台風接近時の登下校についての注意喚起　　台風の接近に伴い，児童・生徒の登下校時の安全確保が危惧される場合に家庭に持ち帰らせる文書をわたす。

　(3) 地域懇談会実施計画　　学校，家庭，地域の連携・協力を密にして，児童・生徒の健全な育成をはかることを目的として実施する地域別の懇談会の実施計画。

　(4) 冬休みの生活のきまり　　冬季休業中，事故もなく充実した有意義な生活が送れるよう，生徒に家での生活のありようを示した文書をわたす。

　以上のように学校外での生活事項について事細かに学校が関与するという基本的な構えがこの生活指導概念にはみられる。教科の学習だけではなく，子どもの家庭生活にまで教師が指導の目を入れるというきわめて日本的なガイダンス概念なのである。アメリカにおいては，ガイダンスは，学習コースの選択や進路指導など個々人の将来の進路にかかわる仕事が多い。それに対して，日本の生活指導は，家庭生活まで含めトータルのきめ細かい指導をするという意識がある。しかも，日本の生活指導は，家庭的な背景まで考慮し，学習指導についての工夫をしなければならないという独特の実践活動となっている。

❖教育の一還としての生活指導

　教師という職業に対する使命感からは，あるいはそもそも教師の仕事が

常に大衆の目にさらされているという現実からは,逃れることができないのである。教師は,このような宿命を帯びながらも,決してくじけることのない精神性をもっていなければならない。生活指導は,学習指導の一貫であるという日本的概念により,学校行事と学校外指導での教師の仕事がやはり学習活動の一環として組み入れられることになる。運動会や文化祭での活動,交通安全指導など,教師の指導は,多様である。このような中で,教科指導は,教師の仕事の一部分とならざるをえない。しかし,教師のこのような生活指導事項に対しては,教師は,不思議と疑問をもつことはなく,自明の前提のごとく粛々と行われている。教師は,生徒の普段の生活が学習に対して大きな影響を与えることを知っているからでもある。

　現代の生活指導は,過去の集団づくりの理論のように何か自治的な要素を子どもたちにつくりだせるというような状況にはない。お互いに干渉し合うことのないように大人によって管理され,一人一人が隔離されるようになっているのが現代の子どもである。家に帰れば一人ネットやゲームに興じている子どもたちの姿は,子どもたち同士お互いのふれあいが存在した古き良き時代の生活環境とは異なり,分断された箱の中で一人一人が自分とゲーム内容と対話を続けるという状況をつくりだしている。

　このような現代の子どもたちの世界の中で,学校を超えたところで発信される,携帯やメールの子どもたちへの影響力は大きい。教師は,小学生の携帯電話の所持の可否のような議論を超えたところで,子どもたちがヴァーチャルな世界に生きていることを知るべきである。そのような学校の施設を超えたところで生じているようなヴァーチャル・リアリティの力は絶大である。一歩間違うと子どもたちが,その世界だけに自己の生きる意味を見いだし,自分の今ある存在に対して何ら関心をもたないという現実がかなり深刻なものとなっている。生活指導は,ヴァーチャル・リアリティが支配する現代社会において,非常に大きな逃れることのできない課題に直面しているのである。(AS)

38 あってはならないこととも，よくあることともいわれる──いじめ

　いじめについては，子どもが自殺し，それを保護者が訴えるというような事件が起きるとマスメディアが大きく取り上げ，いじめは減っているという文科省の説明に対して疑義が出されるというパターンを繰り返している。1986年東京中野区で起きた鹿川君自殺事件では，葬式ごっこに加担したとされる教師も含め，多くの関係者が社会的制裁を受けた。いじめについては，多くの学校がその対策に乗り出し，監視をするようにはなっている。そこで，いじめの件数の報告は近年少なくなってきたといわれているが，再度いじめの概念を見直し，勘定をし直すことによってやはり減ってはいないという主張もある。

❖いじめは日本的特殊現象か

　多くの教師の努力にもかかわらず，いじめはやはりなくならないのであろうか。司馬遼太郎は，「いじめ」という言葉は日本にしかないのではないかと述べていた。しかし，それは，外国語にもあるし，アメリカやカナダの放送番組では予防のための本格的な取組みプログラムが紹介されている。それらのプログラムは，いじめは，何らかの差別にもとづいていると考え，その兆候を教師が見逃すことなく，早い段階で徹底的にその根を絶やすというやり方である。初期の段階で，いじめの兆候を発見した教師や校長は，いじめられた子どもの親を呼び，徹底的に質問する。いじめを受けている子どもは，仕返しが怖いので，なかなかその被害を表現しない。そのことについても感性を教師は問われている。そして，これらのプログラムが卓越している点は，いじめる側の子どもの保護者を呼び出し，校長がじっくりと説明している点である。いじめる側の保護者は，自分たちの子どもがいじめているということにあまり気がつかない。なぜなら，子どもの表情に暗さがみられないからである。

　いじめの兆候を発見することがこのプログラムにおいては重要な要素と考えられ，特に休み時間などは，監視員をおいて徹底的にその兆候をみつ

けようとする。きめ細かい，神経のすり減るこのような努力の結果が，いじめの防止と解決につながっている。

このようなプログラムは，いじめ問題を教育の正面に据えることによって，単なる対処療法を超えた優れた教育プログラムとなっている。日本ではいじめ問題を影で処理するのではなく，教育活動の正面に据えることよっていじめを徹底的になくすというプログラムはまだない。そのプログラム自体が教育活動の一環であるということは，非常に斬新である。いじめが一人一人の子どもが考えなければならない課題となっていること自体が教育の概念を変えるものといえる。

❖マスメディアといじめ現象

いじめは，それが起きたあとの事後処理の問題として考えるのではなく，教育実践の1つの課題として考えるべきである。問題が発覚したあとでマスメディアなどによって話題となり，誰か犯人捜しをするというようなパターンは日本的特殊現象である。日本の学校での取組みは，どうなっているのであろうか。日本の学校での取組みの多くは，問題を回避するために，お互いに干渉し合わないという個人間分断化という傾向がみられる。『やさしさの精神病理』（大平，1995）という著書が示すように，お互いの傷やプライバシーに干渉せず，踏み込まないという生き方を子どもたちは奨励されている。干渉せずということは，お互いに関知せずということである。お互いに傷つけてはいけないという意識が，孤立したメディアである携帯サイトなどによる裏サイトでのうわさの飛び交い合いというヴァーチャル・リアリティの異常な膨張となる。裏サイトは，新しいタイプのいじめである。それは，本人の知らないところでのいじめとなることもある。

このヴァーチャル・リアリティによるいじめは，身体的あるいは，物理的な形をとっていないため，さらに難しい，心理的ないじめとなっていじめをみえにくくしている。このようないじめは，個々人の心理の奥底に潜む陰湿なものである。この問題は，たやすく個々人で解決できるものではなく，しかも個々人の精神性にかかわる重要な課題である。教育学は，まったく新たな次元の問題に直面している。（AS）

39　教育的配慮とは——非行

❖凶悪犯罪低年齢化というメディア情報

　少年非行の数は，年々減少傾向にあるといわれる。ただし，殺人などの凶悪犯罪は低年齢化が進んでいるといわれている。しかしながら，万引きのような軽犯罪は，どこの店でも困っており，非行の数として表面にはあらわれない数字ともいわれている。このような中で非行の実体を単純化して論じることはできないのである。

　非行に関しては，その内容が特に目立って注目を浴びている。たとえば，携帯メールで誹謗されたから同級生を殺してしまった小学校6年生の女子の事件や援助交際をする中学生や，車を盗んで乗り回した小学生の事件等，世間を騒がせる事件は，マスメディアなどで話題なる。しかし，非行の数の実体は，数字としては常に減少傾向にある。

　問題は，非行といわれるものの内容が何かということにある。文部科学省の2007年度調査によると05年ころから児童生徒の学校での暴力が増加していることになっている。その背景には，けがや診断書，警察への届け出がこれまでの統計数字の実体であったものをそのような届け出に関係なく，報告させるようにしたことがある。

　実数の統計数字をとる方法が変化すると経年変化をみるのが難しくなる。しかし，非行に関しては，数が減少傾向にあることには変わりがない。少年の補導件数をみると，2000年の約5200から2005年の3600となっている。少年の数が減っているので，実数ではなく，率を比べなければならないが，その割合は常に減少傾向にある。それでは，非行の内容は何か。ひとくちに非行といってもひったくり，万引き，強盗など刑法に触れるものから，刑法に触れるもの以外の深夜の徘徊や喫煙，不良交友などまで多様である。

　非行全体の中で，傷害や殺人のようなケースはまれであるが，凶悪犯罪が目立つので非行が多くなっているように常にみえるのである。少年非行は，単純に社会の経済的な貧しさとか社会的な逸脱とかというような概念

では説明がしにくくなっている。ネットでの侮辱が原因で同級生を刺してしまうとか、世間を騒がせることが目的であるような犯罪が多くなっている。このような犯罪の根拠は、これまでのリアルな生活像からは理解がしにくくなっており、非行というような枠組みに入れるべきなのかもわからなくなっている。

❖少年法改正の背景

2008年6月少年法が改正され、適用年齢がこれまでの「16歳以上」から「14歳以上」にまで引き下げられた。

非行という概念と凶悪犯罪という概念が乖離しているのが現代的な非行の特徴である。あまり、深刻な理由も原因もなく、他人を傷つけるというような行為がなされている。このような現代的非行は、皮肉にも他者の敏感なところに触れないとか、相手も思いやるということの大切さを強調すればするほど増えている。壊れやすい、「優しさの時代」(大平、1995)の特徴である。私たちは、他の人からの悪口に対してすぐ傷ついてしまうというような弱さをもつようになっている。感情的にも身体的にも人間的な強さが欠けているのである。

描画法による子どもの心理の経年変化を調査した研究(三沢、2002)では、子どもの描画において、かつてよりも、身体的にどこかが突出しているようなバランスのとれていない人物像が増えてきていることが指摘されている。この現象は、とりもなおさず、子どもたち自身の生きる感覚のリアリティを欠いた生活が子どもたちをしてそう仕向けているともいえる。

非行問題を考えるにおいて、これまでのものとは異なる新種のものが登場していることに私たちは注意を向ける必要がある。(AS)

40 学級王国から学校共和国へ
——ティーム・ティーチング

　学級が，さまざまな個性・才能・興味をもつ生徒から構成され，教師もまたそうであることで，互いに影響し合いいきいきとした集団となるように，"たこつぼ化"し孤立しがちな教師と学級を組織できないか，そこで考え出された1つの方法が，ティーム・ティーチングである。

❖ティーム・ティーチング成立の背景

　ティーム・ティーチングは，アメリカではハーバード大学のケッペルによって1956年に提案され，わが国では64年に文部省が出した「わが国の教育水準」において注目され始めた。その中の教育方法の項では，「二人以上の教師がそれぞれ役割分担して同一の生徒集団の教育計画，実践にあたり，一斉指導，個別指導など適宜援用する柔軟性のある指導体制の一つである」と言及されている。このころから実践研究も開始された。また，68年の小学校学習指導要領では，「指導の効率を高めるため，教師の特性を生かすとともに，教師の協力的な指導がなされるようにくふうすること」と述べ，解説においてティーム・ティーチングをその方法の1つとして注目している（→20）。

　ティーム・ティーチングは，1クラスに1教師という伝統的教授組織の改善をめざすものである。したがってその成立の背景には，従来の学校教育，特に小学校教育に対する疑問あるいは批判がある。その1つにいわゆる"学級王国"の問題，すなわち学級担任制の閉鎖性や独善性の問題がある。子どもは一人一人多様な才能，個性をもっている。また1人の子どもも教科ごとに異なる才能を発揮する。1人の教師がそのすべてに対応しようとするとき，その多様性に応じきれないおそれがある。

　また，教師間においても才能の違いがみられ，一教師においても教科ごとに得意不得意があることから，その相互調整が求められる。

　他方，スライド，OHPなどの視聴覚教材の普及もこうした教授組織の改革を促進する要因となっている。

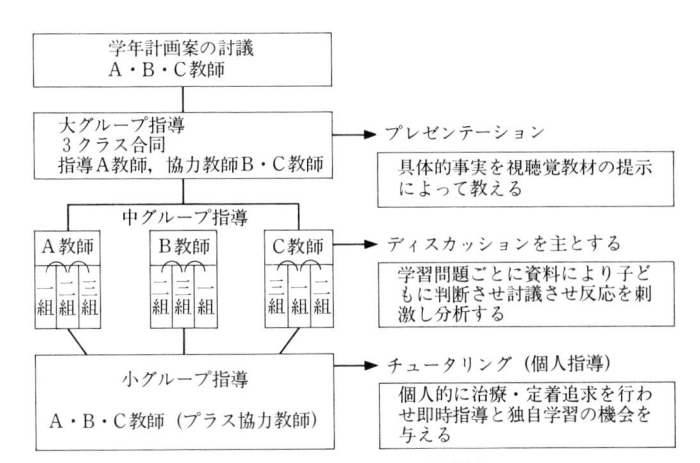

```
┌─────────────────┐
│  学年計画案の討議  │
│   A・B・C教師    │
└────────┬────────┘
         │
┌────────┴────────────┐
│   大グループ指導      │ ──→ プレゼンテーション
│   3クラス合同        │     ┌─────────────────────┐
│ 指導A教師，協力教師B・C教師 │     │具体的事実を視聴覚教材の提示│
└────────┬────────────┘     │によって教える          │
    中グループ指導                └─────────────────────┘
┌─────┬─────┬─────┐
│A教師 │B教師 │C教師 │ ──→ ディスカッションを主とする
│一二三│一三二│三一二│     ┌─────────────────────┐
│組組組│組組組│組組組│     │学習問題ごとに資料により子ど│
└──┬──┴──┬──┴──┬──┘     │もに判断させ討議させ反応を刺│
   └─────┼─────┘        │激し分析する            │
┌────────┴────────────┐     └─────────────────────┘
│   小グループ指導      │ ──→ チュータリング（個人指導）
│                     │     ┌─────────────────────┐
│ A・B・C教師（プラス協力教師）│     │個人的に治療・定着追求を行わ│
│                     │     │せ即時指導と独自学習の機会を│
└─────────────────────┘     │与える                │
                              └─────────────────────┘
```

図　ティーム方式による授業例

❖ティーム・ティーチングの方法

　教師間の協力はさまざまなレベルで行われる。たとえば，教科の分担指導，単元の分担指導，指導計画の共同立案，共同授業，共同評価などが考えられる。また，教育実習や初任者の現職教育としても利用される。

　他方，これら指導の方法に応じて児童・生徒の構成もいろいろ考えられる。たとえば，無学年集団，学年集団，学級集団，あるいは大集団，中集団，小集団（個別指導も含む）など（図参照）である。

　これらの方法は，オープン・スクール（→86），プログラム学習といった方法とも重なる要素をもっている。

❖ティーム・ティーチングの問題点

　ティーム・ティーチングは，グループ分け，時間割を学習内容，生徒の特性に応じて柔軟に行おうとするが，その計画にはかなりの労力と時間を要する。また，大グループまたは小グループによる指導のように従来の学級単位でない場合，そのための環境整理，たとえば教室のスペースや利用される視聴覚教材，教具についての配慮が必要となる。さらに，シニア・ティーチャー，ティーム・リーダーといった職階制の導入は，有能な教師にとっては励みとなることもあろうが，他方，そうした組織化に対する教師の抵抗も予想される。（KS）

41 家庭的雰囲気での学習
——インフォーマル・エデュケーション

❖**インフォーマルとは**

　結婚式や葬式などの儀式の時に着る服のことをフォーマル・スーツとかフォーマル・ドレスというように，「フォーマル」という言葉は，何かあらたまった形式ばった事柄に使われている。学校での教育についてそういわれる場合は，教師と生徒の関係が明確にされ，ベルやブザーによって遊びと学習の時間がはっきり区別され，教室や座席もそれぞれの生徒ごとに指定されていることを意味している。私たちのなれ親しんできた学校のほとんどは，フォーマルな教育をしてきたのである。

　それに対してインフォーマルな教育（インフォーマル・エデュケーション）というのは，本来は家庭や職場などでの非組織的な活動をいい，時には無意識のうちになされる作用や影響のことを指して用いられることもある。しかし最近では，イギリスの小学校をはじめ，世界的に普及しつつある新しい教育のことをいう場合が多く，アメリカやわが国でのオープン・スクール（→86）での教育（オープン・エデュケーション）とほぼ同義で用いられるようになっている。

❖**歴　史**

　イギリスの小学校の中でインフォーマルな教育が徐々に実践されるようになりだしたのは1920年代に入ってからである。第2次大戦後の校舎不足，教室不足という物質的には恵まれない条件でも，インフォーマルな教育を実践する学校は増え続けていた。それらの学校が67年のプラウデン報告書『子供たちと彼らの学校』の中で「優れた学校」と推奨されたことにより，イギリスのみならず，広く世界的に知られるようになった。

　これらの学校の教育がインフォーマルといわれたのは，教師と児童の明確な区別，学年や学級の間の壁，教科・科目間の壁，時間割表など，従来の学校が慣行としてもっていたさまざまな形式をもたない点に注目したからである。しかし，児童観や教育理念に大きな違いがあるといえる。

❖教育理念

インフォーマル・エデュケーションは基本的には新教育の流れに立つものであり、児童の自主性を尊重する児童中心主義的であり、一人一人の子どもの個性を認め、それを伸ばすことに重点をおいている。ただし、自主性尊重とはいっても、あくまでも教師による指導を背後にもっている点で1920～30年代のアメリカにおける進歩主義教育運動とは異なっている。

インフォーマル・エデュケーション
（イギリス・ケンブリッジのモーレイ小学校）

その思想的系譜は、ルソー、ペスタロッチ、オーエン、モンテッソーリ等に求められるが、現代の研究成果の中では、ピアジェの発達心理学の成果に負うところが大きい。

❖実　　践

プラウデン報告書でも紹介されたイギリスのインフォーマル・エデュケーションの具体的な姿は、次のようになっている。

ティーム・ティーチングや無学年制を取り入れて個別学習を可能とし、そのために教室間や学年の間の壁がなく、トピック学習（イギリスの鳥、沼地の生物などのトピックをもとに実地調査や見学を含む総合的な学習）やプロジェクト方式のため、教科・科目間の壁もない（総合カリキュラム）、合科学習となっている。教師は援助する児童の仲間の一員のようであり（心理的壁がない）、教室内には整然と並ぶ机や椅子の代わりに、組合せしだいで六角形や四角形になるテーブルや軽い椅子が置かれている。特に低学年では遊びと学習の区別がなく、砂、水、ブロック（積み木）などでの遊びを通して、色彩、形、数量、重い・軽い、乾いている・湿っている、などの概念、整理・後始末を通しての分類・仕分けの仕方などを学んでいくように配慮されている。総じて、形式ばらないで、家庭的雰囲気の中で楽しく学習できるように配慮されている。（OZ）

41　家庭的雰囲気での学習──インフォーマル・エデュケーション

42 教育的効果を期待できる力の行使か，単なる暴力か
――体罰

❖**体罰は人権の問題か，教育的な営みか**

体罰について，学校教育法第 11 条に次のような規定がある。

　校長及び教員は，教育上必要があると認めるときは，監督庁の定めるところにより，学生，生徒及び児童に懲戒を加えることができる。ただし，体罰を加えることはできない。

体罰については，2009 年 4 月最高裁で時代を画する判決が出された。ある小学校の教員が教員のおしりを蹴った子どもの胸ぐらをつかみ壁に押しつけるという体罰をしたことに対して，それは容認できる範囲とした判決であった。これまでは，いかなる体罰も法的に禁止されているがゆえに，一律どのような手出しも体罰として処分されるという判例がほとんどであった。体罰は，人権の問題であるのか，教育的な営みであるのか，その判断が分かれるということ自体は画期的といえるものであった。

法律上はいかなる体罰も禁止されており，場合によっては許されるということはなかったこれまでの法解釈に対して，教師が耐えうる範囲というものがあるという判断自体は，非常に重要である。体罰というとそれによる身体的な苦痛と傷害ということが多くの場合想定される。しかし，子どもがほかの子どもに危害を加えるという場合でも，一律体罰であるという理由であらゆる身体的な拘束が禁じられるという一律主義はやはり問題である。

❖**特別権力関係か教育的配慮か**

体罰に関する判断で難しいのは，教師としての力量不足を子どもが逆手にとるという逆権力関係があるかもしれないという状況である。教師は，常に権力をもち，強者であるとは限らないのである。最近の教師の精神疾患の増加とマニュアルへの依存増大は，教師の力量不足という本来の原因こそが問題とされるべきところである。

しかし，常に体罰の結果と周囲の騒ぎ方のような周辺事情によって体罰

の深刻さの罪の軽重が測られる。しかし，このようにあいまいな社会的基準によって罪や罰の軽重が左右されるということ自体は，問題である。体罰は，やはりその内容と身体的な苦痛という事実によってのみその罪の軽重が測られるべきである。たとえ，それが，信頼されている教員であり，子どもが納得ずみの体罰であったとしても，純粋に身体的苦痛の程度によってその罪の程度は判断されるべきという考え方もある。

現代の子どもを取り巻く社会状況は，相互の身体的接触が減り，お互いに相手の心の奥深くまで入ることがない「やさしさの時代」といわれている。お互いに踏み込むことのない人間関係の中で，体罰に対する厳罰主義は人間関係のあり方の希薄さを象徴しているともいえる。

❖自己責任としての「必然の掟」（事物と事実の教育）

子どもの自らの行為の報いは，人為的な怖さや恐怖ではなく，事物や事実によってのみ与えられるべきである（ルソーの『エミール』より）。児童生徒にとっては，人為的な罰ではなく，実際に受ける事実や経験によって現実の厳しさを学ばせるべきである。人為的な罰が怖いという人間関係による怖さや心理的な威圧は，学習効果がない。したがって，教師は，そのような報いを教師の権威や権力からではなく，実際に子ども自身が体験として得られるような場面をつくりだすことに力を注ぐべきである。教師自身が，大人社会の中で罰を受けるということの恐怖の中で仕事を遂行するというような社会的風潮は子どもの教育環境としては非常によくないといえる。

千葉県のある自然塾では子どもたちがお互いの体験から子ども同士の力関係，自然環境という事物との向き合いを学んでいた。下の子をいじめるある男の子は，その非を他の子どもから悟らされたり，トカゲをつかまえいたずらに扱うことの非を，自ら学んだ。このような環境をつくりだすことが教育的課題である。大人が罰や説教を与えるのでなく，子どもはあくまでも経験と事物との関係から自分のわがままや自然の破壊がどのような結果を生むのかを体験するのである。（AS）

参考文献

板倉聖宣『科学と仮説』季節社,1971
板倉聖宣・上廼昭編著『仮説実験授業入門』明治図書出版,1965
稲垣忠彦「形式主義と実質主義」(勝田守一編『現代教育学入門』)有斐閣,1966
江森一郎『体罰の社会史』新曜社,1989
大平健『やさしさの精神病理』岩波書店,1995
沖原豊『体罰』第一法規出版,1980
菊田幸一『少年法概説』改訂版,有斐閣,1988
岸田純之助・木原健太郎編『情報化時代の教育の基本問題』明治図書出版,1972
斎藤喜博『授業の展開』(斎藤喜博全集6)国土社,1970
三枝孝弘『範例方式による授業の改造』明治図書出版,1965
下村哲夫『学年・学級の経営』第一法規出版,1982
『授業研究』第41号(特集:教材の精選と範例方式の展開),1967
全国生活指導研究連絡協議会常任委員会『学級集団づくり入門』第2版,明治図書出版,1971
竹内常一『子どもの自分くずしと自分つくり』東京大学出版会,1987
武田常夫『真の授業者をめざして』国土社,1971
能重真作・矢沢幸一郎編『非行——教師・親に問われているもの』民衆社,1976
日俣周二『ティーム・ティーチングの理論と方法』明治図書出版,1969
ブルーナー,J.S.(鈴木祥蔵・佐藤三郎訳)『教育の過程』岩波書店,1963
星野安三郎ほか編『体罰と子どもの人権』エイデル研究所,1984
三沢直子『描画テストに表れた子どもの心の危機——S-HTPにおける1981年と1997~99年の比較』誠信書房,2002
文部省『生徒指導の手引』改訂版,大蔵省印刷局,1981
文部省生涯学習局『学校及び社会教育施設における視聴覚教育設備の状況調査報告書(平成元年度)』1990
吉田章宏編『授業』(教育心理学講座3)朝倉書店,1983

5章 ▶ 教育制度

43 6・3制のスタート——一条校

戦前の日本の学校は各学校ごとに異なる勅令によって規定されていた。たとえば，中等学校は中学校令，高等女学校令，実業学校令によって定められていた。これに対し，戦後の学校は法律である学校教育法，特にその第1条によって一括して規定されることになった。

❖6・3・3・4制の成立

戦後の1946年3月に来日したアメリカ教育使節団は，その報告書において6・3・3・4制の新学校制度を勧告した。同年8月に設置された教育刷新委員会は，これを受けて，その第1回建議において6・3・3・4の学校体系を明示した。これにもとづいて文部省は法案を作成し，47年，学校教育法が公布，施行された。これにより小学校，中学校は47年4月から，高校は48年4月から，大学は49年（一部48年）からそれぞれ新制の学校としてスタートした。

❖一条校とその他の学校

学校教育法第1条は，「この法律で，学校とは，幼稚園，小学校，中学校，高等学校，中等教育学校，特別支援学校，大学及び高等専門学校とする」と規定している。これらの学校がいわゆる一条校と呼ばれるものである。ただし，これ以外にも学校はある。たとえば，学校教育法がその当初から規定していた各種学校（第134条）がある。また，専修学校のように後に法改正によって新設されたものもある。

❖一条校の意義

一条校の意義としては，まず学制の単一化があげられる。すなわち，戦前の複雑な学校制度を小学校，中学校，高校，大学の単線的な学校制度にした（右図参照）。わが国の学校制度の出発点である「学制」（1872年）では，小学校，中学校，大学といわゆる単線系をなしていたが，1881年の「中学校教則大綱」によって，小学校6年修了後小学高等科へ進む道と中学校へ進む道とに分岐した。戦前の制度はこの流れをくんでおり，前者の道に進む者が多かった。戦後はこれらの進路を一本化し，さらにさまざ

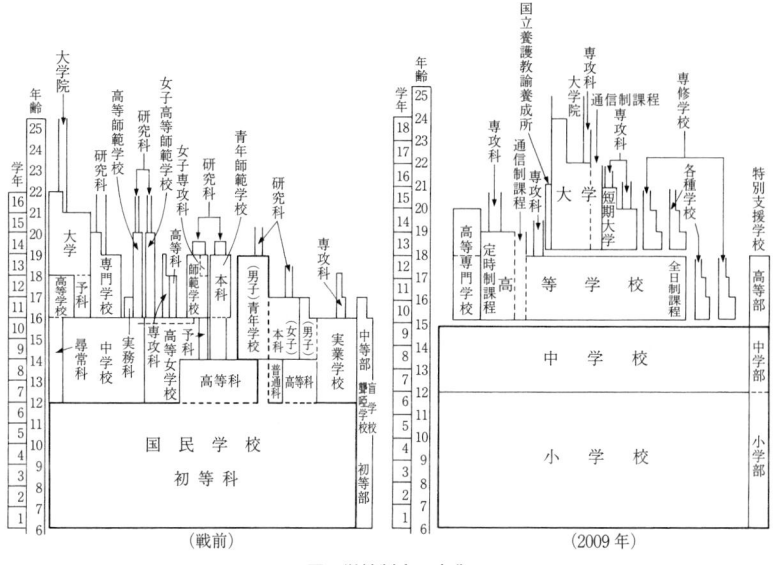

図 学校制度の変化

な工夫（夜間制や通信制の高校，大学の設置など）をすることで，より多くの者に高等教育への道を開いた。

また，それまで一般の学校教育から区別されていた特殊教育や幼稚園を学校教育の体系の中に含んだ。特に特殊教育において，一般の幼稚園，小学校，中学校または高校に準ずる教育を行う機会の拡充をはかり，そのうち小・中学校については義務制をとることとした（→ **45**）。

❖単線系学校体系の変更

1962年に，中学校卒業生を受け入れる修業年限5年の高等専門学校が設置され，高校，大学間の3・4制が変更された。また64年には，それまで臨時措置として認められていた短期大学が恒久的な制度として確立された。さらに75年に，各種学校のうち一定の規模・水準をもつものを専修学校として発足させた。また，71年の中央教育審議会答申（→ **66**）や85年の臨時教育審議会第1次答申（→ **67**）においては，中高一貫教育や6年制学校が提言され，中学・高校教育（3・3制）の見直しもされている。
（KS）

44 ニーズに応じた学校——専修学校・各種学校

　大学および専門学校の関係組織の調査によれば，かなりの数の学生が，外国語会話・検定，パソコンなどの実用的知識・技術，公認会計士，司法試験などの専門知識・技能・資格の習得のために，専修学校・各種学校にも通学しているという。この，いわゆるダブル・スクーリング現象が示しているように，専修学校・各種学校は高校・大学など通常の学校では得にくいものを与えてくれるところといえる。

❖各種学校

　各種学校は，「学校教育に類する教育を行う」学校である。学校教育法第1条で定められた学校や，専修学校および学校教育法以外の法律で定められた学校（職業訓練校など）ではない。各種学校の名称は，古くは1879年の教育令にみられる。他の学校に比べて法的規制が緩やかで，社会，産業，職業の発展と変化に柔軟に対応して多様な教育を提供し続けてきたが，1975年に専修学校が制度化されてから，専修学校に移行するものが多くなっている（表参照）。現在（2007年，以下同様）生徒数は約15万人で，生徒数が多いのは，自動車学校（27％），予備校（18％），外国人学校（朝鮮人学校，アメリカン・スクール，ドイツ人学校，中国人学校，韓国学園等）などである。

❖専修学校

　専修学校は，各種学校のうち一定の基準や条件を備えたものがなれる。課程別にみると，現在生徒数約70万人のうち，中卒者を対象とする高等課程（高等専修学校）が6％，高卒者を対象とする専門課程（専門学校）が89％，一般者を対象とする一般課程が5％となっている。また分野別にみると，看護，歯科衛生などの医療関係（31％），受験・補習，デザイン，外国語などの文化・教養関係（21％），情報処理，土木・建築，自動車整備などの工業関係（14％）が多くなっている。

　専門課程は現在，高校新規卒業者の17％が進学（短大への進学は7％）し，総在籍者数は63万人（短大は20万人）おり，職業に直結した実践的

表　各種学校・専修学校の校数・生徒数・教員数の推移

(文部科学省学校基本調査)

年次	学校数 計	国立	公立	私立	生徒数 計	国立	公立	私立	教員数(本務者) 計	国立	公立	私立
1950	4,190	31	246	3,913	486,609	2,283	14,797	469,529	15,291	43	675	14,573
1960	8,089	51	322	7,716	1,239,621	2,747	21,905	1,214,969	36,688	113	997	35,578
1970	8,011	72	231	7,708	1,352,686	4,469	18,532	1,329,685	48,175	182	944	47,049
1975	7,956	65	269	7,622	1,205,318	3,990	24,500	1,176,828	44,021	204	1,493	42,324
1980	5,302	11	155	5,136	724,401	223	13,084	711,094	26,478	21	864	25,593
	2,520	187	146	2,187	432,914	15,843	20,628	396,443	20,211	764	1,328	18,119
1985	4,300	8	112	4,180	530,159	164	9,795	520,200	22,010	16	648	21,346
	3,015	178	173	2,664	538,175	18,070	24,069	496,036	24,238	769	1,604	21,865
1990	3,436	4	85	3,347	425,341	82	6,731	418,528	19,312	8	445	18,859
	3,300	166	182	2,952	791,431	17,433	27,805	746,193	31,773	756	1,908	29,109
1995	2,821	3	59	2,759	321,105	56	4,059	316,990	16,304	6	254	16,044
	3,476	152	219	3,105	813,347	18,288	35,471	759,588	36,433	780	2,524	33,129
2000	2,278	2	40	2,236	222,961	30	2,567	220,364	13,412	4	171	13,237
	3,551	139	217	3,195	750,824	15,410	33,137	702,277	37,656	795	2,795	34,066
2005	1,830	0	16	1,814	163,667	0	1,212	162,455	11,045	0	64	10,981
	3,439	13	201	3,225	783,783	999	28,896	753,888	41,776	169	2,690	38,917

(注) 1970年以前は沖縄県を除く。1980年以降、上段は各種学校、下段は専修学校。いずれも文部科学省所管のもの。

な教育機関として広義の高等教育の重要な一翼を担っている。一定の要件を満たす専門課程の修了者は、大学への編入学資格や大学院入学資格が得られる。また高等課程も、一定の要件を備えた学校の修了者は大学入学資格が得られるようになり、高校の多様化の観点から期待されるところがある。

❖生涯学習の場としての専修学校・各種学校

　専修学校・各種学校は、放送大学、単位制高校などとともに、青少年、社会人、主婦など幅広い学習者を対象に学習機会を提供する生涯学習の場としても期待されている。そのため学校では、多様なコースの設定、早朝・夜間のコース設定など、新たな学習ニーズへの対応をはかり、また国でも、教育施設、教員研修への補助、生徒への日本学生支援機構奨学金の貸与、国費外国人留学生の受入れなどの振興策を講じている。(KS)

45　障害者の教育権の保障——特別支援

　教育は社会生活および社会発展への参加の基礎となるものであり，その機会が平等に保障されることが必要なことはいうまでもない。特に，障害者においてはその配慮がいっそう必要となる。しかし，その教育保障の歴史をみると困難な道のりをたどっている。

❖障害者のための教育の場の設定 —— 戦前

　明治中ごろより，義務教育の普及に伴い学業不振児が問題視されるようになり，そうした児童を対象とする特別学級が公立小学校に，また石井亮一の滝乃川学園のような民間団体による教育施設が設けられた。そして明治後期には，師範学校の附属小学校を含め全国的に特別学級が設置されるようになった。しかし，これらの学級の中にはその性格が不明瞭なものがあり，障害者のための独立した学校がつくられたのは昭和に入ってからであった。すなわち，精神薄弱者のための学校としては，1940年に大阪市立思斉学校が設立された。また，肢体不自由児のための学校としては，32年に東京市立光明学校が設けられている。戦時体制下の国民学校令施行規則ではこれらの学校を国民学校として認めたが，戦争の激化に伴い集団疎開や休止したところが多かった。

❖養護学校の義務制度化 —— 戦後

　戦後，学校教育法は保護者が子女を就学させる義務を負う学校として，小学校，中学校とともに，盲学校，聾学校，養護学校を掲げた。しかし，盲学校，聾学校については小・中学校より1年遅れて1948年度から学年進行で施行されたが，養護学校だけは見送られていた。その後特別学級は年を追って増えていったが，養護学校は，その義務制，都道府県設置義務が実施されなかったため，都道府県が設置しても義務教育学校の建築費，教職員給与費，教材費などへの国の補助が得られないことからその設置は進まなかった。しかし，障害をもつ子どもの父母，教育関係者の義務化実現へのねばり強い運動は国会にも反映するようになり，1956年に，他の公立義務教育諸学校と同様に公立養護学校に対する援助を行う法律（公立

表　特別支援学校の校数・在学者数・教員数の推移

(文部科学省学校基本調査)

年次	学校数				在学者数				教員数 (本務教員)			
	計	国立	公立	私立	計	国立	公立	私立	計	国立	公立	私立
1955	181	2	171	8	28,142	372	27,203	567	4,823	86	4,663	74
1960	225	5	211	9	35,778	715	34,493	570	6,090	116	5,880	94
1965	335	8	315	12	44,316	1,063	42,520	733	8,537	207	8,201	129
1970	417	15	389	13	50,796	1,899	48,152	745	12,329	361	11,836	132
1975	577	32	532	13	63,548	2,972	59,811	765	20,099	708	19,235	156
1980	860	45	799	16	91,812	3,564	87,429	819	33,491	1,123	32,148	220
1985	912	45	851	16	95,401	3,688	90,853	860	39,228	1,290	37,682	256
1990	947	45	885	17	93,497	3,593	89,004	900	44,798	1,359	43,165	274
1995	967	45	905	17	86,834	3,398	82,541	895	51,913	1,420	50,220	273
2000	992	45	932	15	90,104	3,074	86,221	809	57,547	1,426	55,871	250
2005	1,002	45	943	14	101,612	3,051	97,761	800	63,632	1,453	61,917	262

養護学校整備特別措置法)が制定された。そして73年に,「学校教育法中養護学校における就学義務及び養護学校の設置義務に関する部分の施行期日を定める政令」が出され,79年度から義務制を実施することとした。これは,養護学校の対象となる障害児をもつ保護者に対し子どもを就学させ,都道府県に対し必要な養護学校を設置する義務を課した。

❖盲・聾・養護学校から特別支援学校へ

　障害の重複化・多様化,学習障害(LD)や注意欠陥多動性障害(ADHD)等の学習や生活面で特別な教育支援を必要とする児童・生徒への対応など,諸課題に応えるため,学校教育法等を改正し,従来の盲・聾・養護学校から複数の種別の障害者を受け入れる特別支援学校に変更した(2007年度より施行)。また,小・中学校等における特別支援教育の推進も規定された。(KS)

46 すべての人に中等教育を——総合制中等学校

❖総合制中等学校とは

　同一の中等学校の中に，普通課程だけでなく，商業，工業，農業などの職業課程をも含めて多様なコースを開設し，地域の生徒を無選抜で入学させる学校のことを，総合制（中等）学校（コンプリヘンシブ・〔セカンダリ〕・スクール）と呼んでいる。

❖理　　念

　外見的には，普通高校，商業高校などの単独校を一緒にした学校のようであるがその背後には，教育機会均等化の理念がある。

　第2次大戦までのヨーロッパ諸国では，中等学校は主として中流階級以上のためのものであり，大衆には，小学校修了後は高等小学校や職業学校があるだけであった。戦後には，高等小学校や職業学校の一部は中等学校として認められたが，それらは大学に結びつくことなく，大衆が期待していたような中等学校ではなかった。中等学校への入・進学試験にも，中流階級の言語や中流階級の生活様式にもとづく問題が出されるなど，階級文化が反映されており，大衆は伝統的な中等学校から排除され続けることになった。その選別は11歳前後になされるのが一般的であり，小学校の教育にも受験準備という点で大きな影響を与えていた。伝統的な中等学校（イギリスのグラマー・スクール，フランスのリセー，旧西ドイツのギムナジウムなど）に入れなかった生徒たちは自らを失敗者とみなし，学習意欲を失う者が少なくなかった。実際には11歳以後に急速に学力を伸ばす生徒もあらわれ，選別制度のあり方に疑問を投げかけることになった。そこで選抜試験を廃止し，すべての中等学校を総合制学校とし，1学区に1校（小学区制）を配置するという方向がめざされるようになった。

　第2次大戦後のわが国の教育改革においても，高校3原則の中に，男女共学制，小学区制とともに，総合制の原則が採用されていた。

　歴史的には1910年以後アメリカで設けられ，しだいに全米に普及した。第2次大戦後にも，コナント報告書により，幅広い一般教育という観点か

クラフトの授業風景（イギリス・ケンブリッジのパークサイド校）

らその意義が再確認されている。ヨーロッパ諸国では第2次大戦後しばらくしてから，たとえばスウェーデン（1950年から実験，66年に実施），フランス（63年から中等教育コレージュとして），イギリス（65年），旧西ドイツ（70年以後，社会民主党政権下の州において）などで制度化されるにいたった。しかしイギリス，スウェーデン以外ではまだ少数にとどまっている。

❖イギリスの例

イギリスでは第2次大戦後，従来からの中等学校であるグラマー・スクールのほかに，技術系のテクニカル・スクールと，大学には接続しない大衆向けのモダーン・スクールが，中等学校として認められた。同時に主として11歳時の試験によってこれらの学校への選別が行われるようになった。しかし労働者階級の子弟の多くはモダーン・スクールに配分される結果となり，改革の必要性が主張されるようになった。改革案として提案された総合制中等学校は労働党によって政策に採用され，1964年に同党が政権をとると翌65年には全国の中等学校を総合制学校に再編成する方針を発表した。

❖問題点

今日イギリスの公立中等学校の生徒の90％以上が総合制学校に在籍するにいたっているが，1校の生徒数が増え，きめ細かな配慮が行き届かないという問題が出てきた。また，現実には理念通りの学校編成ができず，既存の学校を部分的に使用するため，低学年と高学年の校舎が離れ過ぎていたり，再編成されないグラマー・スクールが同じ学区内に残っていたりして，総合制の理念が生かされていないところがある。（OZ）

47 一斉教授の打破
——ドルトン・プランとウィネトカ・プラン

　学年と学級を定め，1人の教師が多数の生徒を対象に同一の教材を同時に教えるという一斉教授は，19世紀の半ばから欧米およびわが国において普及し，今日でも最も一般的な授業形態である。しかし，一斉教授は子どもの個人差や個性に応じておらず，子どもを受け身にしてしまうという批判も，19世紀末以来しばしば出されている。この批判の中から，アメリカで生まれ，一斉教授に代わる授業形態として，1920年代に世界中の注目を集めた2つの方法がある。

❖ドルトン・プラン

　パーカーストが1910年代に小学校や師範学校の教師をする中で，「実験室案」として創案したものである。子どもの自由とリズムを重視したモンテッソーリ法や，サンフランシスコ師範学校でバークが開発した個別教授法などを参考としている。1920年からマサチューセッツ州のドルトンの町で実施されたものが広く紹介されたので，この名前がある。小学校4年生以上とハイスクールの生徒を対象とする。

　その特徴の第1は，時間割がないことである。生徒は1年分の課業を仕事として請け負い，その上で，1ヵ月分の仕事量を教師と契約する。1ヵ月の中では，いつ何をするか自分で計画を立てて実行する。教師は常に相談役である。第2は，教室が教科別実験室になっていることである。生徒は実験室に備えつけられている教材や参考書を自由に使って自習する。子どもは自分の興味と計画に従って，実験室の間を移動することができる。各教室にはその教科担当の教師がいて，生徒の学習をアドバイスする。第3は，生徒集団の交流が重視されていることである。たとえば，実験室では，学年の違う生徒が混在して交流を深め，グループでの討論や協力が奨励される。また，昼休みの前には，学級ごとの会議が開かれ，お互いの進度を比較したり，難問の解決を話し合ったりする。このように，ドルトン・プランでは，自由と自主性と協働が基礎になっていた。

ドルトン・プランの実験室

❖ ウィネトカ・プラン

　シカゴ市郊外のウィネトカ町の教育長ウォシュバーンが1919年に創案したプランである。小学校とジュニア・ハイスクールで実施された。カリキュラムは共通基礎教科（3R's［読み書き・算術］，社会科の基礎的な知識など）と集団的・創造的活動とに分けられる。前者は，個人差に応じるために，一人一人が個別に学習し，教科ごとに進級する。生徒は自学自習できるように自己訂正可能な練習帳を与えられる。その内容は，子どもが大人になった時に必要な知識や技能であるとして，現実の社会生活の中から必要なものを統計的に調査して決められた。集団的・創造的活動では，子ども自身の興味や自発性を最大限に尊重するために，子どもの発案による劇やプロジェクト，共通関心をもつ生徒の共同研究などが積極的に進められた。

❖ 学習の個別化と社会化

　いずれのプランも，一斉教授を打破して授業形態を個別化し，子どもの個性と自発性を尊重したものとして有名である。また，会議や集団活動などを通しての子ども相互の話し合いや協力も重視されており，子どもの社会性の形成をも目的としていたことを見逃してはならない。しかし，個別に学んだものを集団の中で，あるいは社会生活の中でいかに生かしていくかという，自由と協働，個別学習と集団活動，これらを関連づけることには必ずしも成功したとはいえず，現代に引き継がれている課題である。（MM）

48 学校以外の教育——ノンフォーマル・エデュケーション

　公教育制度が確立するまで，人は，学校によらない形の教育活動を行ってきた。家庭や仕事場など，地域社会のさまざまな場所で教育が行われ，その内容も言葉・技術・生活習慣・社会規範など，社会で生活していく上で人に必要なものであった。

　近代に入って各国で学校が公教育機関として整備されるようになると，学校は，子どもの教育に携わる機関として大きな位置を占めるようになった。しかし，人が行う教育活動は，多岐にわたっており，その全領域を学校制度だけでカバーすることはできない。

　組織的で意図的な教育活動を，学校制度による教育とそれ以外の教育とに分けて考えた場合，前者をフォーマル・エデュケーションと呼び，後者をノンフォーマル・エデュケーションと呼ぶ。ノンフォーマル・エデュケーションは，学校制度との関係において規定される教育概念である。ノンフォーマル・エデュケーションが実際に学校制度に対してどのような関係にあるかは，地域や活動の種類などによりさまざまである。しかし，程度の差はあっても，ノンフォーマル・エデュケーションの概念の根底には，学校中心の近代の教育制度に対する批判が存在している。

　学校に対するノンフォーマル・エデュケーションの位置づけとしては，学校教育を補足するものとしての位置づけ，学校教育終了後の教育を行うものとしての位置づけ，学校にかわる新しい教育の形態を提供しようとするものとしての位置づけがある。ノンフォーマル・エデュケーションに含まれる活動には，子どもの水泳教室や塾といったものから，成人の識字教育や基礎教育，職業訓練やコミュニティ・ディベロップメントならびに奉仕活動などのコミュニティを活動の基盤とする教育などがあり，特に開発途上国における実践が盛んである。また，ノンフォーマル・エデュケーションを支援している組織は，ユネスコ，ユニセフ，FAO，ILOなどの国際的な機関から，民間の組織団体まで多岐にわたっているのが特徴である。

❖ブラジルの例

```
┌─────────────┐     ┌─────────────┐   ┌─────────┐
│             │  ┌─▶│職業プログラム│   │労　　働 │┄┐
│             │  │  └──────┬──────┘   └────┬────┘ ┆
│             │  │         ▼               ▼      ┆
│             │  │  ┌─────────────┐   ┌─────────┐ ┆
│             │  │  │文化・スポーツ│   │レジャー │ ┆
│             │  │  │プログラム    │   │         │ ┆
│             │  │  └──────┬──────┘   └────┬────┘ ┆
 (民衆)◀──コミュニティ・      ▼               ▼      ┆
         ディベロップメント ┌─────────────┐   ┌─────────┐ ┆
              │  │  │識字,統合教育│   │一般教育 │ ┆
              │  │  │独学プログラム│   │         │ ┆
              │  │  └──────┬──────┘   └────┬────┘ ┆
              │  │         ▼               ▼      ┆
              │  │  ┌─────────────┐   ┌─────────┐ ┆
              │  │  │コミュニティ健康│  │健　　康│ ┆
              │  │  │教育プログラム │   │         │ ┆
              │  │  └─────────────┘   └─────────┘ ┆
              │  │  ┌┄┄┄┄┄┄┄┄┄┄┐  ┌┄┄┄┄┄┄┄┄┐ ┆
              │  └┄┄┤              ┆┄┄┤         ┆┄┘
                    └┄┄┄┄┄┄┄┄┄┄┘  └┄┄┄┄┄┄┄┄┘
```

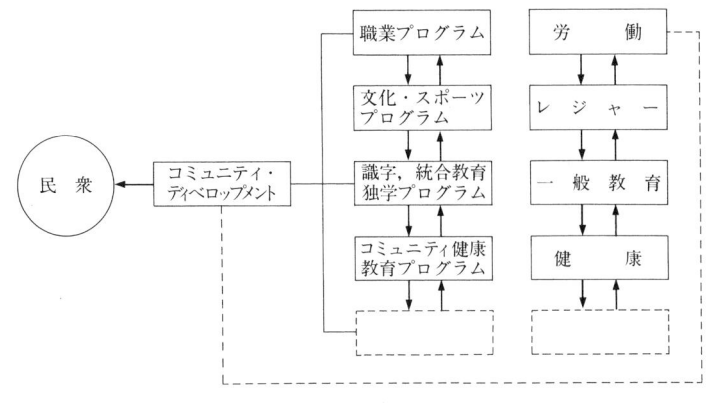

図　MOBRAL の学習システム

　非識字問題は，教育の重要な課題であり，社会問題とも密接につながっている。1990年タイのジョムチェンで開催された「万人のための教育世界会議」で採択された「万人のための教育世界宣言」では，基礎教育の範囲を拡大し，乳幼児に対するケアや教育，コミュニティのニーズにかかわる学習，識字教育，マスメディアを通じた知識伝達などの学校以外の学習もその範ちゅうに含めた。開発途上国などでは，非識字問題の解決のために，識字教育が学校以外の場で盛んに展開されている。

　ブラジルもそれらの国々の1つであり，1967年から85年まで政府主導の大規模な成人識字教育運動 MOBRAL が展開された。MOBRAL は，機能的識字教育を中心に，職業プログラム，文化・スポーツプログラム，健康教育プログラムを整備し，活動全体を通じて生涯教育とコミュニティ・ディベロップメントを推進していくという目標を掲げていた（図参照）。

　また1960年代の後半から展開されたフレイレの識字教育運動は，既存の学校制度を批判し，対話にもとづく教育を提起したものとして注目されている。フレイレの識字教育論は，イリッチの脱学校化社会論と並んで，伝統的な学校制度にかわる新しい教育形態を志向するノンフォーマル・エデュケーションの理論的基盤をつくったといわれている。さらにブラジルのブラジリア大学などの大学拡張の取組みにも影響を与えている。（NI）

49 在宅で学習できる便利な授業形態——放送大学

今日の社会は、国際化、情報化が進展し、パソコンなどの情報機器を活用し、自宅で学習するeラーニングなども浸透している。また、高齢化社会が到来し、生涯学習への関心も強まった今日、国民の学習ニーズの多様化に伴って、高等教育機関の社会人への開放が進められている。情報化に対応してマスメディアを利用した高等教育を実施しているのが、放送大学である。

❖マスメディアを利用した大学構想

放送大学の構想は、テレビやラジオなどの通信媒体を活用して授業を行い、広く国民全体に高等教育の機会を提供するものである。放送を教育の手段として利用することのメリットは、在宅のままで学習できることや、すぐれた視聴覚的技法を活用した授業が可能になることなどにある。

❖苦難の創設

大学紛争が吹き荒れた1960年代末に登場した放送大学の構想の目的は、従来の学校制度にはない新しい形態の大学を設立することにあり、その方策として、放送が教育方法として活用できることに目がつけられた。放送大学問題懇談会と放送大学準備調査会の2つの諮問機関が設けられ、放送大学の実現にむけて研究調査が開始された。しかし、放送大学が正規の大学として発足するためには、電波を教育手段に利用することにからむ政治問題や、管理・運営・財政の問題など、大学としての教育の使命と目的を果たす上で避けられない問題があった。

1979年2月に放送大学学園法案要綱が閣議決定されたものの、その後国会で審議が続けられ、同法が成立したのは、81年になってからであった。この法律にもとづいて特殊法人・放送大学学園が設置され、83年にようやく放送大学は設立にいたり、85年から学生の受入れを始めている。

❖新しい教育システム

放送大学は、生涯学習の時代における人々の学習ニーズに応えて、広く社会人に大学教育の機会を提供することを目的としている。その設立の趣

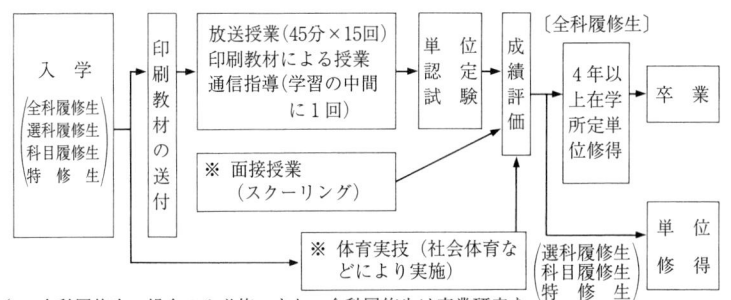

```
入　学            印           放送授業(45分×15回)      単 位       成           〔全科履修生〕
全科履修生         刷           印刷教材による授業       認 定       績
選科履修生         教           通信指導(学習の中間      試 験       評          4年以
科目履修生         材           に1回)                              価          上在学      卒　業
特 修 生          の                                                          所定単
                 送           ※ 面接授業                                     位修得
                 付           　(スクーリング)
                                                                                         単　位
                             ※ 体育実技(社会体育な                            選科履修生
                                どにより実施)                                科目履修生    修　得
                                                                            特 修 生
```

（※ 全科履修生の場合のみ必修。また，全科履修生は卒業研究を
履修することができる）

図　学習システム

旨にもとづいて，入学希望者は，18歳以上であれば誰でも入学を認める方針をとっており，原則として入学試験は行われていない。学部としては教養学部を設置し，実生活に即した教育内容を学習することができるように，「生活科学」「産業・社会」「人文・自然」の3コースが設けられている。また，2001年には，大学院も開設された。

　放送大学の学習システムは，テレビ・ラジオの放送番組などの授業を中心に，スクーリングである面接授業，社会体育事業に参加する方法により行われる体育実技の3つで構成されている（図参照）。また，スクーリングや図書の貸出，教師との学習相談を行う学習センターが併設されている。

❖在学生および卒業生

　1989年4月に放送大学は，544人の第1回卒業生を送り出した。その数は，同期入学者総数の6.0％にすぎないが，70代の男女を含め他の大学にはみられない多彩な卒業生を誕生させている。卒業生の間では，卒業後も引き続き学習を行うことを希望している者が多い。

　また1989年度第1学期の在学生は，2万6076人で，そのうちの211人は身体に障害を有する人たちである。在学生数は年々増加し，2008年度第2学期の時点で在学生数は，7万9056人にのぼっている。在学生の年齢も10代から60代以上まで幅広く，職業も，会社員，主婦，公務員など多様である。(NI)

50　もう1つの学校——塾

2007年の文部科学省の調査では，全国の小・中学生のうち，学習塾・家庭教師・けいこごとのうちいずれか1種類以上で学習したことのある者は，小学生の81.6％，中学生の75.9％にのぼり，小・中学生の過半数が学校以外の場を利用して学習を行っている実態が明らかにされている。

塾に通う子どもの数の多さが伝えられる状況の中，以前は，文部科学省や学校関係者の間では，「子どもが学校の授業を疎かにする」「子どもの生活リズムが乱れる」「日常の遊びや生活体験が不足する」など塾通いが子どもにもたらす弊害を強調し，乱塾の傾向は，社会に学歴偏重の風潮を強め，進学競争を煽る結果となるなどの意見も多く，塾の存在に否定的であった。しかし，今日，全国的な塾隆盛の時代をむかえて，塾に対する行政の対応も学習塾やならいごとなどを学校外での学習活動として評価する姿勢に変わろうとしている。

❖塾と学校

前述の文部科学省の調査で，子どもを学習塾に通わせている理由についての回答結果をみると，「子どもが希望するから」が最も多く，次いで「家庭では勉強をみてやれないから」「1人では勉強しないから」の順になっている（図参照）。学校の正規の授業時間だけでは，子どもの勉強が十分ではないと考えている人が多いことがわかる。

また，同じ調査で，学習塾に通わせてよかったこと・効果があったことについての質問には，「学校の勉強がよく分かるようになった」「勉強に興味や関心を持つようになった」と答えている人が多く，子どもの学習への動機づけについても，塾は影響力をもつと考えられている。

しかし，学年ごとに比較してみると，「勉強に興味や関心を持つようになった」と答えた子どもは，小学1年では37.9％であるのに対し，小学6年では29.8％，中学3年では23.4％と減少していっている。反対に，「進路選択や受験に必要な情報が得られた」と答えた子どもは，学年が上がるにつれ増加しており，受験に結びつく勉強以外の学習そのものについての

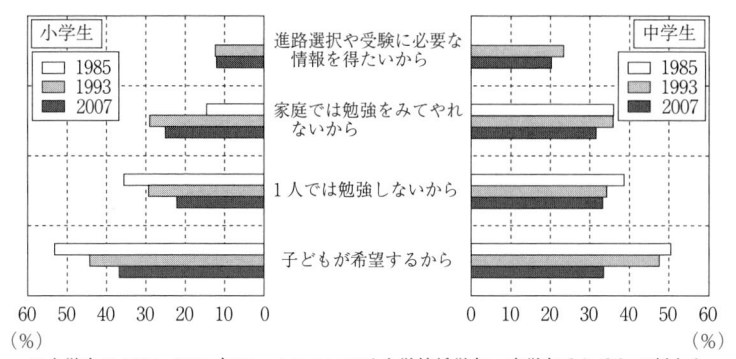

※小学生の1985・1993年データについては小学校低学年・高学年それぞれの割合を各母数（N）に乗じて各項目ごとの回答者数を推計した上で平均したものである。

図　通塾させた理由の経年比較

意欲向上に対する塾の影響については，必ずしも明らかではない。

❖公認される塾

臨時教育審議会が，生涯学習社会への移行を提言して，家庭教育と学校教育，社会教育ならびに職業能力開発，マスメディア，カルチャーセンター，塾など，情報・教育・文化産業などの総合的教育ネットワークの形成を提案したのを受けて，文部省（当時）も塾を公認する方針を打ち出した。1988年度の教育白書では，学習塾通いには多くの問題点があるとしながらも，この問題には，学校・家庭・社会それぞれの要因が深くかかわっているとして，学校・家庭・地域社会・教育委員会・学習塾などの関係者が積極的に密接な連絡をとりあい，一体となって問題解決に取り組む必要があると述べられている。

さらに，近年文部科学省と厚生労働省が連携して，「放課後子どもプラン」が実施され，学校の余裕教室や公民館を活用して授業の復習や宿題の手つだいなども行う取組みがなされている。

学校と塾との関連について本格的な検討が要求される時代になっている。
（NI）

51 ストリーミングやトラッキングとは——能力別学級編成

❖教えやすくて効率がよい?

能力の同じような者だけを一緒にして学級や集団(グループ)を編成することを,能力別学級編成とか能力別指導と呼んでいる。1学年に1学級しかない場合,その学級の中に能力別の小集団を編成することになる。それぞれの学級や集団の中では同じような能力の者だけなので,等質学級とか等質集団と呼ぶこともある。

一般に学級の中には,数学も英語もよくできる生徒,数学だけよくできる生徒,数学は苦手だが音楽や美術は得意な生徒などというように,学力だけをみても,さまざまな能力の子どもたちがいる。このように普通の学級は,混合能力学級(ミックスド・アビリティ・グルーピング)とか異質集団とか呼ばれる。実際には能力別学級といっても,学力以外の面,たとえば計画性,社交性,あるいは努力,忍耐力,表現力,記憶力などで異なる子どもの集団となっているのであり,さまざまな面で個人差の多い異質集団となっている。

普通の学級で一斉授業をする場合には平均的能力の子どもを対象とするため,進んでいる子どもは足踏みをさせられ,遅れている子どもは理解できないままにとり残されがちである。そこで同じような能力の者を一緒にする方が,教師にとっても教えやすいし,子どもの側からも知りたいところの指導を受けられるので,効率がよいと考えられた。

❖さまざまな能力別学級編成

能力別学級編成は,知能指数(IQ)や主要教科(国語,数学など)での学力にもとづく総合成績で能力別学級編成(ストリーミング,トラッキング)を行う場合と,教科・科目ごとに,つまり,数学の成績,英語の成績ごとに編成替えをする場合(セッティング)とに大別される。ストリーミングの場合の各能力集団(ストリーム)の能力の範囲の幅を広くして2〜3学級分をまとめてより大きな集団ごとに分ける方式は,バンディング(各集団はバンドと呼ばれる)という。

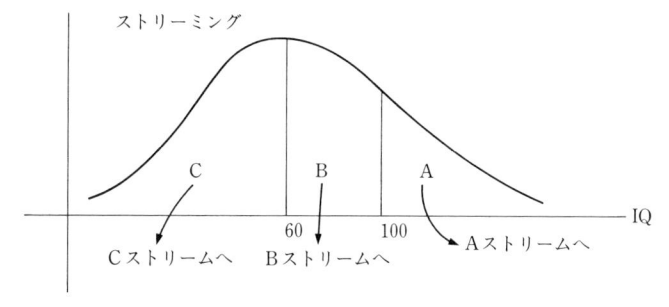

```
        ストリーミング
                    
              C    B    A
                   60   100              IQ
              Cストリームへ Bストリームへ  Aストリームへ
```

図　能力別学級編成

　また，能力別学級編成をした上で，その能力にみあったレベルの教育内容を学習させる相対的能力別と，学習すべき内容の方が先に決まっていて，それに対する学級編成をする絶対的能力別とに分けることもできる。

❖問 題 点

　歴史的には，わが国の寺小屋でも，欧米の学校でも，19世紀までは個人指導であった。入学の年齢も，まちまちであった。しかし，19世紀の半ば以降になると，多くの国で義務教育制度がしかれ，年齢にもとづく学年制も導入されるようになる。そこではかえって身長，体重をはじめ，学力面での個人差が注目されたのである。個人差に対するさまざまな対応策（たとえばドルトン・プラン）が考察されていくが，能力別学級編成もその一方策とみることができる。それが，教師と生徒の双方にとってよいことだと考えられたのである。

　しかし能力別学級編成をすると，学力の指導には効果があっても，能力を基準に分けることの生徒への心理的影響や，すべての子どもにある程度の学力を保障するという点からみて問題が生じてきた。特に「遅れている」というレッテルを貼られた者の学習意欲の減退，異質な能力の者同士の相互理解や協力の機会の欠如，教師がこの生徒はこの程度しかできないのだろうとの予断をもって指導にあたるなどの弊害が出てきたのである。

　できるだけさまざまな能力の生徒を一緒にした学級（混合能力学級編成）の中で，一人一人の生徒の必要に対応した，個別的指導をすることが望まれている。しかし今日のわが国では過度の画一化を打破するために，習熟度別学級編成（→ 112）が導入されたのである。（OZ）

52　父母と先生の会——PTA

　PTAは、学校に在籍している児童・生徒の父母と教師とでつくられている組織であり、わが国全土にわたって最も多くの人々が参加している社会教育関係団体である。今日のPTAは、活動の停滞や形骸化が指摘されるむきもあるが、学校と家庭を結ぶ太いパイプ役となっている。

❖誕生と組織化

　社会教育法では、社会教育関係団体とは、「公の支配に属しない」で主に「社会教育に関する事業を行う」団体のことである、とうたっている。制度上は、PTAもこの社会教育関係団体の1つに位置づけられているが、PTAの成立の過程には、行政の指導が強く働いていた歴史がある。

　戦後、日本の教育の整備には、アメリカ教育使節団が果たした役割が大きいといわれるが、PTAについてもそれは例外ではない。PTAの設置については、まずアメリカ教育使節団報告書で提唱されたのち、続いてGHQ民間情報教育局（CIE）の意向を受けて「父母と先生の会」という資料が作成され、各地方長官に配布された。この資料によれば、「父母と先生の会」は、これまで日本にあった父兄会や母姉会にかわる、父母と教師の民主的な団体である。団体の目的は、父母と教師が子どもの幸福のためにともに協力し合って積極的に活動を行うことにあり、団体が行う事業は、学校設備などの改善、児童・生徒の厚生などについての活動、社会・時事・経済・教育問題についての学習などである。この資料は、全国各地で参考にされ、以後、PTAの組織化が急ピッチで進められた。

❖PTAのあり方

　PTAの活動や運営の仕方については、PTA発足当時から、文部省や教育委員会が、その望ましいあり方について手引などで指導を行っている。

　1967年の社会教育審議会報告「父母と先生のあり方について」では、先にあげた資料「父母と先生の会」におけるPTAについての説明をさらに細かく規定し、具体化させている。運営の指針として、「特定の政党、宗派にかたよる活動」や「営利を目的とする行為」を禁止し、「会員の総

表　PTA 活動例（2007 年度）

---

① 学校の教育活動への支援（学校支援ボランティアなど）
② 学校経営への協力（学内・通学時での安全対策など）
③ 家庭でのしつけ・教育（基本的な生活習慣，ゲーム，携帯電話，インターネット，メール，テレビなど）
④ IT を活かした活動の推進（学校の安全確保，登下校時の安全の確保，非常災害などへの対応，学校支援，学習・研修会，PTA の活性化など）
⑤ 親子の活動の推進（学習や読書，虐待の防止，食育，性教育など）
⑥ 野外活動の推進（自然や社会体験，スポーツなど）
⑦ 非行防止（パトロール，薬物・有害情報対策など）
⑧ PTA 活動の改善（手引き作成，資料作成，調査研究など）

意にもとづく」民主的な運営を行うこととし，市町村，都道府県および全国各レベルで PTA 相互の連絡をはかることがあげられている。また，活動の内容として，①学校および家庭における教育の理解とその振興，②児童生徒の校外における生活の指導，③教育環境の改善，の 3 点があげられている。

これらの活動の基盤として会員の学習活動があることを強調している点が注目される。

❖地域での活動

近年，学校・家庭・地域が連携して社会全体の教育力を向上させることが教育課題として重視されており，PTA にも，その役割を担うことが期待されている。その目的に沿った施策としては，地域ぐるみで学校運営を支援する体制を整備するための「学校支援地域本部事業」，新しい公立学校運営の仕組みである「コミュニティ・スクール（学校運営協議会制度）」（→ 55），「地域における家庭教育支援基盤形成事業」などがある。また，日本 PTA 全国協議会によると，2007 年度の PTA の活動には，表のようなものがあった。

❖位置づけの転換をせまる動き

社会教育関係団体としての PTA の位置づけに対して，全国 PTA 問題研究会は，「親の教育権」と「教師の教育権」を主張する立場に立って，学校教育運営論の一環として PTA の存在をとらえなおそうという主張を展開している。（NI）

53 地域の学習の拠点——社会教育施設

　私たちが，日常，生活を営んでいる地域には，さまざまな教育の施設が設けられている。これらの教育施設では，地域の人々の学習活動が行われており，また住民の主体的な学習活動を援助するための事業が催されている。教育施設の中でも，公民館，図書館，博物館，女性教育施設，「青少年自然の家」「青少年交流の家」などの青少年教育施設，野球場や体育館などの社会体育施設，視聴覚センターなど，地域住民の社会教育活動の拠点となっている公共の施設を総称して社会教育施設という。

❖公民館，図書館，博物館

　公民館，図書館，博物館は，戦後，地域にあって公共の目的に即した社会教育事業を行う教育施設として法体系の中に位置づけられてきた。

　公民館の構想が提唱されたのは，1946年7月5日付文部次官通牒「公民館の設置運営について」においてである。当時日本は第二次大戦終結直後の混乱期の中で，民主的な教育制度を新たに整備しようとしていた時期にあった。公民館には地域において，民主主義にもとづく教育を保障する教育機関としての役割が期待されていた。

　続いて制定された教育基本法，社会教育法によって公民館の法的枠組みが確立された。社会教育法では，公民館の目的は，「実生活に即する教育，学術及び文化に関する各種の事業」を行うことを通じて「住民の教養の向上，健康の増進，情操の純化を図り，生活文化の振興，社会福祉の増進に寄与すること」にある，とうたわれている。

　公民館の目的を実現するために，公民館の事業などについて調査審議を行う公民館運営審議会が制度化された。また，公民館の設置基準について，1959年に「公民館の設置及び運営に関する基準」が告示された。

　公民館の整備と時を同じくして，1950年に図書館法が，翌51年には博物館法が制定され，社会教育活動の拠点として全国的に整備が進められた。

　文部科学省の調査によると，2005年10月1日現在，公民館（類似施設を含む）の数は1万8182，図書館は2979，博物館は1196となっており，

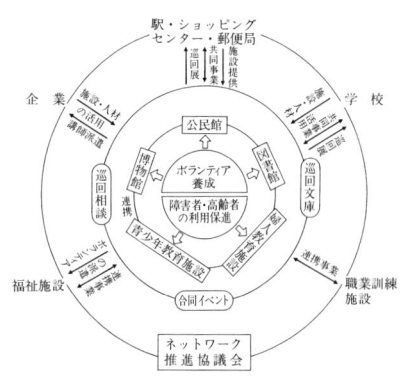

図　生涯学習施設ネットワーク推進事業の概要

3年前と比較して，公民館は637館の減少，一方図書館・博物館はともに増加している。

　戦後60年以上経過した今日，社会の変化や人々の学習ニーズの多様化などの時代の進展にあった，社会教育施設のあり方が求められている。中でも，「行動展示」などの工夫をこらした旭山動物園などの取組みは注目を集めている。

❖施設の多様化・高機能化の時代

　時代の進展に伴って，従来の社会教育施設の枠を越えたさまざまな形態の教育施設が誕生している。市民会館や文化センターなどの文化会館や，コミュニティ・センターといった文部科学省以外の省庁や独立行政法人および地方公共団体の首長部局所管の生涯学習推進センターをはじめ，民間のカルチャー・センターなどの学習事業施設，トレーニング場などの体育施設が設けられ，多彩な教育関連事業が開催されている。また，文部科学省は，2006年に，これからの社会教育の方針として，国民・地域住民として必要な学習（裁判員制度，防犯教育，防災教育，エネルギー教育など）を関係省庁などと連携して推進すると明言している。

　施設の多様化の傾向に加えて，近年，行政レベルで，多様な施設のネットワーク化や複合化とインテリジェント化（→85）を推進して高機能化をはかり，生涯学習社会の基盤整備を行う計画が進められている（図参照）。
(NI)

54 マスメディア利用の学習——マスコミ・マスメディア

INS, CATV, 衛星放送などのニューメディアの開発, パソコンなどのコンピュータの普及など, 近年, 社会はますます高度に情報化されていく傾向にある。情報化社会の進展により, 多様な情報が手軽に入手できるようになった反面, 新たに情報格差, デジタル・ディバイドといった問題が生じるなど, 社会環境・生活環境に大きな影響を及ぼすとともに, 学校や家庭・地域の教育・学習環境を大きく変えようとしている。一方, NIE (Newspaper in Education) と称する新聞を教材として活用する取組みも継続して行われている。

❖教育メディアの発展

視聴覚教育は, 1948年に都道府県にGHQが貸与した16ミリ映写機とCIE映画フィルムが発端となって始まったといわれる。その後, 1950年に民間放送が, 53年にはテレビ放送が開始され, 59年に教育テレビ局による教育番組が始まるに及んで, 映画, ラジオ, テレビを利用して本格的な視聴覚教育が展開されるようになった。

さらに近年では, 学校へのコンピュータの普及により, インターネットを活用した授業や学習も増加している。文部科学省による2008年の調査では, 教育用コンピュータの1学校あたりの設置数は, 平均, 小学校で33台, 中学校48台, 高等学校113台となっており, そのうち半数以上が, インターネットに接続されている。

また, 地域において視聴覚教材の利用に対する便宜をはかるために, 視聴覚ライブラリーや視聴覚センターの整備が進められている。

❖メディアを利用した教育の奨励

1980年代以降, 人々の教育・学習にメディアを利用するよう奨励した答申や報告類が数多く出されている。

臨時教育審議会 (→ **67**) は, 4次にわたって行った答申の中で, 生涯学習体系への移行措置として, 情報化に対応した教育施策を積極的に講じ, 教育施設のインテリジェント化を提言している。情報化に対応した教育推

「教育の情報化」の概念図

```
     「情報教育」              各教科等において，
        =                   先生や子どもたちが
   子どもたちの情報   B  A  C    ITを活用すること
   活用能力の育成
     （学習内容）              （学習手段）
```

- 各教科等において，情報機器（IT）を活用しさえすれば情報教育を行った，ということにはならない。（図C）
- 情報教育に位置づけられる（図A）ためには，実際に指導を行う教員が，IT活用が子どもたちの情報活用能力の育成に，どのように資するかを理解した上で，指導することが必要。

図 情報教育の考え方の整理（「教育の情報化」と「情報教育」との関係）

進の際には，次の3点が原則となることが，第2次答申で提言されている。
(1) 社会の情報化に備えた教育を本格的に展開する。
(2) すべての教育機関の活性化のために情報手段の潜在力を活用する。
(3) 情報化の陰の面を補い，教育環境の人間化に光をあてる。

また1987年に，社会教育審議会教育メディア分科会から報告書『生涯学習とニューメディア』が出された。そこでは，教育・学習に利用できるニューメディアをCD，コンピュータなどの「パッケージ系」メディア，CATV，コンピュータ通信などの「有線系」メディア，テレビジョン文字多重放送，衛星放送などの「無線系」メディアの3種類に分類し，これらのメディアを利用した教育情報システムの形成を提唱している。

また，2002年の学習指導要領改訂に伴い，文部科学省は『情報教育の実践と学校の情報化──新情報教育に関する手引』を作成した。06年には，報告書『初等中等教育の情報教育に係る学習活動の具体的展開について──ICT時代の子どもたちのために，すべての教科で情報教育を』がとりまとめられた。この報告書で示された「教育の情報化」の概念は，図のようなものである。

今日の情報化社会にあって，私たちは主体的に情報を選択する能力と，個々人にあった教育メディアを選択する能力に加え，さらに優れたコミュニケーション能力や情報発信能力についても育成することが求められている。(NI)

55　学校と地域社会の架け橋——コミュニティ・スクール

　在学中，毎日多くの時間を過ごし，活動の中心となっていた学校も，いったん卒業してしまうと，普段の生活とは何の関係もなくなってしまう。そういう人は意外に多いのではないだろうか。これは，学校生活がごく限られた小さな場だけで営まれ，学校外の世界とほとんど交流がないためである。学校と社会をもっと近いものにできないか。そんな夢を形にしたのがコミュニティ・スクールである。

❖「離れ島」としての学校から地域社会の中の学校へ

　学校を地域社会と結びついたものにするという発想は，すでに1920年代のアメリカにみられ，その後具体的な運動として展開されてきた。中でも40年代後半にオルセンが唱えた地域社会学校という考え方は，コミュニティ・スクールの重要性を強調する上で大きな影響を与えた。彼は，地域社会から隔絶された従来の学校のあり方を，「本土」（社会）から離れた「島」と表現し，生活はすべて教育的なものであるから，民主的な学校とは，そうした地域社会の生活から学ぶと同時に，社会に対しても貢献する必要があることを主張したのである。そして，学校を成人教育の拠点とするとともに，地域社会の教育的資源を利用し，教育課程では地域社会の諸問題を取り上げること，また，地域社会の諸活動に参加し，同時に社会生活のまとめ役ともなるという方針を掲げた。また，その具体的な方法として，学校外からの専門家の招聘，文書資料・視聴覚教材の利用，調査旅行や職業体験学習，奉仕協力活動の実施などをあげ，学校と社会の相互補完的関係を重視した。

❖日本におけるコミュニティ・スクール構想の経緯

　一方，日本における「コミュニティ・スクール」構想は，2000年3月に設置された首相の私的諮問機関である教育改革国民会議で議論されたのが発端である。同会議は，同年12月に「教育を変える17の提案」と題する最終報告を発表し，その中で「新しいタイプの学校（"コミュニティ・スクール"等）の設置を促進する」ことを提案した。これを受け，文部科学

省は，01年1月に「21世紀教育新生プラン」で検討を示唆した。また総合規制改革会議（同年7月），経済財政諮問会議（同年10月）でも，地域や保護者の代表を含む「地域学校協議会（仮称）」の設置，教職員人事や予算使途の決定，教育課程，教材選定やクラス編制の決定など管理運営に関する学校の裁量権や，保護者，地域の意向を反映した制度が論議された。そして，総合規制改革会議の第1次・第2次答申（2001年12月と3月）ならびに翌2002年の「規制改革推進3カ年計画」により，2002年度には，全国に9校の「新しいタイプの学校運営実践研究校」が文科省によって指定され，校長公募，校長の意向を尊重した教職員人事などについての「学校の裁量権の拡大」，地域学校協議会による学校運営への参画や教育方針の決定，教育活動の評価等を含む「推進体制」，学校支援コーディネータの配置・活用，外部（地域）人材の活用，地元産業との連携をうたった「学校と地域の連携」が課題とされた。

❖学校運営協議会の役割と課題

その後，2004年の通常国会において「地方教育行政の組織及び運営に関する法律」の改正が行われ，コミュニティ・スクール（「学校運営協議会制度」にもとづく学校）が05年4月から設置できるようになった。この法律改正では，保護者や地域住民が参加する学校運営協議会の一定の権限が示された，すなわち，①校長は，教育方針を保護者や住民が参加する学校運営協議会に示し，承認を受ける必要があることや，②協議会は教職員人事について任命権者である都道府県教育委員会に対して意見を言うことができ，任命権者はその意見を尊重しなければならないということが明記され，学校と地域コミュニティが実質的に共同して学校運営にあたるという学校運営協議会の仕組みが特徴づけられた。ただし，このことは同時に学校運営協議会の責任も問うものである。そこでは，地域が「学校をつくる」という発想をどう具体的に実現するか，教職員人事決定のプロセスの明確化，協議会がうまく機能するような人材の確保が当面の課題となっている。(SM)

56　マイペースの学習——無学年制

　子どもは得意・不得意の教科をもち，また学習速度も一人一人異なる。しかし現実には，画一的な進級制がとられている。そのため，学習の平均的速度より遅い者は十分に理解できないまま進級することになり，他方速い者は授業に退屈する。無学年制の試みは，こうした状況に対し，個々のペースに合った学習を与えようとするものである（図参照）。

❖学年制

　無学年制が否定しようとする学年制には2つの形態が考えられる。1つは，特定の学習内容を習得することで進級する制度で，一般に課程主義による学年制と呼ばれる。この制度によれば，習得期間が一応定められていてもその速さによって，短縮される場合（飛び級）もあれば，延長される場合（留年）もある。もう1つは同年齢の生徒が一定期間学習すれば全員が進級できる制度で，年齢主義による学年制と呼ばれる。この制度によれば，一定期間内に同じ内容の習得が全員に課せられるために，習得の程度に差が生じる。現在わが国の義務教育段階で採用されているのは，年齢主義によるものであり，それより上の段階では課程主義によるものといえる。

　この学年制の考えは，古くは17世紀のコメニウスの『大教授学』の中にみることができる。これはその後ヨーロッパ諸国や新大陸へと広がっていった。たとえばアメリカでは，1848年にボストン市で始められている。

❖無学年制

　この学年制に対しては，それが子どもの個人差を無視しているとの批判がなされて，20世紀に入ると無学年制の試みが始まる。たとえば，イリノイ州ウィネトカで実施されたウィネトカ・プラン（→47）では，共通基礎教科について児童各自の学習速度で進級することが認められた。そして第2次大戦後には，かなりの数の無学年制の実践をみることになる。それらの実施のレベルは小学校から高校までみることができるが，その多くは小学校前期で行われている。

　ところが，1970年代に入ってこの運動は停滞したといわれる。その原

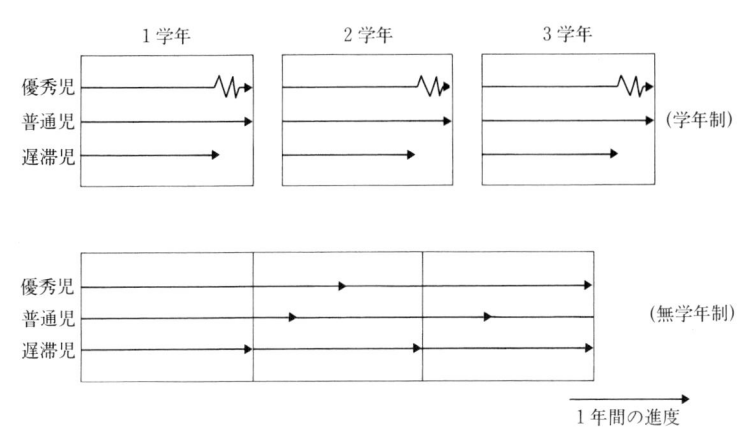

```
            1学年              2学年              3学年
優秀児  ────────〜〜    ────────〜〜    ────────〜〜
普通児  ──────────→    ──────────→    ──────────→    (学年制)
遅滞児  ──────────→    ──────────→    ──────────→

優秀児  ──────────→──────────→──────────→
普通児  ─────→─────→─────→                          (無学年制)
遅滞児  ───→───→───→
                                        ──────→
                                        1年間の進度
```

図 学年制と無学年制

因の1つは,無学年制の実践を指導した教育学者グッドラッドによれば,改革が形式的なものにとどまっていることによる。すなわち,学習の個別化はその進度の点においてだけで,学習内容,指導方法は準備された画一的なプログラムを機械的に練習するような自習が多く,また教師の指導や他の生徒との学習交流の場が少ないことが指摘されている。

❖わが国の無学年制

わが国では,学年制は近代学校の成立とともに始まる。1872(明治5)年の「小学教則」では小学校(尋常小学)は半年ごとに進級するものとされていたが,85年ころから1年ごとの進級となった。それ以来,学年制は,教師の教授負担の軽減,一斉指導などの効率性もあって支持されてきた。他方,学年制は個々の生徒の能力の伸長の点で問題を残しており,無学年制的な試みもなされている。たとえば,1971年中央教育審議会答申では「学年別に行うことを固定化せず,弾力的な指導のしかたを認めること」が提言されている。また,学年制の枠組みの中での無学年制的試みといえる習熟度別学級編成(→51)の実施や,飛び級案などもみられる。ただしこれらについては,能力主義的な競争原理によるものとの批判がある。(KS)

参考文献

荒川勇ほか『日本障害児教育史』福村出版, 1976

ウォッシュバーン, C. W.・山口満・宮本健市郎『教育の個別化』明治図書出版, 1988

大久保哲夫・藤本文朗編『障害児教育学入門』青木書店, 1981

大蔵省印刷局編『教育改革に関する答申（第1次～第4次）』1988

オルセン, E. G. ほか（宗像誠也ほか訳）『学校と地域社会』小学館, 1950

海後宗臣編『教育改革』（戦後日本の教育改革1）東京大学出版会, 1975

金子郁容ほか『コミュニティ・スクール構想――学校を変革するために』岩波書店, 2000

吉良侒『大正自由教育とドルトン・プラン』福村出版, 1985

佐久間孝正『イギリスの文化と生涯教育』人間の科学社, 1983

全国PTA問題研究会編『PTAとは何か』あすなろ書店, 1989

『戦後日本教育史料集成』（編集委員会編・戦後日本教育史料集成10）三一書房, 1983

『日本教育年鑑』各年度版, ぎょうせい

日本社会教育学会編『現代社会教育の創造』東洋館出版社, 1988

日本PTA全国協議会編『PTA実践事例集（24）広域的なPTA活動の充実――社会の変化に対応する健やかな子どもの育成』2008

パーカースト, H.（赤井米吉訳, 中野光編）『ドルトン・プランの教育』明治図書出版, 1974

宮本健市郎『アメリカ進歩主義教授理論の形成過程――教育における個性尊重は何を意味してきたか』東信堂, 2005

文部科学省『新しい時代の社会教育』文部科学省生涯学習政策局社会教育課, 2006

文部科学省『社会教育調査報告書（平成17年度）』国立印刷局, 2006

文部省『児童・生徒の学校外学習活動に関する実態調査報告書（昭和60年度）』ぎょうせい, 1987

文部省『社会教育調査報告書（昭和62年度）』大蔵省印刷局, 1989

文部省内生涯学習・社会教育行政研究会編『生涯学習・社会教育行政必携

（平成2年版)』第一法規出版，1989

山内太郎編『学校制度』東京大学出版会，1972

吉本二郎編著『学校組織論』第一法規出版，1976

Evans, D. R., *The Planning of Nonformal Education*. Paris, UNESCO, 1981

O'Gorman, F. E., *Educação Não-Formal*. Revista de Educação Brazil, AEC, 1981

6장 ▶ 교육행재정

57　地域の教育は誰が——教育委員会

　文部科学省が全国を画一的に規制するだけでは，その地方の特性に応じたきめの細かい指導ができない。そこで，各都道府県市町村ごとに，その地域の教育委員会が置かれている。成立当初の教育委員会法（1948年）は，教育行政の民主化，地方分権化，一般地方行政からの教育行政の独立をめざしたものであったが，1956年の「地方教育行政の組織及び運営に関する法律」により，国家統制が強められた。その後，2000年4月より地方分権一括法の施行に伴い，都道府県・指定都市教育長は文部大臣の承認を得て教育委員会が任命するとの規定および市町村教育長は都道府県教育委員会の承認を得て当該教育委員会が任命するという規定が改定され，承認を得る必要がなくなった。

❖組織について

　教育委員会は5人の委員をもって構成される。ただし，町村の委員会にあっては，3人ないし4人の委員で構成することもでき，都道府県および市の委員会にあっては6人以上の委員で組織することができる。委員は，当該地方公共団体の被選挙権を有する者で，人格が高潔で，教育，学術および文化に関し識見を有するもののうちから，地方公共団体の長が，議会の同意を得て，任命することになっている。地方公共団体の長が任命するのであるから，一般地方行政に従属しているわけである。また，委員の定数の2分の1以上のものが同一の政党に所属してはならないとされ，政治的中立の確保がはかられている。委員の任期は4年である。教育委員の中から互選で教育委員長を選出する。委員長は，教育委員会の会議を主宰し，教育委員会を代表する。委員長の任期は1年だが再任も可能である。

　教育委員会には，事務局長たる教育長が置かれている。教育長は，上述のように1999年の改正により上位の行政機関の承認を得ることなく当該教育委員会が任命できることになった。教育長は，教育委員会の指導監督のもとに，教育委員会の権限に属するすべての事務をつかさどるとともに，教育委員会のすべての会議に出席し，議事について助言することになって

いる。教育委員会には事務局が置かれ、事務局の内部組織については教育委員会規則で定めることになっている。

❖教育委員会の仕事

教育委員会には、次のような職務権限が与えられている。当該教育委員会の所管に属する学校その他の教育機関の設置、管理および廃止に関すること、教育委員会および学校その他の教育機関の職員の任免その他の人事に関すること、学齢生徒および学齢児童の就学並びに生徒、児童および幼児の入学、転学および退学に関すること、学校の組織編制、教育課程、学習指導、生徒指導および職業指導に関すること、教科書その他教材に関すること、校舎その他の施設および教具その他の設備の整備に関すること、校長、教員その他の教育関係職員の研修に関すること、などである。

2004年9月より、地域に信頼される学校づくりの実現にむけ、学校運営のあり方の選択肢を拡大するために、教育委員会は、教育委員会規則に定めるところにより、その所管に属する学校のうちその指定する学校の運営に関して協議する機関として、学校運営協議会を置くことができるようになった。地域の人々の意見を学校運営に反映させる新しい方式として注目される。

結局、教育委員会は、地方公共団体の長の権限である、大学に関すること、私立学校に関すること、教育財産の取得および処分に関すること、予算を執行することを除いたすべての学校教育関連事項に対して、文部科学大臣または都道府県教育委員会の指導助言および援助を受けた上で、担当する、きわめて重要な機関であるということである。

❖問題点

1948年の教育委員会法は、公選委員による素人支配と教育長による専門的指導制を特徴とするアメリカの教育委員会制度をモデルとし、地方の教育の自主性を重んじた教育委員会制度を定めていたが、56年の改革により、地方の創意が生かしにくくなったことが問題点であったといえる。その後、地方分権化の流れの中で、多少の権限委譲が見られたものの、さらなる権限委譲が望まれる。(II)

58 教育委員会と学校のパイプ役——指導主事

　学校と教育委員会は切っても切り離せない関係にある。個々の学校は、ある程度自主性をもった組織であり独自の教育活動を展開しているが、法律的には教育行政の末端に位置づけられ、教育委員会の管理を受ける。指導主事は、教育委員会が学校管理事務の一環として行う指導・助言活動の中心的担い手である。ただし教育行政は一般行政とは異なる点に難しさがある。

❖戦前は視学制度

　指導主事職は、戦後、「教育委員会法」(1948年成立)の発足と同時に設けられた。これは、戦前の視学制度が教育的な専門性よりは行政統制的色彩が強かったことへの反省をふまえている。明治30年代初めに成立した視学制度は、視学官、視学、郡視学などが学校の教育現場を視察し、教員の活動を監視するというもので、これを通して国の教育方針を各学校に徹底させるという性格をもっていた。特に地方の視学は教員の人事権を有していたので、実質的には監督行政として機能していたといえる。

　第2次大戦直後の教育行政の民主化構想にあたって、戦前の学校を統制し、教師の自由な研究や教育活動を阻害してきたのは視学制度であったと批判され、視学に代わる新しい職が求められた。そこで誕生したのが指導主事であった。教育委員会法はその任務を「教員に助言と指導を与える。但し、命令及び監督をしてはならない」と規定して、純粋に教育の質的向上に資するべき専門的な助言・指導を行う専門職として位置づけた。

❖指導助言と行政意思の伝達

　指導主事の職務は、制度発足当初は「教員に助言と指導を与える」とされていたが、2年後の法改正で「校長及び教員に助言と指導を与える」とされ、指導・助言の対象範囲が校長にまで広まることになる。ところが1956年に教育委員会法の改正（「地方教育行政の組織及び運営に関する法律」の成立）によってその内容に変更が加えられる。すなわちそこでは、「指導主事は、上司の命を受け、学校における教育課程、学習指導その他学校

教育に関する専門的事項の指導に関する事務に従事する」とされ、さらに「命令及び監督をしてはならない」の但書きが削除された。これによって指導主事は、学校現場への行政意思の伝達をその職務に加えることになり、この点については権威的性格を強めたとみるむきもある。

❖ **指導主事制度の現状**

指導主事の資格については、1954年までは免許状が必要とされたが、現在は免許状が廃止され、当該教育委員会の教育長が「教育に関し識見を有し、かつ、学校における教育課程、学習指導その他学校教育に関する専門的事項について教養と経験がある者」の中から選考することとなっている。教育委員会の事務局に所属し、身分は一般職の地方公務員であり、教育公務員特例法において専門的教育職員の規定を受ける。職務活動は、教育委員会事務局における事務活動、研究会・研修会での指導・助言活動、学校訪問による指導・助言活動に分けられるが、現状は事務活動に多くの時間を割かれ、肝心の指導・助言活動が十分に行われにくい状況にある。指導分担領域も、本来ならば各教科に1人ずつ最低9教科別の分担が必要であるが、実際は複数教科を担当しているのが一般的である。これは人数の絶対的不足を物語っており、その増員が早急に望まれている。

❖ **専門性の確立を**

一般に指導主事職は、校長、教頭などの管理職登用への1つのステップとみなされる傾向があり、学校教育現場からも指導主事を否定的にみる空気がある。特に指導・助言活動の根幹である学校訪問による教員へのそれはしばしば教員の間に反発を引き起こしている。これは学校と教育委員会の間の相互不信関係に根ざすところが大きい。本来指導主事は、学校が自らの教育意思にもとづく教育活動を展開するにあたって必要とする指導・助言に対して行政側が適切に対応していく、という両者の協働関係樹立のためのパイプ役として機能しなければならない。そのためにはまず、指導主事の資質・資格により高度な専門性を求め、研修制度を確立し、それに見合うべき待遇を保障することが必要である。諸外国に比べるとわが国の指導主事は、その専門性も権威も低いことが指摘されている。(FS)

59　教育にはお金がかかる——教育費

　教育費が家計を圧迫しているといわれている。住居費と教育費の重圧にあえぐ大多数の国民は，GDPが世界トップレベルの国の国民との実感はもてない状況にある。新自由主義の政策により，貧富の差はますます拡大しつつある。いったい教育費の実態はどうなっているのであろうか。

❖教育費とは

　教育費とは教育のために支出された経費のことをいう。教育費は，教育分野別に，家庭教育費，学校教育費，社会教育費に区分されたり，負担区分別に，公財政負担教育費，法人等負担教育費，受益者負担教育費に区分されたり，使途別に，消費的支出（人件費など），資本的支出，債務償還費などに分類されたり，公教育費と私教育費に分類されたりする。

❖公教育費

　庶民の目にはいわゆる保護者負担教育費が目につくが，教育費にはもちろん国家や地方公共団体の支出する公教育費もある。国の文教予算の中核をなしているのが，義務教育費国庫負担法にもとづく支出である。従来は，市町村立学校の教職員給与費を都道府県の負担とした上で，国が都道府県の実支出額の2分の1を負担する，と定められていた。2006年4月の法改正により3分の1に削減され，都道府県の負担割合が大きくなった。

　中等教育までの学校教育にかかわる公教育費のGDP比率（2005年データ）をみてみると，日本はOECD諸国の中で低位置を占めており，文教予算の増額が望まれる。高等教育まで授業料が無料となっているフィンランドのような国に比べると日本の大学の授業料は非常に高額であり，教育の機会均等を保障するためには，さらなる公費の投入が不可欠である。

❖私教育費

　日本における私教育費は，学校教育にかかわる費用のみならず，さらに加えて塾などの費用もかなりの保護者が負担しており，保護者の負担感は大きいものがある。ベネッセ教育研究開発センターと朝日新聞社の共同調査にもとづく，『学校教育に対する保護者の意識調査　2008　速報版』に

よれば,「高額の教育費を支出する家庭が増加している」との見出しのもと,学校での費用を除いた習い事,通信教育,塾,レッスンなどの1ヵ月の費用の合計についてのアンケート結果が示されている。それによると,2004年では,平均1万3429円であったのが,08年には1万4052円に増加した。2万円以上のものは,08年で22%に及んでいる。学校段階別にみると中学生の場合,08年で1万7378円と小学生の1万2149円に比べて高くなっている。

さらにまた,日本の教育を考える10人委員会の『教育費の経済格差に関する調査　結果報告書』(2007年) によれば,「家庭の経済力の格差が,子どもの学力格差や進路に影響を及ぼしていると思いますか」という問いに対して,72.2%が「そう思う」と回答しており (N=3000) 経済格差の影響が大きいと考えられていることがわかる。

以上のことからも現在,公教育費の増大の必要性がますます大きくなっているといえよう。

❖**教育費問題**

公教育費の割合をもっと上昇させ,私費負担を軽減することももちろん必要であるが,新自由主義にもとづく政策により,経済格差が増大し,公立学校の内部の学校選択制の導入により学校間格差が増大するなどの結果として,学力の上位と下位の生徒の間の学力格差も拡大する傾向がある。よって,制度全体において平等が犠牲になることのないようにバランスをとることが肝要である。

私的教育費の負担が大きくなるとその負担に耐えられる層と耐えられない層が経済的に分化し,所得による教育機会の不均等が増大することになる。この不均等は,上層の家庭の子弟が税金によって補助を受けた大学に多く通うことにより増幅される。したがって,教育費に関しては,私費負担化ではなくて,北欧諸国のような無償化をめざすべきと考えられる。

日本のような資源の乏しい国においては,人材が最も大切な資源であるのだから,国家が教育に投資することによって,すべての生徒の学力を上げることが大切であろう。(II)

60 教育の根本法——改正教育基本法

1947年3月に公布, 施行された教育基本法は, その前年の11月に公布された日本国憲法の, 主権在民, 恒久平和主義, 基本的人権の保障の理念を受けて, 定められた。準憲法的性格をもつといわれる教育基本法が, ほぼ60年ぶりに2006年12月に改正された。この改正により, 前文と11条からなっていた旧教育基本法は, 前文と18条からなる新教育基本法へと大幅に改正された。

❖改正にいたる経緯

2000年3月に内閣総理大臣の私的諮問機関として設けられた「教育改革国民会議」が同年12月に教育基本法の見直しを提言した。これにもとづき, 中央教育審議会が, 03年3月に「新しい時代にふさわしい教育基本法と教育振興基本計画の在り方について」答申を提出した。基本法を修正しようと意図する与党自由民主党は, 3年間にわたり精力的に検討を行い, 06年4月に最終報告を提出した。これを受けて, 政府が, 同月28日に教育基本法の改正案を閣議決定し, 国会に提出し, 12月15日に成立し, 12月22日に公布・施行された。

❖主要な改正点

大幅な改正がなされたわけであるが, 主要な改正点は, 以下の3点である。①1つ目は, 「愛国心」をめぐる改正点である。前文の中に, 「伝統を継承し」という文言が入り, 第2条教育の目標の5番目に「伝統と文化を尊重し, それらをはぐくんできた我が国と郷土を愛するとともに」という文言が入った。この改正により, 「愛国心」教育を, 心の教育の柱としたいとする与党の意図が実現された。②2つ目は, 旧法第10条の「教育は, 不当な支配に服することなく, 国民全体に対し直接に責任を負って行われるべきものである」という文言が, 新法第16条において, 「教育は, 不当な支配に服することなく, この法律及び他の法律の定めるところにより行われるべきものであり, 教育行政は, 国と地方公共団体との適切な役割分担及び相互の協力の下, 公正かつ適性に行われなければならない」と改正

表　教育基本法の構成

```
前 文
第1章　教育の目的及び理念             第11条　幼児期の教育
  第1条　教育の目的                    第12条　社会教育
  第2条　教育の目標                    第13条　学校，家庭及び地域住民等の相
  第3条　生涯学習の理念                        互の連携協力
  第4条　教育の機会均等                第14条　政治教育
第2章　教育の実施に関する基本         第15条　宗教教育
  第5条　義務教育                    第3章　教育行政
  第6条　学校教育                      第16条　教育行政
  第7条　大学                          第17条　教育振興基本計画
  第8条　私立学校                    第4章　法令の制定
  第9条　教員                          第18条
  第10条　家庭教育
```

された。この改正により，国会や時の政府の決定が必ずしも国民のためにならないこともあるということを前提として定められた旧法から，国会が決めたこと，法律で決めたことに従うことこそが，正当な支配であるという新法へと大きく変更されることになった。③旧法にはなかった，教育振興基本計画に関する条文が，第17条に追加された。文言は次のようである。「政府は，教育の振興に関する施策の総合的かつ計画的な推進を図るため，教育の振興に関する施策についての基本的な方針及び講ずべき施策その他必要な事項について，基本的な計画を定め，これを国会に報告するとともに，公表しなければならない。2　地方公共団体は，前項の計画を参酌し，その地域の実情に応じ，当該地方公共団体における教育の振興のための施策に関する基本的な計画を定めるよう努めなければならない」。この条文は，それほど注目されることはなかったが，政府が国家の教育の基本計画を決めそれに従って地方が教育計画を立てるという国家による教育の統制が明文化されたという点で注目に値する。

　全体として，教育目標などが詳細になり，基本法にしては細かく規定しすぎているとの評価もある。時代の変化に応じることが必要であるとの意見もあるとはいえ，基本法が，時代を超えた理念を高らかにうたいあげるものであるとするならば，詳細にわたる規定や，大幅な改正はなじまないのではとの疑念が残る。(II)

61 日本の子どもの権利宣言——児童憲章

　われらは，日本国憲法の精神にしたがい，児童に対する正しい観念を確立し，すべての児童の幸福をはかるために，この憲章を定める。

　児童は，人として尊ばれる。

　児童は，社会の一員として重んぜられる。

　児童は，よい環境のなかで育てられる。

　この格調高い前文をもつ児童憲章が発表されたのは，まだ敗戦の傷あとの癒えぬ1951年5月5日，こどもの日であった。当時，上野などの街頭には生活のために新聞売りや靴磨きなどをする少年労働者が多数おり，その大半が戦災で親をなくした子どもたちだった。貧しい山村では子どもの人身売買がまだ行われ，栄養失調の克服，寄生虫の駆除，結核の撲滅が叫ばれていたころである。その後日本も，日本の子どもたちも大きく変わった。しかし，60年近く前に提起され，誓われた児童憲章の精神はもはや無用のものとなったのであろうか。

❖児童憲章，その制定

　児童憲章とは子どもの基本的人権を確認し，子どもの福祉を保障し，増進しようとする社会（大人）の約束を記したもので，日本の児童憲章に先立つものには，1924年に当時の国際連盟で採択された「ジュネーブ児童権利宣言」や30年「アメリカ児童憲章」などがある。占領政策下，民主化と復興に熱意をかけたわが国では，59年「国連児童権利宣言」（→62）よりも8年早く児童憲章を定めることになった。なぜなら1949年GHQから厚生省児童局にアメリカ児童憲章のような文書をつくることへの示唆があったためである。児童憲章には法的効力はない。しかし「すべての子どもの幸福のために国民すべてがこれに道徳的に拘束され，かつこれを実行し遵守する責任を負う」ことを前提に制定過程は極力国民に開かれたものとなり，自治体や有識者に意見を徴して決定された。

❖その内容と意義

　上記の前文に続く本文では，すべての子どもの「心身ともに健やかにう

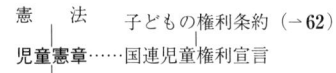

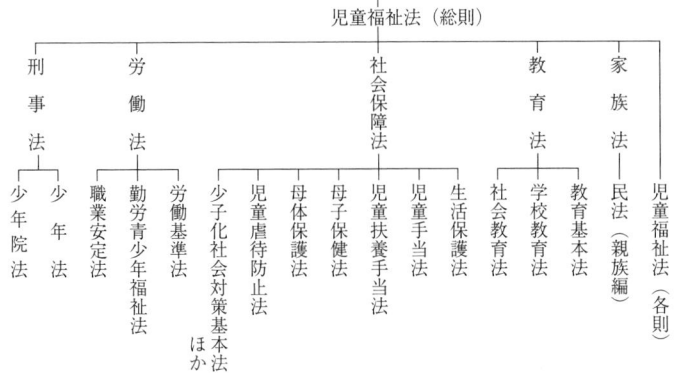

```
                    憲  法       子どもの権利条約（→62）
                    児童憲章……国連児童権利宣言
                    児童福祉法（総則）
┌────┬──────┬─────────────────┬────────┬──────┐
刑    労      　　社          　　教      家
事    働      　　会          　　育      族
法    法      　　保          　　法      法
      　      　　障
      　      　　法
│  ┌─┤  ┌─┬─┤  ┌─┬─┬─┬─┬─┬─┤  ┌─┬─┤  ┌─┤
少  少  職  勤  労  少  児  母  母  児  児  生  社  学  教  民  児
年  年  業  労  働  子  童  体  子  童  童  活  会  校  育  法  童
院  法  安  青  基  化  虐  保  保  扶  手  保  教  教  基  （  福
法      定  少  準  社  待  健  護  養  当  護  育  育  本  親  祉
        法  年  法  会  防  法  法  手  法  法  法  法  法  族  法
            福      対  止          当                      編  （
            祉      策  法          法                      ）  各
            法      基                                          則
                    本                                          ）
                    法
                    ほ
                    か
            図　児童憲章の法的地位
```

まれ，育てられ，その生活を保障される」権利（第1条）をはじめとして，正しい愛情と知識・技術のある家庭で養育される権利，社会保障を受ける権利，教育を受ける権利，職業指導を受ける権利，遊びと文化への権利，虐待・酷使・放任などから守られる権利，ならびに特定の児童（要養護児童，年少労働者，非行少年，障害児）の権利をうたい，第12条「すべての児童は，愛とまことによって結ばれ，よい国民として人類の平和と文化に貢献するよう，みちびかれる」でしめくくられている。

　以上のような児童憲章は，子どもを親の私有物とみなす従来の子ども観や，国家のために滅私奉公させた戦前の教育勅語思想の根本的変換を迫るものであり，戦後一貫して日本の子どもの権利を保障する際の指針として有効性を保っている。たとえば，今日子どもの育つ環境は相対的に豊かになり，戦争と貧困が招く古典的児童問題は解消されたかのようにみえる。しかし，子どもをめぐる諸問題は様相を変えて存在する。たとえば，孤立無援の育児が招く児童虐待，便利すぎる社会で育つ子どもたちの心身発達のゆがみや生活習慣の乱れ，教育や職業にアクセスするため各種の困難などはむしろ顕在化しており，児童憲章の精神と各種法規に照らして社会が総がかりで解決することはいっそう強く要請されている。（IM）

62 子どもの権利を守る
——国連児童権利宣言・子どもの権利条約

「優(まさ)される宝　子に及(し)かめやも」といわれるように、子どもは親にとっても社会にとっても、一人一人かけがえのない存在である。特に今日の先進国においては、少なく産んで大事に育てる傾向が強く、子どもにかける親の愛情と期待にははかりしれないほどのものがある。しかしその一方、第三世界の国々や地域では、5歳未満の子どもの半数以上が何らかの栄養障害をかかえており、毎年約1400万人の子どもが亡くなっているといわれる。こうした現状は、子どもにとって真の幸福とは何かという問いを私たちに投げかけているといえよう。

❖かつて子どもは「小さな大人」だった?!——子ども観の変遷

子どもが子どもとして価値のある固有な存在と認められるようになったのは、近世から近代にかけてである。中世には、絵画に描かれている子どもの大人びた服装などにみるように、子どもは親や社会に従属する「小さな大人」としかみなされていなかった。しかし、ルネサンス期以降、自然に対する認識や人間の活動性がとらえなおされる中で、子どもらしさということの価値が強調されるようになった。こうした子ども観の流れは、「子どもの発見と子どもの権利の宣言の書」といわれるルソーの『エミール』によって、子どもを大人と完全に区別し、さまざまな発達の可能性を秘めた個とみる見方へと引き継がれ、教育思想にも大きな影響を与えた。

❖人権意識の高まりと国連児童権利宣言

こうして登場した子どもの権利は、コンドルセによって新しい世代の権利と表現されるなど、産業革命期の児童労働問題とも絡んでその社会的意義が認められるようになった。その成果は、国際的新教育運動とも結びついて世界最初のジュネーブ児童権利宣言（1924年）を生み、ユネスコ憲章（1946年）や世界人権宣言（1948年）へと引き継がれた。日本でも、こうした流れを受けて、児童憲章（1951年）が定められている（→ **61**）。

国連児童権利宣言（1959年）は、これらの精神をさらに発展させ、第

14回国連総会で採択されたものである。同宣言は前文と10条からなり，前文で，人類には心身ともに未熟な児童に最善のものを与える義務があり，児童が幸福な生活を送り，自己と社会の福利のための権利と自由を享有できるようにするべきであると述べ，精神的・身体的・社会的発達の保障，人格の調和のとれた発達のための環境整備と社会および公的機関による擁護，教育およびレクリエーションを受ける権利，あらゆる状況の中で最初に保護および救済を受ける権利，虐待や搾取からの保護と労働条件の配慮，差別からの保護などを主張した。

かんばつ救済計画によって牛乳の配給を受ける子ども（ボツワナ）

❖「子どもの権利条約」制定をめぐる国連の取組み

さらに，1989年11月の第44回国連総会では，79年の国際児童年を契機に国連人権委員会の作業部会が準備してきた「子どもの権利条約」が採択された。同条約は前文と54条からなり，適切な生活水準や社会保障を受ける権利，虐待・放置・搾取から守られる権利，教育を受ける権利，文化・宗教上の自由を保障される権利，武力紛争からの保護を受ける権利など，子どもの生存と保護，発達をめぐる政治的・経済的・社会的・文化的諸権利が盛り込まれている。90年9月に国際法として発効し，日本は94年4月，第158番目に批准した。また同条約には，条約と同じ効力をもつ2つの議定書「武力紛争への子どもの関与に関する選択議定書」と「子どもの売買，子ども売買春および子どもポルノグラフィーに関する選択議定書」がつくられており，いずれも2000年の国連総会で採択され，日本はそれぞれ04年8月と05年1月に批准した。08年現在，未締約国のアメリカとソマリアを除く193ヵ国・地域が批准している。（SM）

63 なぜ学校に行かなければならないのか——義務教育

　想像を絶するようないじめにあっても，生徒は学校へ行かなければと思い，親もともかく学校にやらなければと思う。そこまでして，人々を学校に駆り立てるものは何なのか。そこには，選別機関と化した学校の姿があると同時に，今まで培われてきた義務教育の遺産の力があるといえるだろう。では，そもそも義務教育とは何なのか，どういう文脈で生じてきたのだろうか。

❖義務教育の類型

　義務教育といってもそこにはさまざまな意味合いが含まれている。世界最初に就学義務を課した法令は，1619年のワイマールの「新教授法布告」であるといわれているが，これは宗教的な観点から，つまり聖書を学ばせるために6歳から12歳の男女児に就学義務を課したものである（宗教的義務教育）。

　フランス革命のころ新しい義務教育の思想が生まれた。これは，自由・平等・博愛の社会実現の担い手をつくるためには，それを担いうる市民を教育によって育てなければならないという考えから生み出されたものである（市民的義務教育）。

　さらに産業革命により農民が土地を奪われ労働者となって都市に流入し，その子どもたちが過酷な条件のもとで安い労働力として搾取される状況が生まれるに及び，工場法が成立し，児童を労働から保護し学校に囲い込む方策がとられることになる（保護的義務教育）。

　こうしたさまざまな思想的系譜をふまえながら，現在では，義務教育の義務というのは，国家の側の義務教育保障義務であり，子どもの教育を受ける権利を保障するための親の義務の共同化を意味すると考えられている（権利としての義務教育）。

❖義務教育の現状

　世界の義務教育を眺めてみると，5歳から始まる国と，6歳ないし7歳から始まる国があるが，6歳から始まる国が一番多い。義務教育の年数も

表　国別義務教育開始年齢

5歳	イギリス，オランダ等
6歳	日本，フランス，ドイツ，韓国，ベルギー，ポルトガル，オーストリア，イタリア，ノルウェー，ロシア，ハンガリー，アイルランド等
7歳	スウェーデン，フィンランド，ブルガリア，ポーランド，デンマーク等

国によってさまざまであるが，特定の水準と内容の学習を重視するタイプ（課程主義）と義務教育の年齢・年数を重視するタイプ（年齢主義）がある。

　日本の義務教育についてみると，養護学校の就学義務については1979年にようやく導入されたばかりである（→ 45）。また現在も，就学義務の猶予ないし免除の規定があり，病弱・発育不全その他のやむをえない事由のため，就学困難とみられる者の保護者に対しては，義務が免除ないし猶予される。その他のやむをえない事由とは，たとえば，帰国子女に日本語を習得させるための猶予願いなどである。日本では，就学義務が猶予された場合にも満15歳に達した日の属する学年の終了とともに当該義務はなくなるとされ，年齢主義がとられている。義務教育年限については，2006年の教育基本法改正により，「9年」の限定がはずされ，幼稚園の義務化など柔軟化が射程に入ってきた。

❖**義務教育の将来**

　1970年ころにイリッチやライマーにより脱学校が唱えられ，学校そのものを廃棄するというラディカルな主張がなされた（→ 93）。しかし，現実には，学校教育への信仰は強く，生涯学習がますます強調されるなど社会の学校化が進みつつある。日本でも，かつて高校の義務教育化が議論され，現在では就学前教育の義務化が議論の対象になってきている。とはいえ，文字や計算の学習にふさわしいのは6歳あるいは7歳からとの意見もある。いずれにせよ，すべての子どもたちにそれぞれにふさわしい教育を平等に受ける権利を保障することが重要であろう。（II）

64 度を過ぎれば非教育的となる教育的規則──校則

校則は、何のためにあるのだろうか。それは、大人社会で生きる時の準備のために、1つの小宇宙として経験し、その必要性を理解し、ひいては学校自治の精神を育むことにある。法や規範は、人間社会での生活を円滑にし、お互いの違いや矛盾を超えて個々人の幸せな生活を保障することにある。

❖教師のみる校則

校則の問題は、①その実効性を期待し、実際に人間同士が豊かに暮らすことをめざすものか、あるいは、②規則を破るということがどのような結果をもたらすかを経験させるという教育効果に重点を置く、という2点のいずれを重視するかで考え方が分かれるという点にある。つまり、次の点にある。

(1) 一糸乱れぬ無菌状態において完璧な子ども管理によって、静かで厳粛な教育環境づくりをめざすことによって、教師が静かな環境で授業することをめざすのか。

(2) あるいは、あくまでもはじめから実効的なものを期待するのではなく、教育的な経験として失敗することによってその効果を期待するのか、ということである。

この2つの対立する考え方は、子どもたち自身の自治をどの程度保障するのかということにつながる。

実践としてたとえば、1980年代に生徒であった藤井誠二による体験記では次のような事例がみられる。管理教育として名高い愛知県の高校で、服装検査、校則による縛りに反抗するある生徒がいた。教師の論理は、校則への従順さを育むことによって教師が授業の運営をしやすくなるというものである。それによって、授業の効率を上げることができるという教師の論理である。他方、生徒にとって教師が、なぜ、服装や外見にこだわるのか理解できない。生徒にとって学習という目的からすれば、格好や外見にこだわる教師の姿勢は、正しい教育の論理であるとは思われないのであ

る（藤井, 1984）。

　他方，同じ愛知県でも，ある中学校では校則自体を生徒が自治的に決める取組みを始めた。生徒は，自分たちで決めた校則については，従順であった。他人が決めた校則とは違い，自分たちが決めた校則については，個々人は，責任感を感じる。このような改革は，校内暴力のひどかった生徒を力で押さえつけていた教師にとっては理解しがたいものであった。しかし，生徒の自治が効力を発揮するのを目の当たりにみて教師たちの態度は変わった。以前はみられなかった，生徒の校内での挨拶や明るい笑顔は，校則とは何かということについて教師たちに考えさせた。大人も生徒も自分たちで決めたことに対しては，当事者意識をもつことができ，自分の責任感が育つのである。校則は，単に与えられたそれを守るか否かということではなく，その内容に自分がどうかかわってきたのかという，その主観性が大切なのである。

❖自分が責任をもつという効力感の重要性

　人間は規則や取決めが他人から与えられたものである場合は，どうしても他人事にすぎないという意識から抜けられない。しかし，自分が決めたということであれば，規則をつくったのは自己であるという主体意識が明確になる。遵法精神は，共同体への参加意識によって強固なものとなる。学校の現場は，このような共同体参加意識を体験的に発達させるところである。教育経験は，はじめから成功するためにあるのではない。あくまでも失敗しながら学ぶということのためにある。ただ他人から言われたことを守るということばかりでなく，私たちは，自分たちの参加している集団の中でどのように規則を守れば円滑に生活することができるのかということを体験を通して学ぶのである。（AS）

65　公の教育とは何か——公教育と私教育

　公立小学校・公立中学校では授業料がいらないのに，私立学校では授業料を払わなければならないのはどうしてだろうか。公立学校は国ないし地方公共団体が費用を賄っているから当然だと思われるかもしれない。では，なぜすべての学校を公費で賄わないのだろうか。なぜ私立と公立が存在するのか。そもそも公教育とは何なのか。

❖公教育とは

　公教育とは，国家や地方自治体（都道府県，市町村など）が行う教育のことである。教会などの宗教組織や個人が行う教育は，私教育と呼ばれる。国家の性格が異なるのに従って，公教育の性格もまた変化するといえる。中世ヨーロッパのようにキリスト教の力が大きければ，公私の区別は判然としなくなる。絶対主義国家であれば，国家に忠実な臣民を形成することが公教育の役割となる。近代国民国家であれば，近代国家の担い手たる権利義務意識に目覚めた市民を育成することが公教育の仕事とされる。いずれの場合にも，なされる教育が集団（この場合は国家）の利益になるとみなされている。とりわけ近代の公教育の場合，①教育の担い手が教会から国家に移ることにより宗教的中立の原則が確立し，②すべての子どもが教育を受ける必要があるという理由で義務制がとられ，③すべての子どもが平等に教育を受けられるように無償制が採用されている（宗教的中立，義務，無償の3原則）。

❖私教育とは

　かつて，貴族たちは住込みの家庭教師を雇って子どもの教育を行った。したがって，私教育が普通であった。教会附属の学校も基本的には公教育の範疇に属するものではなかった。しかし，近代国家が成立し，19世紀の後半に国民教育制度が整えられるにいたり，教会立の学校もこのシステムの中に私立学校として組み込まれていく。やがて私学は，子どもを公立学校にやりたくない人の代替物としての位置を占めることになる。私学にやる親は，無償の公立をやめて私学を選ぶのであるから当然授業料を支払

表　公教育と私教育の区分

- 公教育
  - 国が行う教育……国立学校
  - 地方公共団体が行う教育……公立学校
- 私教育
  - 学校法人の行う教育……
    - 私立，幼・小・中・高・大
    - 私立専修学校
    - 私立各種学校
  - 団体，企業の行う教育
  - 私人の行う教育……塾など
  - 家庭の行う教育

（国立学校・公立学校・学校法人の行う教育までを）広義の公教育

わなければならないわけである。

　日本の場合は，教育基本法第6条により学校は公の性質をもつものとされており，私立学校も公的教育を担っていると考えられている。とりわけ，高校生の30％，大学生の75％，幼稚園生の80％が私学に通学しているのをみれば，実質的にも私学が公教育の肩代わりをしているといえる。したがって，私学に対する財政的補助が行われている。私学も広い意味での公教育を担っているとした場合に，なお私教育の領域に属するのは，家庭教師，塾などである。最近では，新自由主義の流れの中で，公教育と塾教育の連携の動きも出てきており，公私の境界が緩んできている側面もある。しかし基本的に公教育は，まずは，あくまでも，公平性の観点から施設設備など教育環境の平等化に努めるべきであり，私学に対してもその公共性を担保するために補助金を増やす必要があろう。

❖公教育機能の肥大化

　一般に公教育は，歴史的に拡大傾向をたどっているといえる。それは，義務教育年限の拡大にもみられるし，私学の公共性の主張にもみられる。現在では，私学を含めた教育制度全体が公教育を担っているとみられるが，就学前教育の制度化，高校・大学への進学率の上昇，生涯学習の唱導を合わせ考えると，公教育の射程が人間の一生にも及びそうな気配すら感じられる。しかも，しつけ，食事などの家庭教育機能も取り込み，公教育は肥大化の一途をたどっている。ところが他方で，公教育の肥大化にもかかわらず塾もまた繁栄している。ということは，大学受験あるいは高校受験といった教育段階間の接続のあり方についても，教育の公共性の観点から考える必要があるということを意味していよう。(II)

66　文部科学大臣の相談役——中央教育審議会

　教育は国家百年の大計といわれることもある一国の教育政策を，内閣とともに交代する文部科学大臣が1人で決定するのは困難なので，諮問機関として，専門家集団による中央教育審議会（略称：中教審）などが置かれている。

❖できたのはいつ？

　1946年に設置された教育刷新委員会（1949年に教育刷新審議会と改称）が，最後の建議として「中央教育審議会について」を出したのを受けて，52年6月に文部省設置法の一部が改正され，翌年1月に発足した。これまでに多くの重要な答申を出している。2001年の中央省庁再編に伴い，文部省が文部科学省となり，中教審も組織が大きく再編された。以前の生涯学習審議会，理科教育および産業教育審議会，教育課程審議会，教育職員養成審議会，大学審議会が分科会として新中教審に統合され，旧中教審は，教育制度分科会となった。

　新中教審は，30人以内の構成員から構成され，任期は2年で，教育制度分科会，生涯学習分科会，初等中等教育分科会，大学分科会，スポーツ・青少年分科会の5つの分科会からなっている。

❖これまでの活動

　旧中教審は，「義務教育に関する答申」（1953年）を皮切りに「教育の政治的中立に関する答申」（54年），「私立学校教育の振興について」（55年），「科学技術教育の振興方策について」（57年），「教員養成制度の改善方策について」（58年），「大学教育の改善について」（63年），「後期中等教育の拡充整備について」（66年），「期待される人間像」（66年）などの答申を出し，その総決算として四六答申（昭和46年に出されたのでこの名がある）と呼ばれる著名な「今後における学校教育の総合的な拡充整備のための基本的施策について」が出された。この答申は，明治初年の教育改革を第1の教育改革，第2次大戦後の教育改革を第2の教育改革，今次の改革提案を第3の教育改革と呼んでおり，今後の大きな教育改革の方向性を指し示したも

表　現在の中央教育審議会の5つの分科会

教育制度分科会
生涯学習分科会
初等中等教育分科会
大学分科会
スポーツ・青少年分科会

のである。

しかしながら，この構想は実現されることはなかった。実際に教育改革を進めるために，中曾根首相は，内閣直属の臨時教育審議会（1984~87年）を創設し，文部省や中央教育審議会の頭越しに，大胆な教育改革案を提示した（→ 67）。この間中教審は休眠していたが，この臨時教育審議会の改革案が出た後，1989年第14期中教審が活動を始め，総合学科の創設が答申され実現した。その後，95年の第15期中教審に「21世紀を展望したわが国の教育のあり方について」諮問がなされ，96年7月，子どもの「生きる力」「ゆとり」を強調する第1次答申が出された。次いで第16期中教審に引き継がれ，97年5月に第2次答申が出され，中高一貫教育，大学入学年齢の特例などについて提言がなされた。

❖中教審は今

1989年の東欧革命以後の冷戦体制の崩壊により，国際情勢が大きく変化し，「歴史の終焉」がいわれ，世界は気兼ねなく新自由主義へと舵をきることになる。こうした流れに棹さして，新中教審と，首相直属の「教育改革国民会議」（2000~01年），「教育再生会議」（2006~08年）とがあいまって，大学設置基準の大綱化，教育基本法の改正（→ 60），教員免許更新制の導入が行われた。

新中教審は，多くの審議会が分科会として統合されたこともあり，教育制度のみならず，教員養成，教育課程，幼児教育から高等教育さらに生涯学習と幅広く扱っており，全容がみえにくくなってきている。とはいえ，現段階（2009年1月）では，教育振興計画など，改正教育基本法によって敷かれた路線を具体化する仕事を中心に行っているといえよう。(II)

67 日本の教育はどこへ
——臨時教育審議会から教育再生会議まで

　1984年8月から87年8月まで中曾根首相のもとに臨時教育審議会（臨教審）が設置された。戦後初めて，教育改革に関する首相直属の審議会が設置されることにより，文部省など特定の省庁を超えた大局的見地から日本の教育改革が検討されることとなった。その後，2000年3月から小淵首相（当時）のもと私的諮問機関として教育改革国民会議（森首相に継承され2001年4月まで）が開設され，さらに06年10月に安倍内閣のもとに教育再生会議が創設されるなど，個別の省庁を超えた見地から教育改革を議論する動きが続く。中教審の1971年の四六答申に示されたいわゆる第3の教育改革（→66）を手直ししながら基本方針を具体化，現実化しようとする動きとしてみることができる。

❖中央教育審議会との関係

　首相直属の審議会が設置された背景には，中央教育審議会は基本的に文相の管轄下にあるために，文科省（当時は文部省）の枠を超えることができにくく大きな改革がしにくいという認識があった。そのため，臨時教育審議会の開設中は，中央教育審議会は休会となっていた。その後設置された首相直属の会議は中央教育審議会と平行して設置されていたために，その任務の分担がわかりにくく，両者において見解の異なる場合も生じうる状況もあった。とはいえ，2006年12月に改正教育基本法が成立して以後は大枠が確定し，全体としてその方針の具体化がめざされている観がある。

❖提案内容とそれへの反応

　臨時教育審議会では，6年制中等学校，単位制高等学校，初任者研修制度の創設，ユニバーシティ・カウンシル（大学審議会の仮称）の創設，大学設置基準の大綱化，学習指導要領の大綱化，地方分権の推進，生涯学習体系への移行，学区制の弾力化，塾など民間教育産業の役割の積極的位置づけ，教育財政面における民間活力の導入などが提言されている。21世紀を展望した第1部会と社会の教育機能の活性化について審議した第2部

表　首相のもとに置かれた教育改革関連審議会・会議

臨時教育審議会	1984 年 8 月～87 年 8 月
教育改革国民会議	2000 年 3 月～01 年 4 月
教育再生会議	2006 年 10 月～08 年 1 月

会，初等中等教育を審議する第 3 部会，高等教育の審議を行う第 4 部会が置かれたが，議論の途中で部会間で文部省との距離感の違いが鮮明になり，教育政策の調整の困難さが露呈した。

教育改革国民会議では，人間性豊かな日本人の育成，創造性に富む人間の育成，新しいタイプの学校の設置，教育基本法の改正と教育振興基本計画の策定についての提案が最終報告でなされた。会議については，委員のメンバーからも，外部からも，意見が思いつき的である，教育基本法改正についての批判など少なからぬ批判がなされた。

教育再生会議は，徳育と体育の充実，学力の向上，教員の質の向上，教育システムの改革，大学・大学院の改革，社会総がかりでの対応について提言がなされている。実証的データにもとづいて教育を論じられる専門家が含まれておらず，教育時事放談であり，実証的なデータの裏づけがないまま思いつき的にさまざまな案が出されているとの批判がなされた。

❖日本の教育はどこへ

提言は，全体としてみると総花的であるが，実施された政策をみると，3 つの明確な方向性がみられる。①学力向上や，飛び級など，創造性豊かな優れた生徒へのエリート教育の重視，②学区制の緩和や，教育へのマネジメントの導入など経済界における競争原理の教育界への導入，③愛国心など道徳教育の強調といった方向性である。結局，新自由主義と新保守主義が教育改革の二本柱となって改革がなされつつある。今後も教育の自由，教育の地方分権などの行方を注視する必要がある。(II)

68 国はどこまで教育にかかわれるのか──文部科学省

　教育を管轄する主体としては，親，教師，企業，国家，地方行政当局，生徒などが考えられるが，日本の場合，文部科学省に権限が集中している。

❖文部科学省の歩み

　学制頒布の1年前，1871年7月に文部省が創設された。68年の明治維新から文部省創設までの間は，大学・大学校が中央教育行政を担当していた。1945年の敗戦直後は，専門局，国民局，教学局，科学局，体育局の5局から構成されていた。49年の新学制の発足とともに文部省の組織も再編された。2001年1月に，省庁統合の流れの中で，文部省と科学技術庁が統合されて文部科学省となった。06年4月現在，文部科学省の組織は，生涯学習政策局，初等中等教育局，高等教育局，科学技術・学術政策局，研究振興局，研究開発局，スポーツ・青少年局の7局から構成されている。

❖文部科学省の仕組みと任務

　文部科学省は，本庁と文化庁からなり，それぞれ文部科学大臣，文化庁長官が置かれている。文部科学大臣のもとに副大臣2名，大臣政務官2名，事務次官1名，文部科学審議官2名が置かれている。また，国立教育政策研究所と科学技術政策研究所，日本学士院，日本ユネスコ国内委員会等が付設されている。本庁の内部部局としては，上記の7局に加えて，大臣官房，国際統括官が置かれている。国際統括官は，ユネスコの日本の窓口としての事務などを行う部局である。大臣官房には，文教施設企画部が，高等教育局には私学部が付設されている。

　文部科学省の任務については，文部科学省設置法第3条に，「教育の振興及び生涯学習の推進を中核とした豊かな人間性を備えた創造的な人材の育成，学術，スポーツ及び文化の振興並びに科学技術の総合的な振興を図るとともに，宗教に関する行政事務を適切に行うこと」であると述べられている。

❖文部科学省にはどんな権限があるか

　設置法の第4条に，97項目にわたって所掌事務があげられている。学

```
┌ 文部科学大臣
├ 副大臣（2名）
├ 大臣政務官（2名）
├ 事務次官
├ 文部科学審議官（2名）
├ 大臣官房
├ 文教施設企画部
├ 生涯学習政策局
├ 初等中等教育局
├ 高等教育局
│  └ 私学部
├ 科学技術・学術政策局
├ 研究振興局
├ 研究開発局
├ スポーツ・青少年局
├ 国際統括官
└ 文化庁長官
   施設等機関   特別の機関   地方支分部局
```

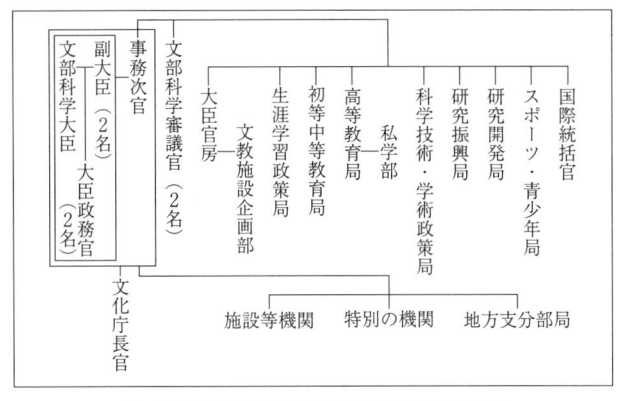

図　文部科学省の組織（2009年12月1日現在）

校教育関連の主なものとしては，豊かな人間性を備えた創造的な人材の育成のための教育改革に関すること，地方教育行政に関する制度の企画および立案ならびに地方教育行政の組織および一般的運営に関する指導，助言および勧告に関すること，地方公務員である教育関係職員の任免，給与その他の身分取り扱いに関する制度の企画および立案ならびにこれらの制度の運営に関する指導，助言および勧告に関すること，初等中等教育の基準の設定に関すること，教科用図書の検定に関すること，教育職員の養成ならびに資質の保持および向上に関すること，等重要事項があげられている。

❖教育の質の向上と教育の自由

　日本の文部科学省は，教育の質を上げるには文部科学省の厳しい統制が必要であるという前提に立っているようにみえる。学校の設置基準も厳しく設定されているが，そのためにオールターナティブな学校を設立する上では障害になっているという声もある。学習指導要領の拘束が厳しいこともオールターナティヴな学校設立の障害になっているとも指摘されている。

　他方，OECDのPISAテストでトップレベルの成績を上げているフィンランドでは，学習指導要領が大幅に大綱化され，地方や，個別の学校や，教員の自由度が大幅に増えたことが，全体的な質の向上につながったともいわれている。「援助すれども統制せず」というかつてのイギリスの標語に今こそ真剣に耳を傾ける時なのではなかろうか。（II）

参考文献

市川昭午ほか『教育財政』(戦後日本の教育改革 4) 東京大学出版会, 1972
伊藤和衛編『公教育の理論』(講座公教育体系 1) 教育開発研究所, 1988
岩下新太郎『教育指導行政に関する研究』第一法規出版, 1984
内田健三『臨教審の軌跡』第一法規出版, 1987
梅根悟監修『義務教育史』(世界教育史体系 28) 講談社, 1977
海後宗臣編『教育改革』(戦後日本の教育改革 1) 東京大学出版会, 1975
木田宏『改訂 逐条解説地方教育行政の組織及び運営に関する法律』第一法規出版, 1962
木田宏『教育行政法』改訂版, 第一法規出版, 1967
厚生省児童局『児童憲章制定記録』中央社会福祉協議会, 1951
香山健一『自由のための教育改革』PHP研究所, 1987
国立教育研究所『指導行政に関する調査 (1)——指導主事を中心にして』(国立教育研究所紀要第 50 集) 1966
国連児童基金 (ユニセフ)『世界子供白書特別版』(「子どもの権利」条約採択 20 周年記念) 2009
坂本秀夫『「校則」の研究——だれのための生徒心得か』三一書房, 1986
鈴木英一『教育行政』(戦後日本の教育改革 3) 東京大学出版会, 1970
田代不二男・神田修『児童憲章』北樹出版, 1980
長尾十三二『西洋教育史』東京大学出版会, 1978
広沢明「コンメンタール 教育基本法」(『季刊教育法』6 月臨時増刊号) 1985
藤井誠二編『オイこら! 学校——高校生が書いた"愛知"の管理教育批判』教育史料出版会, 1984
堀尾輝久『現代教育の思想と構造』岩波書店, 1971
文部省『今後における学校教育の総合的な拡充整備のための基本的施策について』(中央教育審議会答申) 大蔵省印刷局, 1971
文部省『文部省のあらまし』文部省大臣官房総務課広報室, 1988
横浜国立大学現代教育研究所『中教審と教育改革』増補版, 三一書房, 1973
読売新聞解説部編『危機の義務教育』有斐閣, 1984

7章 ▶ 評価と進路指導

69　通知表の仕組み——総括的評価

　小学校から大学まで，学校教育の中で「成績をつけるために」最も多く使われるのが，総括的評価である。これは，課題のさまざまな時点で，比較的大きな単元を範囲として施行されたり，課題の修了時に施行される。この評価の主要なねらいは，ある時点で，子どものもっている知識・技能・能力の水準を認定することである。評価すべき内容は，非常に難しい問題と非常にやさしい問題とが加えられ，平均通過率35〜70%で作成されることが多い。採点は，一般に集団準拠にもとづく。基準集団としては，学級，学年，全県，全国などの同一学年の児童・生徒が対象となる。この評価は集団基準準拠解釈，つまり相対評価でもある。

　評価の表現は，個人と基準集団との相対関係によって，順位，パーセンタイル，段階評価値（例：5・4・3・2・1，優・良・可・不可），評語（例：よくできる，できる，がんばろう），偏差値などのように示される。基準集団の成績の分布型が共通していれば，相対評価を示す値の解釈も，それに共通して解釈できる。このような意味で，客観性があり，それがこの評価の長所ともなっている。しかし，基準集団の差異を考慮しなければ，集団を異にする個人を比較できないこと，努力や進歩の過程が示されにくいことなどの短所がある。たとえば，子どもが「がんばろう」の評点を得たなら，何に対して，どのような手立てで学習していったらよいのか，子どもにフィードバックする有益な情報をテストがもたらすことが難しい。この側面を克服しようとして考案されたのが形成的評価である（→ **70**）。もちろん，それだからといって総括的な評価が否定されるわけではない。

❖総括的評価のための配慮事項

　総括的評価の効果を高めていくためには，次の諸点に配慮しなければならない。

　（1）　妥当性　　実際に，教師が子どもに教授したことがテストの内容や構成に反映されているか。

　（2）　信頼性　　同一テストを，午前，午後のように，時を変えて行って

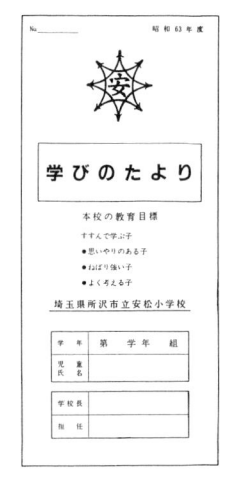

図　通知表の例

も，受験者のテストの成績はあまり変わらないかどうか。

(3) 採点の客観性　これは，特に記述式のテスト採点の際，注意しなければならない。たとえば，教師が，正答か否かがはっきりしない答えの記述をみた時，その子どもが同一テストの他の項目で，どの程度できているかを参考にする場合がある。他の項目がよくできない場合は，答えの記述に対しても，「何を言っているのかわからない。自分でもよく理解していないためだ」と判断しがちである。一方，他の項目がよくできている子どもには，「正しい答えがわかっても表現の仕方がよくないのだ」とみてしまう傾向がある。このような客観性を欠くゆがみによって，信頼性・妥当性の低下を招くことにもなる。

評価の妥当性・信頼性・採点の客観性は，他の評価にも求められる条件である。教育の実際において教師が子どものために総括的評価，形成的評価のそれぞれの長所を生かしながら，活用することが最も重要である。

なお，以上にみたのは，主として学業面についてである。通知表は，学習の記録とともに，個人の行動・性格の記録，出欠の記録，担任教師の総合所見の欄から構成されている。また，名称も，「学びのたより」「あゆみ」「通知表」など，学校によって多様である。(OK)

70 どこがクリアできないでいるのか自分でわかる
——形成的評価

　カリキュラム評価の研究は，クロンバック，スクリバン，ブルームらによって始められた。スクリバンは，形成的評価と総括的評価を主張した。彼の提唱を受けて，ブルームは，診断的評価，形成的評価，総括的評価の理論を明らかにした。

❖**形成的評価のねらい**

　形成的評価の目的は，教師が子どもの成績をつけたり，認定することではなく，教師と子どもにとって，ある事柄を習得させたり，習得する過程をお互いに明らかにし，把握することである。たとえば，子どもが算数の文章題を解くことができないでいるのは，読解力が不十分であるためなのか，あるいは式を立てる力が不足しているためなのか，が形成的評価の関心である。教師にとっては，子どもがどのような箇所でつまずき，誤っているのか，その誤りの分析は，教師の教授法にとっても，フィードバック情報を含んでいる。子どもにとっては，自分がなぜ正しい解答を引き出すことができずにいるか，自分なりに把握させることを，この評価はねらう。

❖**形成的テストとは**

　形成的評価は，子どもが学習すべき事項を完全に習得できるようになることをめざすので，そのテストは，子どもが新たな知識や技能を習得する段階ごとに行われる。いくつかの基本的な学習事項があり，それが次の学習の前提となる場合，それを完全に習得しないかぎり，何回もテストが行われる。しかし，子どもが何を習得すべきかをはっきりわからずにいるのならば，これは無意味なものとなる。ブルームらは，教育目標のタキソノミー（分類）（→8）の認知領域のカテゴリーにもとづいて，学習内容に含まれる要素を下位水準から上位水準への順で，次のようにあげている。

　用語の知識——子どもが学ぶべき教科に固有の語彙。子どもは用語を定
　　義し，その例を理解し，それが適切に使用されているか否かを判断し，
　　同義語を認めるように期待される。

表 「化学」学習単位の目標細目表

A用語の知識	B事実の知識	C法則性と原理の知識	D手続きとプロセスを利用する技能	E変換する能力	F応用する能力
原子 ① 分子 ② 元素 ③ 化合物 ④ 2価原子 ⑤ 化学式 ⑥ アボガドロ数 ⑦ モル ⑧ 原子量 ⑨ 分子量 ⑩	2価の気体 ⑪	ボイルの法則 ⑫ 気体の属性 ⑬ 原子理論 ⑯ 化学式 ⑲ アボガドロの仮説 ⑭ ゲイ-リュサックの法則 ⑮ グラムをモルになおす ⑱ 分子量 ⑰	分子量 ⑳	物質の図形的表示 ㉒ 化合物の化学式的表示 ㉑	実験状況に適合する式を書いて解く ㉘ ㉓ ㉔ ㉕ ㉖ ㉗ ㉙

事実の知識——子どもが記憶するように期待されている特定の型の情報。たとえば，年代，人物や事象の名称などがここに含まれる。

法則性と原理の知識——教科領域での現象や観念を構造化する概念。理論枠組みやパターンがここに含まれる。

手続きとプロセスを利用する技能——このカテゴリーはタキソノミーに含まれない。ここでは，子どもが正しい順序や手続きで問題解決をすることが期待される。

変換する能力——変換は，子どもがある概念を自分の言葉で表現する時や，学習済みのことを，ある事項に置き換える際の能力である。

応用する能力——子どもにとって，なじみのない状況のもとで示された課題を解くために，法則や原理を利用する能力である。

ブルームらは，以上のカテゴリーからなる目標細目表を作成している。この表では，形成的テストが含むべき事項と，テスト項目間の仮説の関連を明らかにしている。(OK)

71 家庭と学校との意思疎通のための連絡簿——通知表

　通知表は，児童・生徒の出欠，身体・健康の状況，学業成績，情緒的・社会的発達の状況などについて，学校が家庭に通知する書類である。ところが通知表に関しては法的根拠が何もない。学校としては，通知表の内容も形式も，通知表を出す・出さないも自由である。にもかかわらず，通知表が学校と家庭をつなぐ重要な手段の1つであることは昔も今も変わらない。

❖通知表の目的

　通知表の他に，通知票，通知簿，通信簿，あゆみ，のびゆくすがた，などいろいろな名称がある。通知表の起源は，1891年の小学校教則大綱についての説明の中にある。そこには，「前陳教授上ニ関スル記録ノ外ニ各児童ノ心性，行為，言語，習慣，偏癖等ヲ記載シ道徳訓練上ノ参考ニ供シ之ニ加フルニ学校ト家庭ト気脈ヲ通スルノ方法ヲ設ケ相提携シテ児童教育ノ功ヲ奏センコトヲ望ム」との文言があり，児童の教育上の参考になるとともに，家庭と学校との協力を促す何らかの書類の作成が学校に要請されていたことがわかる。この2点が通知表の基本的な目的であることは今日でも変わっていない。

　梶田叡一らの調査によると，名称として最も多いのは，「通知」という語を用いたものであり，小学校，中学校，高等学校で，それぞれ40％，68％，77％を占めていた。「通知」には上意下達の語感があるので，学校側の権威主義的な姿勢をここに感ずる人も少なくないであろう。高学年でその傾向が強いのは，通知表の内容が教科の成績を親に通知するという性格を強めているためと思われる。

❖通知表の背景にある指導要録

　通知表が親や子どもに対して権威をもっている理由が，通知表が内申書と結びついているようにとらえられているからである。内申書は中学校から高等学校へ，また高等学校から大学へ進学するときに必要なものであり，その内容はしばしば通知表と類似している。そのため通知表が進学に大き

社会	24（実施時数）	3（評定の段階数）	◎	『くらしを守る』火事がおきたら・じけんやじこがおきたら・安心してくらせるまちに 消防署の見学や聞き取り調査をして，消防署の仕事や消防車の秘密について絵や写真を使って新聞にまとめることができるか 交番の警官がしている仕事を4つ以上あげ，どんなことを願って勤務しているか聞き取ることができるか

図 指導目標・学習内容明記型の通知表例 福井県中名田小学校の通知表より抜粋（5年生前期社会科）

な影響を与えているように考えられてしまいがちなのである。

通知表と内申書が類似しているのは，両者とも指導要録にもとづいて作成されているからである。実は，指導要録こそが子どもの学習状況の記録であり，進学や就職の際の証明となる公的な文書なのである。

❖通知表の改善

1969年に通知表は五段階相対評価でなければならないのかをめぐって「通知表論議」がマスコミを騒がせたことがある。この議論ののち，71年の指導要録の中で，文部省は通知表が相対評価でなくてもよいこと，指導要録と異なってもよいことなどを明確にした。その後，学期ごとの通知表に代えて毎月の連絡ノートにしたものや，個人別のカルテなど，多様な通知表が出現した。

2001年4月に改訂された指導要録は，相対評価の廃止と，目標に準拠した評価への転換，「総合的な学習の時間」に準拠した評価の実施などを含むものであった。この方針にもとづいて，通知表にも，指導目標・学習内容を明記したもの（図参照）があらわれ，指導と評価をつなぐ試みが始まっている。

通知表は子どもの成績の記録であると同時に親と教師が気脈を通じて教育にあたるための資料でもある。指導の効果を上げるためだけでなく，親にも子どもにもわかりやすいものにして，学力とは何か，子ども・教師・親の関係は適切か，などについて相互に考え合うための素材としても活用すべきである。（MM）

72 進学に際し校長が上級学校長に内密に申告する書類 —— 内申書

　内申書は高校入試において重要な資料であるにもかかわらず，通知表とは違って，その内容を本人が知ることは少ない。しかも，それには，学業成績だけでなく，自分の行動や性格の評価も記載されているから，中学生にとっては不気味な存在であろう。

❖内申書とは何か

　内申書は法令上では調査書と呼ばれている。中学生が上級の学校に進学する際に必要であれば，校長が上級の学校の校長に送付しなければならない。上級の学校は，特別な事情のないかぎり，調査書や学力検査などにもとづいて入学者選抜を行う（学校教育法施行規則第78，90条）。その具体的な様式や利用の方法は各県によって異なるが，記載する内容は指導要録を原本としており，学籍の記録，各教科の学習の記録，行動・性格の記録，健康・出席の記録，特記事項などである。内申書は入学者選抜のための資料であるので，学習の記録は相対評価とされていたが，2002年度の指導要録で相対評価が廃止されたことに伴い，それ以後，「目標に準拠した評価」が中心になってきた。

❖内申書重視の傾向

　昭和初期以来，わが国では，学力試験による受験競争が激化すると，受験勉強に偏った学校教育を是正するという名目で，内申書の重視がしばしば提唱されてきた。その最初は，中学入試が激化し始めた1927年に出された文部省訓令である。戦後では，66年に，入学者選抜にあたっては調査書を十分に尊重することという文部省通達が出されている。当時は，文部省が戦後に打ち出していた高校希望者全員入学の方針が廃止され（1963年)，高校進学者の急増と入試の激化，それに伴う学力検査偏重の弊害が憂慮されていた時期であった。調査書は学力検査では測れない，子どもの行動や性格も評価として組み込むことを意図していた。また，試験当日の一発勝負や面接試験よりも，平素の子どもの学習状況を重視すること，さ

らに，下級の学校での教育課程を尊重し，学習の継続性をはかることなども期待されていた。

しかし，生徒の日常の行動や性格までを含む内申書が選抜の資料として使われれば，生徒の生活そのものを内申書が管理することが可能となる。しかも，生徒の行動や性格の評価を含む重要な資料が通常は本人にも知らされない。1970年代後半から，内申書開示の要求が出されるようになったのは，生徒にそのような不安が生まれていたことを示すものである。

❖内申書の開示問題

わが国では内申書の記載内容については，評価される本人にも知らせないという方針が近年まで維持されていた。内申書を開示すれば，評価の公平性と客観性が失われ，選抜のための資料とならないだけでなく，教師と生徒・親との信頼関係が損なわれるというのが主な理由であった。

これに対して，近年では個人情報保護条例や，公文書開示条例にもとづいて，内申書や指導要録の全面開示を請求する訴訟が起こされている。川崎市教育委員会のように全面開示を認めたところ（1996年）や，西宮市教育委員会に対して全面開示を命じた判決（大阪高裁，1999年）などもある。しかし，最高裁（2003年）は，指導要録の中の「各教科の学習の記録」欄中の「Ⅰ観点別学習状況」，「Ⅱ評定」は開示としたが，「各教科の学習の記録」欄中の「Ⅲ所見」，「特別活動の記録」，「行動及び性格の記録」，つまり，教師による人物評価に関することは非開示とした。

❖相対評価から目標に準拠した評価へ

内申書は長く相対評価であったが，2002年に指導要録で相対評価が廃止されたことに伴い，「目標に準拠した評価」を採用する県が増加した。中学と高校との学習の連続性を確保しようとする意図のあらわれといえる。しかし，その一方で「目標に準拠した評価」は客観性・公平性が疑わしいので，選抜の資料としては不適切との考え方から，学力検査を重視する傾向もあらわれている。高校入試が多様化し，学力検査を重視する学校と，内申書を重視する学校が出現するなど，内申書の利用の仕方が高校の多様化・序列化をもたらす可能性がある。（MM）

73 青年の自立への援助——進路指導・キャリア教育

中学と高校は、生徒が自らの生き方を考え、主体的に進路を選択することができるように、計画的・組織的な進路指導を行わなければならない。そのために進路指導主事が置かれ、生徒の職業選択の指導その他の進路の選択に関して、連絡調整、および指導、助言にあたることになっている（学校教育法施行規則第71、104条）。

❖起源としての職業指導

今日の日本の進路指導に最も大きな影響を与えているのは、アメリカにおける職業教育と職業指導に関する思想である。その起源としては、20世紀初頭の3つの思想が考えられる。

第1は、現実社会に存在している職業・職種を調査して、その必要性に応じて、学校で職業訓練を実施し、各職場へと人材を配分しようとする考え方である。指導よりも訓練が重視され、現実の要求に青年を適応させることを目的としている。第2は、職業指導を人間形成の一環としてとらえようとする思想である。たとえばデューイは、人間の素質や適性は多方面にわたっており、成長が続くかぎり、発見され続けなければならぬものであるから、学校教育の場では、青年をあらかじめ決まったただ1つの職業へ向けて訓練してはならず、さまざまな職業の中から青年が自主的な職業選択をすることができ、そして、その選んだ職業において自己を進歩させることができるように、援助するための継続的な過程として職業指導を提唱した。第3は、青年の適性、能力、興味、資質などの理解と、実際のさまざまな職業の必要とする資質、条件などとの関連を重視して、青年の適職を探そうとした思想である。この立場から、パーソンズが、1908年ボストンに職業相談所を設置し、それが職業指導の実際の端緒となった。

❖現代アメリカにおけるキャリア・ガイダンス

20世紀前半の職業指導は、パーソンズの影響が強かった。しかし彼の思想は、1950年代から批判を受け始めた。批判の主な点は、人間の発達過程を無視した人生のある一時点でのガイダンスであること、個人も社会

も固定的なものとしてとらえられていること，各個人には適職は1つとの前提に立っていること，どんな職業を選ぶかにのみ関心を示し，どのような過程を経て職業を選ぶかには関心が薄いこと，などであった。

このような批判の上に立って，1960年代以後注目され始めたのが，キャリア・ガイダンスの思想である。たとえばスーパーは，キャリアの発達を，自我概念の探索・確立・修正の過程としてとらえ，職業と個人とを結びつけることよりも，一生を通じての人間の心理的・社会的発達を援助するものとしてガイダンスを考えた。

❖わが国での進路指導

日本で進路指導という言葉が公的に使われ始めたのは，1961年の文部省『中学校進路指導の手引』からであった。そこでは，進路指導とは，「生徒の個人資料，進路情報，啓発的経験および相談を通じて，生徒がみずから，将来の進路の選択，計画をし，就職または進学して，さらにその後の生活によりよく適応し，進歩する能力を伸長するように，教師が組織的，継続的に指導・援助する過程」と定義づけられた。最近では「自己実現」が強調され，キャリア・ガイダンスの思想が反映されている。

1960年代以後，わが国では，能力主義にもとづいて中等教育の多様化が進められ，進路指導という名目で，学力テストの成績や偏差値などによる進路の振分けが行われるようになった。その結果，進路指導がしばしば生徒の意思とは乖離するという問題が生じた。

20世紀末から，日本では雇用形態が多様化し，フリーターやニートが急増した。これに対して，文部科学省は若者の働く意欲を喚起し，勤労観や職業観を育てるために，小学校段階からの進路指導・キャリア教育の推進を打ち出し，職場体験や高校と大学の連携などの方策を推進している。しかし，キャリア教育が真に若者の自立をもたらすためには，意欲や態度の形成の前提として，若者が社会や経済の構造を理解し，自己と社会とのつながりに積極的に関与できるような能力を形成することが重要であろう。(MM)

74　高校間格差の是正——総合選抜

　現在の日本の高校進学率は97％を超え，昭和初期の（旧制）中学校進学率が1桁台であったことに比べれば，はるかに広き門となっている。にもかかわらず，受験競争は今でも厳しい。その原因は高校間格差にある。今日ではほとんどの学区で高校を選択できるから，「有名校」をめざしての競争が激しく，中学生は過重な受験勉強を強いられ，その心身の発達への悪影響が懸念されている。過激な受験競争をなくすには，高校間格差をなくさなければならない。そのための方策として総合選抜制は考案された。

❖**総合選抜の理念**

　各高校が単独で生徒を募集し，合否を決定する方法を単独選抜という。これに対して，学区または学校群内の数校が，各高校の定員の合計数をまとめて選抜したあとで，合格者をある特定の基準（成績や男女比など）に従って，各校に配分する方法を総合選抜という。総合選抜では生徒側の高校選択は基本的には認められない。単独選抜は有名高校の特権を維持し，格差を固定することになりがちであるが，総合選抜は，学校間格差の是正に寄与することができる。

　総合選抜は過度の受験競争を和らげる目的で，戦前の中学校入試に際して，採用するところがかなりあった。その経験に鑑み，1952年に文部省は「公立高等学校入学者選抜実施状況及び学区制に関する調査報告」の中で，総合選抜制の必要性を述べていた。そこでは，総合選抜制は，①特定の学校に志望者が偏ることを防止して，学校差をつくらないようにするため，②隣接校において一方の高校の不合格者よりも他方の高校の合格者の方が成績が悪かったというような矛盾をなくし，入学すべき生徒をどこかに入学させるため，という2点にその目的があるとした。努力目標としての高校希望者全員入学とともに，総合選抜制を，教育の機会均等を保障するものとして，文部省は打ち出していたのである。

❖**総合選抜の方法**

　生徒配分の原理としては，成績均等，居住地優先，志望優先，の3つが

ある。成績均等によれば，学校間格差をほぼ完全になくすことができる。しかし，通学の便を考慮すれば，各高校が近接している所でなければ，実施は難しい。居住地優先は，小学区制の理念に近いもので，生徒は近くの高校に通う。しかし，生徒数のアンバランスをなくすためには，どの地区の生徒がどの高校に入学するかの線引きを，毎年変えなければならない。また，学区間の格差は解消されない。志望優先は受験生にあらかじめ志望順位を出させておいて，成績順に志望の高校に合格させるものである。この方法は学校間格差の是正にはほとんど役立たない。実際に用いられている方法は，以上の3つの原理を組み合わせたものが大多数である。

❖平等と個性化のジレンマ

　高校入試で総合選抜を採用している都府県は，1980年代後半から減少し続けている。その原因としては，学校選択の自由を求める声が高まったこと，公立高校の選択ができないことで公立高校離れが進んだことなどがあるが，最も重要な要因としては，少子化の中で生徒確保のために高校教育の個性化・多様化が進んだことを指摘することができる。高校が総合学科を設置したり，単位制を導入したりすることによって，特色を出そうとし始めたのである。それに伴い，入学者選抜方法も多様化し，推薦入試が増え，学力試験と内申書に限定されない選抜方法が多くの都府県で導入された。たとえば，千葉県では志願者に志願理由書を提出させた上で，各学校が自校の特色にもとづいて選抜方法を考案し，実施している。こうして，高校の個性化・多様化が進んだ結果，総合選抜はしだいに実施が困難になっていったのである。

　しかし，高校の個性化は，単独選抜と結びつき，再び学校間格差と受験競争を生じさせつつある。個性化の名の下で進学に特化した高校が出現し，進学実績を競うという状況が再現しつつある。それは同時に，進学実績の乏しく，学習意欲と学力の低い生徒が集中する学校を生み出す危険性を孕んでいる。教育の平等と機会均等をめざす試みは，総合選抜に代わる何らかの方策を必要としている。(MM)

75 試験を受けなくとも入学できる——推薦入学

❖学校による推薦

推薦入学というのは，大学や高校の入学者を決める方法の1つで，1回限りのペーパー・テストによらずに，学校からの推薦状，調査書（内申書），面接などによって，一般の受験者とは別枠で入学者を決める方法である。大学・短期大学では1967年から，高校ではそれより後に取り入れられている。

❖なぜ，推薦入学なのか

客観的で公平だと思われ，かつ学力をみるのに重要だと思われている学科試験をはずして入学者を決めるということが，どうして行われるようになったのであろうか。

わが国の入学者選抜では客観性，公平さを重視するあまり，ともすれば知識偏重，進学塾・予備校依存の傾向を助長し，偏差値偏重の進路指導を生じさせている。その結果，合格することだけが目的化し，不本意入学，中途退学，入学後の目的の喪失（五月病，九月病など）などを生み出している。また，単に総点主義，平均点主義をとれば，高校職業科卒業生の大学進学は，普通科卒業生に比して著しく困難にならざるをえないし，高校の各専門学科においても，その学科にふさわしい多くの中学生の入学をはばむことにもなりかねない。

その日の健康状態や運・不運によって左右されやすい1回限りのペーパー・テストではなく，高校や中学校での長期にわたる学習の成果をもとに，健康状態，学習意欲，適性をも考慮してなされる学校からの推薦は，うまく機能すれば，学科試験による選抜よりも，信頼性の高いものとなるであろう。

教育の国際化の推進，生涯教育化への対応という観点からは，留学生や帰国児童・生徒あるいは社会人に対する特別選抜も，推薦入学制度とともに，今後いっそう推し進められるべきであろう。それらは，大学入学者選抜の多様化のためにも一役買うことになるからである。

表　推薦入学の種類

---

① 公開推薦

② 指定校推薦

③ 学部・学科限定推薦

④ 調査書＋面接

⑤ 公開推薦＋小テスト

⑥ 公開推薦＋大学入試センター試験の成績（参考資料として）

❖推薦入学にもさまざまなやり方

　推薦入学には，①学校から推薦されてきた応募者の中から書類選考で一定人数を入学させる公開推薦，②あらかじめ指定した学校に人数を割り当てて，入学者を推薦してもらう指定校推薦，③大学の特定の学部・学科において，高校の職業科出身者の推薦を受け付ける学部・学科限定の推薦，④調査書と面接で選考する方法，⑤公開推薦で応募した志願者に対して，書類選考のほかに簡単な学力試験を課して選考する方法，⑥公開推薦で応募した志願者に，大学入試センターによる試験の成績を考慮する方法，などがある。特に上記の⑤と⑥は，最近，推薦による志願者が増えてきたことに対処するために，やむなくとられた方法で，推薦入学の趣旨からすれば望ましいものではない。

❖推薦入学にも弊害が？

　高校，中学校それぞれの間に格差があるのは現実であり，その問題をどうするかは，各大学，高校が経験を積み重ねながら対策を講じていくほかはない。ほかに，この制度自体が悪用されることも懸念されている。学科試験で合格する見込みの高い生徒は推薦しないで，その次の水準の生徒が推薦されてくるのではないかというものである。また，入学者を確保するために推薦入学者の枠を拡大し，一般の学科試験で入学する者の割合を小さくするという受入れ側のあり方に関する問題もある。

　入学者選抜方法の多様化，個性をもつ大学・高校の育成という観点を考慮しながら，推薦入学の主旨に沿った是正策が講じられるべきである。
（OZ）

参考文献

奥平康弘『知る権利』岩波書店, 1979
梶田叡一『教育評価』有斐閣, 1983
木原健太郎編『教科教育の理論』(現代教科教育学大系1) 第一法規出版, 1974
国民教育研究所＋木下春雄編『高校入試制度の改革』労働旬報社, 1988
小森健吉編著『高校制度改革の総合的研究』多賀出版, 1986
佐々木享『高校教育論』大月書店, 1976
佐藤章『ルポ＝内申書——見えない鎖』未來社, 1985
スーパー, D. E. (日本職業指導学会訳)『職業生活の心理学——職業経歴と職業的発達』誠信書房, 1960
全国進路指導研究会編『内申書』民衆社, 1976
大学入試センター『大学入試フォーラム』第5号, 大学入試センター, 1985
田中耕治『教育評価』岩波書店, 2008
田中耕治編著『教育評価の未来を拓く——目標に準拠した評価の現状・課題・展望』ミネルヴァ書房, 2003
長尾彰夫『通信簿と教育評価』有斐閣, 1985
藤本喜八・中西信男・竹内登規夫『進路指導を学ぶ』有斐閣, 1988
藤原藤祐『通信簿』帝国地方行政学会, 1971
ブルーム, B. S. ほか (梶田叡一ほか訳)『教育評価法ハンドブック』第一法規出版, 1973
マーサ, M. M. ほか (平原春好・青木宏治訳)『アメリカ教育法——教師と生徒の権利』三省堂, 1991
渡辺進ほか『中学生の進路指導——豊かな個性をみつけるために』有斐閣, 1982
Bloom, B. S., *Taxonomy of Educational Objectives: the classification of educational goals*. Handbook1. Cognitive domain, New York, McKay, David, 1956

8章 ▶ 教師の養成，教職

76 戦前は師範学校，戦後は大学で——教員養成機関

　わが国の教員養成は，戦前は師範学校で行われていた。戦後は，大学が中心となって行っている。この変化はどのような意図にもとづいているのだろうか。

❖師範学校の誕生と発展

　師範学校は，1872（明治5）年「学制」が頒布された年に東京に開設されたのを皮切りに，73年大阪・宮城に，74年広島・長崎・新潟・名古屋・東京（女子）にそれぞれ設けられた。そして1886（明治19）年に森有礼文相の師範学校令公布によってわが国の師範学校制度が確立する。教員養成を重要視した森文相は，師範学校を尋常と高等の2種類に分け，前者は小学校の教員養成を目的とし，各府県に1校以上の設置を義務づけた。後者は師範学校・尋常中学校・高等女学校の教員養成を目的とし，東京にまず1校，その後男子の高等師範学校が4校，女子のそれが3校設けられた。このほか，高等教育機関（大学・高等学校・専門学校など）の学生も試験検定によって教員資格を取得する道が開かれていたが，これは傍系といわれ，教員養成の中心は師範学校に置かれていた。

❖師範タイプとは

　こうして整備された師範学校は国民の学力向上に大いに貢献したのであるが，昭和20年代ころからしだいに，師範学校出身の教師に対する批判がなされるようになってきた。「師範タイプ」というのはこの時用いられたことばである。それは，偽善的・卑屈・偏狭・陰鬱などの気質をもつ教師のステレオタイプを意味する。師範学校がこうしたタイプの教師を造出するとしてそのあり方が公然と批判されたのであった。

　師範学校タイプ形成の要因としては，森文相が教員は従良・信愛・威重という3気質を備えるべきだ，ととなえたために，外面からの人物教育が偏重されたこと，全寮制による軍隊式の生活規制が敷かれたために自由な雰囲気が奪われていたこと，給費制・服務義務制により教員社会が閉鎖的になったことなどが指摘されている。

学校種	教員養成学部	一般大学	短期大学	大学院
小学校	43.5	47.9	3.1	5.5
中学校	25.1	62.0	1.5	11.4
高等学校	13.6	63.6	0.3	22.6
特別支援学校	34.6	50.4	2.3	12.7
養護教諭	30.5	37.3	29.1	3.1

図　公立学校教員採用における養成機関別構成（2007年度）

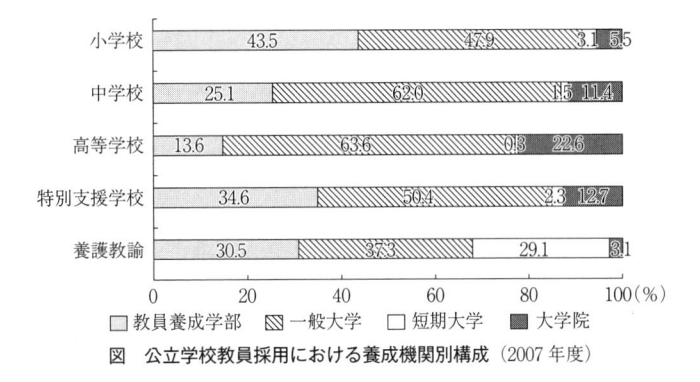

❖自由で創造的な教師を育成する

　戦後の教員養成改革にあたって，特別の教員養成学校を残すか否かをめぐっては意見の対立がみられたが，小・中学校の教員不足という現実もあって教員養成学校は残されることになった。しかしその時，教員免許状は開放制にすること，教員養成は大学で行うこと，という2つの原則が決定された。開放制とは，教員資格取得を従来のような特定の学校に限定せず，一般大学在学者でも所定の単位さえ履修すれば免許が取得できるという制度である。教員養成学校も，戦前の給費制や服務義務制を廃した自由な大学となった。こうして，大学が主たる教員養成機関となったのであるが，これは，幅広い教養を備えた自由で創造的な教師を育成すること，そしてそのために広いすそ野から人材を求めたいとの意向によるものである。

❖大学院レベルの教員養成——教職大学院

　開放性教員養成は簡単に免許が取れることから，教員の資質の低下が常に問題視されてきた。世界では教員養成を大学院修士段階に移行する趨勢にあり，わが国でもこれにならって2006年7月の中教審答申「今後の教員養成・免許制度の在り方について」の中で教職大学院の創設が提案され，08年度から指導層の教員（スクールリーダー）の養成を企図した教職大学院が設置された。実習重視，実務家教員の配置（4割以上）などを特色とするが，既存の教育学研究科との関係，修了後の処遇など課題も多い。（FS）

77 教職はどこまで専門職か——教職の専門職性

教師とは何であるか。この問いをめぐってはさまざまな意見が展開されてきた。近年は教師としての職業＝教職を専門職としてみる見方が定着し，その確立にむけて努力が重ねられてきたが，一方ではこれに疑問を唱える声もあがっている。教師像は再び混迷に陥っているようだ。

❖聖職者論対労働者論——教職観の対立

戦前の日本では，教師は聖職者とみなされていた。教職は神聖な職務であり天から与えられた天職だという考え方である。これは，江戸時代の寺小屋の師匠が純粋な教育愛から奉仕活動として教育活動に献身し，人々から深く尊敬されていたことに発端がある。近代国家建設のために教育に非常に力を入れた明治政府下で，教師は一心不乱に教職に奉仕することが期待されたが，天皇制国家においては，これは国家に奉仕することへと結びついていった。教師は聖職の美名の下に自由を奪われ人間性までもが圧殺されていたのである。こうした聖職論は敗戦と同時に崩壊し，戦後はそれに代わる新しい教師像が強く求められた。

1947年に結成された日教組（日本教職員組合）は「教師の倫理綱領」（1952年発表）において「教師は労働者である」と宣言した。ここに教師＝労働者論が誕生する。自らを人類社会の進歩の担い手となる労働者として位置づけた日教組の教師観は，一定の普及はみたものの，やはり教師は子どもの人格形成に携わる尊い職業だと考える人々からは支持されず，教師の政治活動をめぐる文部省対日教組の対立などもあいまって，定着するまでにはいたらなかった。戦後20年間は，新しい教師像の模索期であったといえる。

❖専門職論の台頭——ILO・ユネスコ勧告

教師＝専門職論は，こうした時期に彗星のように登場し急速に普及していった。その契機となったのは，ILO・ユネスコの共同討議にもとづく「教員の地位に関する勧告」（1966年）であった。この中の「教師は専門職とみなされるべきである」との主張が新しい教師像を強く求めていた当時

> **ILO・ユネスコ「教員の地位に関する勧告」6**
>
> 教育の仕事は専門職とみなされるべきである。この職業は厳しい継続的な研究を経て獲得され，維持される専門職的知識および特別な技術を教員に要求する公共的業務の一種である。また，責任をもたされた生徒の教育および福祉に対して，個人的および共同の責任感を要求するものである。

の教育界で広く受容され，社会的通念として確立することになった。そして，これ以降の教員政策はいずれも教師＝専門職論に依って立ち，1970年代を通じて教職の専門職化を促進するための身分の確立や待遇改善，資質能力の向上などの諸施策が相次いで実施に移されていき，その結果教職の専門職化はある程度前進していった。

❖教職独自の専門職性を求めて

ところが学校教育の病理現象が顕在化してくる1970年代後半になると，専門職としての教師の資質や力量を疑問視する声がにわかに高まってきた。専門職と称する教員の集団である学校がそうでない学習塾に追いまくられる事態，続発する校内暴力や相次ぐ教師の不祥事などによって，教師に対する社会的評価は低下していき，こうした中で教職はいったいどこまで専門職になりえたのかということが，内省を込めて問われるようになったのである。一般に，ある職業の専門職性の判定は，法曹・医師などの古くから専門職とみなされてきた職業的特性との比較によってなされるが，教職の場合，最も肝心な専門的技術性が他と比べて脆弱であると指摘されてきた。したがって，教職を真の専門職たらしめるには専門的技術性を高めることが急務であるとの認識から，教員免許の基準の引上げが89年度から実施されている（→78）。しかし一方では，大学の教職課程をとらなかった社会人を活用するための免許状授与の弾力化が行われており，従来の専門職イメージではとらえきれない状況も確実に起こっている。他との比較によってではない，教職独自の専門職性を確立すべきだとの意見もあり，目下のところその行方は定かではない。（FS）

78　新しい制度で教育は良くなるか——教員免許

「教育は人なり」といわれる。教育が良くなるのも悪くなるのも教師の腕しだいというわけだ。そこでわが国では教員の資質の保持と向上をはかるために教員を志す者に対して免許状の取得を義務づけている。その免許状制度が、戦後の改革以来40年ぶりに大きく改変された。

❖閉鎖的制度から開放的制度へ

戦前の免許制度は、教員養成を目的にした師範学校などの特定の学校の卒業者に、卒業と同時に免許状を与えるというものであった。他の学校卒業者にも教師になるルートは敷かれていたが、事実上は師範学校出身者が大半を占めていたことから、この制度は閉鎖的免許制度と称されている。閉鎖的制度のもとではいわゆる師範タイプ（→76）という型にはまった教師が生まれたことから、戦後はこの反省の上に、1949年に「教育職員免許法」を公布して新しい免許制度を確立した。それは、教員養成は研究と自由の確立された大学で行うこと、および所定の単位を修得すれば認定されたどの大学の卒業者にも平等に教員免許状が授与されるという制度で、開放的免許制度と呼ばれている。開放的制度では、免許状取得のためには一定の基礎資格（学士の称号をもつなど）を有し、大学で所定の科目を修得することが必要である。所定の科目は、教科専門教育科目と教職専門教育科目に分かれ、後者には教育実習が含まれている。

❖懸案の免許法改正実施される

開放的制度は、広く人材が教職に集まり、自由な大学生活経験者が教員になることによって学校生活に新鮮な活気が吹き込まれたこと、また高学歴者が多く教員免許を取得することによって学校教育に対する広い理解が生まれたことなど多くの利点をもたらした。しかし反面、免許状取得の安易さから名目的免許状の乱発が起こり、その弊害も指摘されるようになった。早くは1958年の中央教育審議会（中教審）答申が、免許基準の低下と形式的免許取得の現状を厳しく批判している。その後、教育職員養成審議会（教養審）が中心となって免許基準の引上げを中心とする改正案が数

次にわたって提示され，88年に初めて免許法の改正が実現した（1989年施行）。そこでは専修免許状（大学院相当の免許状）と特別免許状が創設されるとともに，各種免許状取得に必要とされる専門科目の最低取得単位数が引き上げられた。

❖変容する教師の資質能力とその向上策

教養審はその後1997年7月に「新たな時代に向けた教員養成の改善方策について」と題する答申を発表し，教師の資質能力について，「いつの時代も教員に求められる資質能力」「今後特に教員に求められる具体的資質能力」の2つの側面から言及し，多様な資質能力をもつ個性豊かな教師集団が必要であることを提言した。同答申を受けて免許法改正が行われ（1998年6月），大学教員養成カリキュラムが教職科目の大幅増加，教育実習の充実，教育相談関係の内容の充実，の方向で改善されることになった。さらに中教審「今後の教員免許制度の在り方について」（2002年2月）の提案を受けて，2003年度から10年経験者研修が実施されている。

❖免許更新制の開始

この頃から教員の専門性確保のための方策として教員免許更新制が注目を浴びていたが，2002年の中教審答申においては，「教員にのみ更新制を導入することには慎重にならざるを得ない」として見送りが提案されていた。しかし04年にあらためて諮問を受けた中教審は，答申「今後の教員養成・免許制度の在り方について」（2006年7月）において「その時々で必要な資質能力に刷新する」ための教員免許更新制を提案した。これが免許法改正に結実し，09年度から正式に本制度が開始する運びとなった。これにより，教員免許状の有効期限は10年となり，30時間の「免許状更新講習」を受講することで免許状の更新が認められることとなった。

合わせて同答申は新たな必修科目「教育実践演習」を設置し，養成段階で修得すべき「最低限必要な資質能力」の確実な定着をはかるよう各大学等に求め，2010年度新入生からこれが適用されることとなった。免許更新制との一体的な運用により，教員免許が確実に教師の資質能力を担保するものとして機能することがめざされている。（FS）

79 教職生活を通じて自己を磨く——INSET

　教師は皆，就職前に養成教育を受け，免許状を取得する。しかしそれは教師になるための最小限の条件にすぎないのであり，教師の力量は，教職に就いた後にいかなる努力をしたかによって決まるといっても過言ではない。そのために教師には不断の研修が必要とされている。

❖研修は職務上の必須条件

　INSET（in-service education of teachers）は，教師の現職教育・研修のことである。わが国では，現職教育，教員研修といったりしているが，いずれも現職の教員がその専門職としての職責を果たしていくのに必要な知識・技能を継続的に高めていくために行う組織的な教育を意味する。現職教育は，養成教育（pre-service education）に対応する語である。一般に，研修が必要とされるのは専門技術水準の維持や職業倫理の確保が社会的にみて特に重要とされる職業であり，公務員や専門職などがこれにあたる。教員もまたそうした職業の1つに数えられているが，他の職業と比べると教員の研修は特に重要視されている。たとえば法律上，地方公務員は「その勤務能率の発揮及び増進のために，研修を受ける機会が与えられなければならない」（地方公務員法第39条）と規定されているのに対し，教育公務員は「その職責を遂行するために，絶えず研究と修養に努めなければならない」（教育公務員特例法第19条）とされている。改正教育基本法第9条でも学校の教員は「絶えず研究と修養に励み，その職責の遂行に努めなければならない」と新たに規定された。このように教員は，現職期間中あらゆる研究と修養（＝研修）を通じて絶えず自己を磨き，資質の向上に努めることが要請されているのであるが，それは，教職が真の専門職として確立するためにも不可欠であるといえよう。

❖研修の種類と形態

　戦前は今日のような研修に関する法規上の裏づけがなく，各地師範学校附属校の授業参観，当局主催の講習会参加，地域学校間の公開研究会などが自主的に行われていたが，戦後は研修が教員の義務であると同時に権利

として法的に規定され，その制度も整備されていった。

研修は，法的にみると，①職務命令にもとづく研修，②職務専念義務の免除による研修，③勤務時間外の自主的研修の3つに分けられる。①は，服務監督権者である市町村教育委員会や校長の研修命令にもとづいて職務として行う研修であり，文部科学省や教育委員会が自ら行うほか，大学や民間団体などが主催するものもある。1989年度から実施された初任者研修や2003年度から実施された10年経験者研修はこれにあたる（→80）。②は，教員の側から服務監督権者に承認願いを提出し，それが認められた場合に勤務時間中に勤務場所を離れて研修を受けるものである。③は教員の自発的・自主的な研修であり最も効果が期待されている。①を行政研修，②と③を自主研修とする分類もあるが，両者がバランスよく行われることが望ましいとされている。また，研修の場に注目して校外研修と校内研修に分類した場合，近年では校内研修の充実に力が入れられている。これは世界的にも，school focused 方式（学校に基礎を置いた現職教育）として開発が叫ばれているものである。

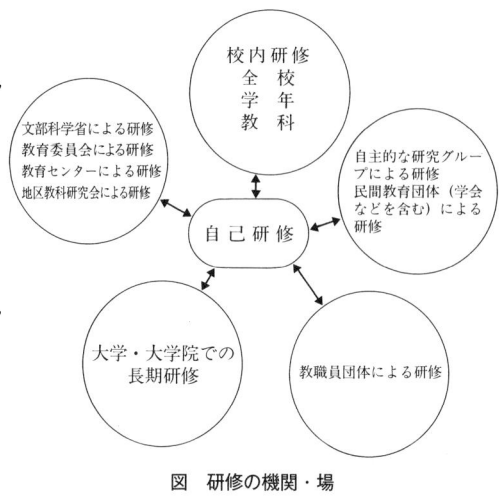

図　研修の機関・場

（図中：校内研修　全校／学年／教科；文部科学省による研修　教育委員会による研修　教育センターによる研修　地区教科研究会による研修；自主的な研究グループによる研修　民間教育団体（学会などを含む）による研修；自己研修；大学・大学院での長期研修；教職員団体による研修）

❖養成教育との一本化

従来，現職教育・研修が大学における教員養成教育とまったく無関係に行われてきたことへの反省から，近年，両者を統合的にとらえようとする考え方が強まってきた。教師の養成から退職にいたるライフサイクルにおいて，教師自身の自主的な営みを機軸とした研修活動が系統的に施されるための行政施策が強く求められている。（FS）

80 新任教員・若手教員を鍛える
——初任者研修・10年経験者研修

　どんな職場でも，新任は厳しい指導や訓練を受けて一人前に育て上げられる。しかし教師は，初めて教壇に立ったその日から一人前とみなされ，先輩教師と同じ仕事内容とその成果が期待される。教育実習を経験し，免許を取得したとはいっても，昨日まで学生だった者がそんなに急に何もかもこなせるのだろうか。これまでも各都道府県は独自に新採用教員に対する研修を行ってきたが，これを法制化して義務づけようとのねらいで導入されたのが初任者研修制度である。

❖明治以来の宿願

　新任教員に対して1年程度の研修を義務づけようという構想は，明治時代からあった。当時から，新任教師は実務的・実践的経験が不足しているためそれを補う必要があることが指摘されていたのであるが，ここで考えられていたのは，「仮」採用の身分で研修させ，その成績によって正式に教員に任命するという「試補制度」の方式であった。第2次大戦後はさらに開放的免許制度の導入によって，必ずしも教職への熱意をもたないデモシカ先生が登場したことにより，意欲や使命感の形成という観点からも試補制度の導入が検討されてきた。しかし，この制度には指導体制や任用の手続き，身分の保障などについての批判的意見が各方面から出されたため，1972年以降は初任者研修の充実が提案されていた。初任者研修は試補制度と違って，初めから教員として採用することにしているのが特徴である。

❖臨教審の提言

　初任者研修の制度化の契機となったのは，1986年4月の臨教審（臨時教育審議会）第2次答申であった（→ **67**）。そこで，当初からの重要テーマであった教員の指導力向上の具体策として「新任教員に対し，採用後1年間指導教員の指導の下における教育活動の実務およびその他の研修を義務づける」との初任者研修制度が提言されたのである。文部省はこの提言に積極的に対応して5月に具体策を教養審（教育職員養成審議会）に諮問する

と同時に，87年4月から約半数の都道府県・指定都市で試行を開始，同年12月の教養審の答申を経て，88年度からは試行が全国に拡大された。同年5月に関連法規の改正，89年4月から本格的実施の運びとなった。

❖盛りだくさんの内容

　研修は主に，校内での指導教員による校内研修（週2日程度）と教育センターなどにおける校外研修（週1日程度）の2種類に分かれ，その他，宿泊研修（4泊5日程度）や都道府県教育委員会の推薦にもとづく洋上研修も行われる。校内研修の中心は授業研修におかれ，指導教員が新任教員の前で模範を示す「示範授業」，新任教員が指導教員や他の教員の前で行う「研修授業」や「公開授業」，指導案や指導記録などの処理にかかわる事前・事後指導などが多くなされる。指導教員は初任者の所属する学校の教頭・教諭・講師から選ばれる。校外研修では，教育センターや教育事務所での講義・演習・実技指導のほか，他の種類の学校・社会教育施設・児童福祉施設・民間企業などの参観，ボランティア活動，野外教育活動などが行われる。初任者は，学級や教科・科目を担当しながらこれら盛りだくさんの内容の研修を受けることによって，実践的指導力と使命感，幅広い知見を獲得することが期待されているのである。

❖若手教員の力量向上を──10年経験者研修

　初任者研修に続き，教職経験年数に応じた研修として5年経験者研修，10年経験者研修，20年経験者研修などが各都道府県等教育委員会主催で実施されている。このうち10年経験者研修は法定研修として2003年度から全国で実施されており，個々の能力・適性などに応じて，資質向上に必要な研修を義務づける内容になっている。すなわち，実施にあたって任命権者が，研修を受ける者の能力・適性などについて評価し，その結果にもとづいて対象教員ごとに研修の計画書を作成することを義務づけている。研修期間は校内研修と校外研修がそれぞれ20日間程度となっており，校外研修は夏季・冬季の長期休業期間中に行われる。ここでは，教科指導，生徒指導等に関する研修とともに，適性に応じた得意分野づくりのために，選択研修として，企業等での社会体験研修も行われている。（FS）

81　学校のミドルリーダー——主任制

どんな組織でも，規模が拡大し機能が複雑化すると専門的分業が必要となる。学校も例外ではない。主任は，学校内で複雑多様に分化した職務の各セクションをまとめるミドルリーダーとして重要な役割を果たしている。

❖省令主任制の誕生

わが国の主任の歴史は古く，すでに明治30年代ころには教務主任や学年主任などが置かれていた。しかしそれは，各学校が慣行として独自に設けていたのであり，法制上の規定を受けたものではなかった。第2次大戦後の学校教育法（1947年成立）においても校務分掌に関する特別な規定は定められず，戦前と同様，各学校の自由裁量に委ねられていた。

主任制の制度化は，1975年12月に学校教育法施行規則の一部改正によってなされた。そのねらいは，「調和のとれた学校運営が行われるためにふさわしい校務分掌の仕組みを整える」ことであり，ここに省令主任制が誕生した。これによって学校に置かれるべき主任が学校の種類ごとに定められ，同時に「その他の主任」の種類が例示され，各学校が必要に応じてこれらを置くことになった。

❖管理職ではなく教育指導職

主任の省令化をめぐってはかなり激しい論争が繰り広げられた。問題にされたのは，主任職はいかなる性格をもつかということである。省令化の契機は，1971年に出された中央教育審議会答申にあるが（→67），そこで「管理上の職制」の確立が強調されたため，主任を中間管理職と位置づけ，教職員に対する管理体制の強化をねらったものだと批判されたのである。

日教組（日本教職員組合）は答申批判の先頭に立ち，「非常事態宣言」を発して反対した。その結果文部省は，当初重点を置いていた管理上の職制という考えを取り下げて，「主任は管理職ではなく教育指導職である」との文相見解を発表して一応の決着がついた。しかしこの時の闘争のしこりは今なお残っており，主任に対して支払われる主任手当を個人では受け取らず組合に拠出するという拠出金闘争を続けているところもある。

表　学校に置かれる主任

学校種別	必　置	置かないことができる		置くことができる
		特別の事情	当分の間	
小学校		教務主任・学年主任・保健主事	司書教諭（学級の数が11以下の学校）	その他の主任等 事務主任
中学校	進路指導主事	教務主任・学年主任・保健主事・生徒指導主事	司書教諭（同上） 事務主任	その他の主任等
高等学校	進路指導主事 事務長	教務主任・学年主任・学科主任（2以上の学科を置く場合）・農場長（農業高校）保健主事・生徒指導主事	司書教諭（同上）	その他の主任等
中等教育学校	進路指導主事 事務長	教務主任・学年主任・教科主任（2以上の学科を置く場合）・農場長（農業科）保健主事・生徒指導主事	司書教諭（同上）	その他の主任等
特別支援学校	進路指導主事（中・高等部）舎監（寄宿舎を置く場合）事務長	教務主任・学年主任・学科主任（高等部）寮務主任（寄宿舎を置く場合）保健主事・生徒指導主事（中・高等部）	司書教諭（同上）	その他の主任等 各部の主事

❖組織を機能させるミドルへの期待

　主任の主な職務は，部門活動についての「連絡調整」と「指導・助言」である。たとえば学校教育法施行規則によると，教務主任は「校長の監督を受け，教育計画の立案その他の教務に関する事項について連絡調整及び指導，助言に当たる」と定められている。今日，主任制はおおむね定着していると評価されているが，2008年度からは「主幹教諭」が置かれるようになった（→83）。両者の違いは，主任が「職」としての設置ではなく教職員に対する監督権限がないのに対し，主幹教諭は新たな職階として設置され，一定の権限をもって教職員への指導・助言や校務の整理を行う点にある。両者とも，機動的・組織的な学校運営におけるミドルリーダーとしての役割を期待されているが，その活動の中身の議論は今後の課題として残されている。(FS)

82 再生の道険しい？——教職員組合

　労働者が勤務条件の改善，社会的・経済的地位の向上，権利の獲得などをめざして結成する団体には，労働組合と職能団体の2種類がある。教職員組合は前者にあたるが，法制上は労働組合法の適応を受けず，公務員法によって職員団体と位置づけられている。その最大の組織である日本教職員組合（日教組）は，1989年11月，組織の内部対立から2つに分裂した。

❖歴史的歩み

　教職員組合は，19世紀後半からヨーロッパ諸国で形成されたが，日本では1919年の啓明会（翌年，日本教員組合啓明会と改称）が最初である。その後もいくつかの組合が結成されるが，いずれも弾圧によって短命に終わっている。しかし，これらの組合運動の遺産は戦後の教育民主化運動に受け継がれて47年には日教組が結成された。このほか，日本高等学校教職員組合（日高教，1956年結成。62年に左右2派に分裂し，91年に左派は全教と組織統一），全日本教職員連盟（全日教連，84年に日本教職員連盟と日本新教職員組合連合が大同団結して発足），全国教育管理職団体協議会（全管協，1974年結成）の4つの全国組織と，いずれにも属さない各県単位の職員団体がある。89年からはここに全日本教職員組合協議会（全教）が加わった。

❖運動と研究と

　結成当初の日教組は教育行政上の諸政策をリードする傾向をみせていたが，しだいに文部省との対立を深めていった。1951年に「教え子を再び戦場に送るな」のスローガンを掲げて，平和教育の原則を確立したことに始まり，任命制教育委員会制度・勤務評定・特設道徳・全国一斉学力テストなどを反動文教政策として反対闘争を繰り広げていった。そして60年代以降は経済闘争と，文部省の諮問機関である中央教育審議会の改革方針への反対を主とする教育闘争とを二本柱として運動を展開してきた。

　こうした労働組合としての運動とならんで日教組が重視してきたのが教育研究活動である。1951年以降，教育研究全国集会（通称「教研集会」）が

表　教職員団体への加入状況

調査年月日	2009年10月1日		2008年10月1日		増　減	
区　分	加入者数	(%)	加入者数	(%)	加入者数	(%)
日 教 組	278,733	27.1	284,859	28.1	▲6,126	▲1.0
全　教	61,538	6.0	64,580	6.4	▲3,042	▲0.4
日高教(右)	9,930	1.0	10,287	1.0	▲357	0.0
全 日 教 連	22,077	2.1	22,077	2.2	0	▲0.1
全 管 協	3,579	0.3	3,469	0.3	110	0.0
そ の 他	60,051	5.8	62,751	6.2	▲2,700	▲0.4
合　計	435,908	42.3	448,023	44.1	▲12,115	▲1.8
非 加 入	593,731	57.7	567,508	55.9	26,223	1.8
教職員総数	1,029,639	100.0	1,015,531	100.0	14,108	0.0

毎年夏に開催され、さまざまな教育問題が討議されている。毎年刊行される『日本の教育』はその成果をまとめた報告書である。

❖山積する問題

　2009年10月1日現在、日教組に加入している教職員は全体の27.1％である。1958年に86.3％であったのに比べると組織率はかなり減少している。特に新規採用者の加入率はここ数年激減しており、86年に初めて30％台を割り、2009年度は20.6％と低迷状態にある。政治権力との闘争をむき出しにしてきた活動は常に批判と攻撃の俎上にのせられ、また、組織内部での長期化した政治路線の対立は若い教員の日教組離れを導いている。そして1989年には、労働界の官民統一組織（新連合）への加入問題をめぐって主流派（旧社会党系）と反主流派（共産党系）が対立し、連合との労働戦線統一に反対する反主流派が新たに全日本教職員組合協議会（全教）を結成して日教組を脱退するという事件が起こった。その後日教組は、文部省との協調路線を打ち出したが、再建の道はなお険しい。（FS）

83 専門職組織としての学校
―― 校長・副校長・教頭・主幹教諭・指導教諭・教諭

　学校は単なる教師の集合体ではない。総括責任者としての校長，その校長を補佐し総合調整する教頭，学校の活動を分担する教諭や事務職員など学校に置かれるべき職種と職務内容は法令に規定されている。

❖多様化する職種

　近代学校が誕生したころは，学校は2～3人の教員が勤務していたにすぎなかった。その後学校の制度組織が整備されるにつれて校長が置かれるようになり，戦前の学校は教員と校長によって運営を行うという原則が確立していた。現在は多くの職種の教職員で運営されているが，これは学校教育法の規定にもとづいている。同法によれば，学校に置かれる職種は，校長，教頭，教諭，養護教諭，事務職員であり，このほか副校長，主幹教諭，指導教諭，栄養教諭，その他必要な職員を置くことができるとされている。さらに，学校教育法施行規則では主任制の規定がある（→81）。このように，学校は1つの組織体として構成されていて，この組織の運営上の要となるのが管理職である校長および教頭である。

❖校長の職務

　「学制」（1872年）においては，校長の規定はなされていない。その後初代文相森有礼の「小学校令」（1890年）で校長を置くことが定められるが，それは教員との兼任とされていた。現在のような独立専任の職となったのは学校教育法の規定によってである。

　校長の職務は学校教育法第28条に「校務をつかさどり，所属職員を監督する」と定められている。校務とは行政解釈によれば「学校運営上必要ないっさいの仕事」であり，その内容は物的管理・人的管理・運営管理等の管理的職務のほか，教職員に対する指導・助言，児童生徒に対する教育的職務が含まれるとされている。また「所属職員を監督する」とは，校長が教職員の職務上の上司として職務上・身分上の監督権を有するという意味である。

184　8章　教師の養成，教職

❖教頭職の法制化と職務

 戦後,学校教育法には教頭の規定は設けられず,1957年に学校教育法施行規則および国立学校設置法施行規則の一部改正により教頭を置くことが認められた。これが教頭の省令化である。しかし,法律による独立職でなく,校長職の代理権もなかったことから法制化をめざす運動が続けられていた。60年からは管理職手当が支給され,ついに74年学校教育法の一部改正により完全に独立した職制として教頭職が法制化された。

 教頭の職務は「校長を助け,校務を整理し,及び必要に応じ児童の教育をつかさどる」とされている。すなわち校長の職務執行を補佐し,学校全体の仕事の総合調整をはかることが教頭の職務である。また,校長に事故がある時はその職務を代理し,校長が欠けた時にはその職務を行う。

❖組織的・効率的な学校運営――「副校長」「主幹教諭」の新設

 1990年代以降,学校の自主性・自律性の確立がめざされ,それとともに学校の裁量権限が拡大されてくると,学校が自らの判断で裁量権を行使して教育責任を果たしていける運営組織の整備が課題となってきた。また,学校をめぐる環境の複雑化に伴い増大する調整業務にも対応する必要が生じ,2007年6月の学校教育法改正で,新たに副校長,主幹教諭,指導教諭の3つの職が設けられた。副校長の職務は「校長を助け,命を受けて校務をつかさどる」ことで,校長と教頭の間に置かれる職であり,教頭に比べ管理者・経営層としての位置づけが強い。主幹教諭は「校長,副校長及び教頭を助け,命を受けて校務の一部を整理し,並びに児童の教育等をつかさどる」職である。管理職を補佐し一定の権限をもつ職であり,給与表上の新たな級も設定されるなど,学校運営に対する寄与にふさわしい待遇改善も企図されている。この点が,監督権限のない指導や助言を行う主任とは異なっている。合わせて「教諭その他の職員に対して,教育指導の改善及び充実のために必要な指導及び助言を行う」指導教諭も設置された。新しい職階への反発もあるが,組織運営体制確立への期待は大きい。
(FS)

参考文献

市川昭午『専門職としての教師』明治図書出版,1970

市川昭午編『教師＝専門職論の再検討』（教師教育の再検討1）教育開発研究所,1986

市川昭午ほか編『教職研修事典』教育開発研究所,1983

伊藤和衛編『現職教育の再検討』（教師教育の再検討3）教育開発研究所,1986

小島弘道編『時代の転換と学校経営改革——学校のガバナンスとマネジメント』学文社,2007

新堀通也編『教員養成の再検討』（教師教育の再検討2）教育開発研究所,1986

全国教員養成問題連絡会／三輪定宣ほか編著『初任者研修法と教免法——資料と論説 臨教審関連六法（案）』あゆみ出版,1988

高野圭一『学校経営』協同出版,1982

中内敏夫,川合章『教員養成の歴史と構造』（日本の教師6）明治図書出版,1974

永岡順編『学校経営』有信堂,1983

日本教師教育学会編『日本の教師教育改革』学事出版,2008

日本教師教育学会編『教師とは——教師の役割と専門性を深める』（講座教師教育学Ⅰ）学文社,2002

日本教師教育学会編『教師をめざす——教員養成・採用の道筋をさぐる』（講座教師教育学Ⅱ）学文社,2002

日本教師教育学会編『教師として生きる——教師の力量形成とその支援を考える』（講座教師教育学Ⅲ）学文社,2002

牧昌見編著『教員研修の総合的研究』ぎょうせい,1982

山﨑準二『教師のライフコース研究』創風社,2002

9章 ▶ 教育における新しい動き

84 生涯にわたる学習構想——生涯学習

❖生涯教育論の登場

「教育とは,学校を卒業したからといって終了するものではなく,生涯を通して続くものである」として,ラングランは,1965年の第3回ユネスコ成人教育推進国際委員会において,生涯教育を提唱した。

これまで教育は,学校教育・社会教育・職業教育など活動の各領域ごとに,また,青年教育・成人教育など人生の各時期ごとに区分して追究されてきたきらいがある。ラングランは,そのような傾向を批判して,人の教育活動は,一生を通じて継続的に行われるものであり,その領域は,生活全体に及んでいると主張する。生涯教育論は,従来の学歴社会の弊害を取り払い,学校・家庭・地域の結びつきを求める総合的な教育体制を提唱するものとして,各国から注目された。

さらに,ジェルピは,第三世界の立場から,抑圧からの人間の解放をめざす生涯教育論を展開している。

❖生涯学習

近年,日本の政策では,生涯教育という用語よりむしろ生涯学習という用語が用いられるようになっている。

生涯教育と生涯学習の関係については中央教育審議会答申「生涯教育について」(1981年) の中に,「生涯学習のために,自ら学習する意欲と能力を養い,社会の様々な教育機能を相互の関連性を考慮しつつ総合的に整備,充実しようとするのが生涯教育の考え方である」と述べられている。

さらに,生涯教育と生涯学習の違いについて,文部科学省は,『我が国の文教施策　昭和63年度生涯学習の新しい展開』(教育白書) の中で,臨時教育審議会 (臨教審) の見解にもとづいて解説している。それによると,生涯教育とは,学習機会を整備・供給する側から規定する場合の用語であり,生涯学習とは,学習機会を求める学習者の視点に立って規定する場合の用語である。生涯学習は,学習者の自由な意思にもとづいて,学習者個々人に合った方法を用いて行われる学習を強調している用語なのである。

表　教育基本法と教育振興基本計画

【教育基本法】生涯学習の理念	【教育振興基本計画】基本方向1
第3条　国民一人一人が，自己の人格を磨き，豊かな人生を送ることができるよう，その生涯にわたって，あらゆる機会に，あらゆる場所において学習することができ，その成果を適切に生かすことのできる社会の実現が図られなければならない。	社会全体で教育の向上に取り組む ・身近な場所での子育て等の支援 ・身近な場所での学習機会の充実 ▲ ① 学校，家庭，地域の連携・協力を強化 ② 家庭の教育力の向上 ③ 人材育成に関する社会の要請に応える ④ いつでもどこでも学べる環境

❖生涯学習社会

　政府は，生涯学習社会への転換にむけて，さまざまな施策を推進している。しかし，そもそも学習社会という概念が登場してきた背景には，これまでの学歴社会に対峙する新しい社会を形成しようとする目的があることを忘れてはならない。

　学習社会という用語は，ハッチンスが，彼の著書 *The Learning Society* の中で初めて使ったといわれているが，その概念は OECD が提唱するリカレント教育やユネスコの生涯教育の取組みにおいて，重要な理論的基盤を形成している。

❖わが国の教育理念としての生涯学習

　1988年7月に，文部省（当時）は機構改革を行い，従来の社会教育局を改組して生涯学習局を発足させた。90年には，「生涯学習振興のための施策の推進体制等の整備に関する法律」が制定され，生涯学習審議会が発足したが，2001年の中央省庁再編に伴い，生涯学習審議会は中央教育審議会に統合される形となった。2006年の教育基本法改正により，新たに生涯学習がわが国の教育理念として位置づけられた（第3条）。この改正を受けて，08年には，中央教育審議会が答申「新しい時代を切り拓く生涯学習振興方策について――知の循環型社会の構築を目指して」を出し，続いて「教育振興基本計画」が閣議決定された。同計画においては，「社会全体で教育の向上に取り組む」ことなどを基本的方向に掲げて，生涯学習の方策が多く取り入れられている。（NI）

85 地域の生涯学習の拠点
——インテリジェント・スクール

インテリジェントと聞くと、インテリあるいはインテリジェンス（知能）を連想する。したがってインテリジェント・スクールというと、知能を重視した学校と思ってしまうがそうではない。それは、高度の情報通信機能と快適な学習・生活空間を備えた生涯学習社会における新しいタイプの施設のことである。

❖インテリジェント化とは

インテリジェント・ビルというのがある。24時間稼働しているオフィスビル、ホテル、マンション、テレビ局、文化ホール、コミュニティ施設などを備えた現代情報型空間であり、東京六本木にあるアークヒルズがこれにあたる。インテリジェント・スクールは、その学校版である。

初めてその構想を打ち出したのは、1987年4月の臨時教育審議会第3次答申であった（→67）。第2次答申で「生涯学習体系への移行」を教育改革の基本方針とすることを明示した臨教審は、続く第3次答申においてその実現にむけての基本的課題の1つを「生涯学習の基盤整備」に置き、その具体策として「教育・研究・文化・スポーツ施設のインテリジェント化」およびインテリジェント・スクールを提言したのである。答申によると、インテリジェント化とは、「高度の情報通信機能と快適な学習・生活空間を備えた本格的な環境として施設を整備するとともに、地域共通の生涯学習、情報活動の拠点として、その機能を最大限有効に活用する方策」であり、その対象となるのは、学校、研究所、図書館、公民館、博物館、美術館、体育館、文化会館などである。これらが1つの施設として整備されたものをインテリジェント・スクールと呼ぶという。つまり、地域にあるさまざまな施設を誰でもいつでも活用でき、そこで自発的な学習活動ができるように再編成していくという、生涯学習の場づくりの提言であり、生涯学習推進のための「まちづくり」政策の一環としてとらえることができる。

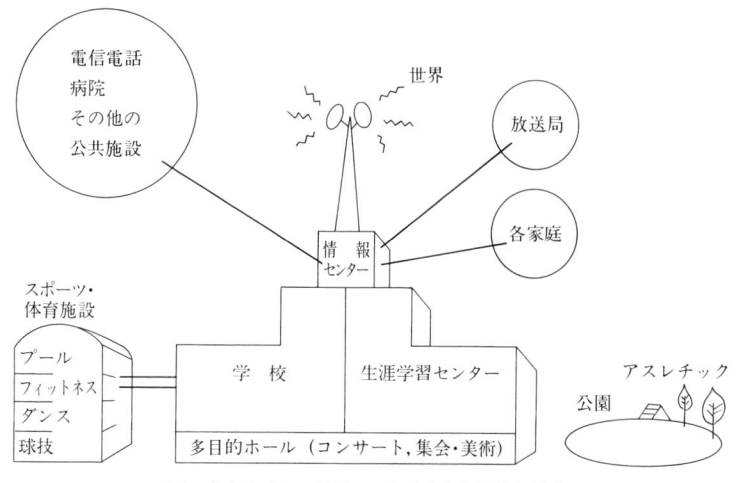

図 未来のインテリジェント化された学校と社会

　これまでも施設の有効利用という点では,学校開放が行われてきたが,それはあくまでも学校教育利用後の残余の部分の開放にとどまっており,時間的にも管理面でも限界があった。インテリジェント・スクールの構想は,学校だけにとどまらず,地域のあらゆる教育・研究・文化・スポーツ施設を地域共通の学習・情報センターとして包括的にとらえている点に特徴がある。そしてとりわけ注目されるのが,コンピュータ,ビデオ,光ファイバー,宇宙衛星などの高度情報通信機能の活用がうたわれていることである。これらを備えると同時に,光,緑,水などの自然や地域の文化などを取り入れた快適な空間の確保にも配慮し,地域住民に対して24時間体制で教育・学習や情報のサービスを行っていくとされている。

❖まずは「開かれた学校」を

　インテリジェント・スクールは未来の理想であるので,当面は各施設のインテリジェント化が進められていくことになろう。その際,学校が地域の共有財産として,住民の活用できる範囲と活用時間の拡大をはかり,他の教育・文化施設との有機的なネットワーク化をはかるなど,「開かれた学校」となることが強く求められている。(FS)

86　壁のない自由な学校——オープン・スクール

　学校といえば，怖い先生，厳しい規則などを連想しがちである。また学校は，病院，軍隊，そして時には刑務所にさえたとえられることがある。いずれも拘束の多い固苦しい団体生活を強いるところであり，早く出てしまいたいところという点で共通する。

❖新しい学校の出現

　戦後の経済復興が一段落し，急速な経済成長がめざされた1950～60年代，アメリカをはじめ，わが国や世界の多くの国々において，校内暴力，登校拒否などの増加がみられ，教育の危機が叫ばれたりした。このような時に注目されたのが，オープン・スクールである。67年のイギリスのプラウデン報告書は，オープン・スクールを優れた学校として推奨したし，アメリカのシルバーマンも，その著『教室の危機』（1970年）の中でイギリスのこれらの学校での実践を紹介し，アメリカの学校改革の必要性を全米市民に訴えた。これらのイギリスの小学校では，子どもたちが，自主的に，形式ばらない雰囲気の中で（インフォーマルに），教師の指導・助言を受けながら，多くは遊びを通して，楽しく学習をしていた（→41）。

❖画一化を排した，自主的な個別学習

　一定量の知識を，限られた時間内で，大勢の子どもたちに，安価に伝達しようとすると，子どもたちの自主性や多様性を認めるよりも，教師が一方的に，同じ内容を一斉に伝達する方が効率がよい。入学，進級，卒業なども一斉の方が何かと便利である。こうして，学校や教師にとって便利なように，学校の側に子どもたちを合わせるような方向で，学校生活のすみずみにまで，画一化が進行していく。しかし，人間は，身長，体重のみならず，能力，適性，興味，関心，学習のペースなどにおいても一人一人異なっており，画一化が進行すればそこからはみだす子どもが増えてくる。かくして，学校制度が整備されてくると，次には，子どもだけでなく教師のそれをも含めて，一人一人の個性に応じた教育が求められてくる。

❖ティーム・ティーチングや無学年制をも導入

オープン・スクールの授業風景（イギリス・チェスターのクリストルトン小学校）

　子ども一人一人の興味，関心，能力，適性に応じた課題を，自由に追究できるようにするにはどうしたらよいだろうか。この問題——学習の個別化や自主的学習の促進——の解決をめざして，ティーム・ティーチング（学級間の壁を取り去る）（→ **40**），無学年制（学年間の壁を取り去る）（→ **56**），統合カリキュラム（教科間の壁を取り去る）を取り入れ，さらには教師と生徒との間の心理的壁を取り去り，家庭的雰囲気のもとで，楽しく学習できることを追求したのがオープン・スクールといえる。

　具体的な姿としては，校舎についてはどのような教授・学習活動にも対応できる校舎ということで，広い学習用スペースを設け，学習集団の規模に対応させて，容易にとりはずしや移動のできる可動壁により，自由に空間を間仕切りできるような建築様式となっている。校舎の中では，コーナーごとにさまざまな学習集団が併存し，それらの間を，教師とその助手（ヘルパー，エイドなど）やボランティアとしての父母などが，アドバイスをしながら巡回する姿がみられる。生徒たちは，プロジェクトやトピックをもとに，参考書で調べたり，時には小集団で数学の問題の解き方について教師の指導を受けたりする。また，特にアメリカでは，多様な生徒の学習活動の把握，それへの対応，およびその整理のために，コンピュータをはじめ，各種の教育機器が駆使されているところが少なくない。なお，オープン・スクールでは，校舎よりも実践の方が重要なのである。(OZ)

87 コンピュータを利用した教育——CAI, CBT, WBT

情報化に対応できる教育のあり方として、コンピュータを活用したコンピュータ支援教育（CAI: computer-assisted instruction または computer-aided instruction）が注目を集めてきたが、教育技術や情報環境の変化に伴い、その利用法も多様化している。

❖教育におけるコンピュータ利用への関心の高まり

コンピュータと教育のかかわりが日本で指摘され始めたのは、1960年代半ばに産業教育の立場から出された情報処理技術者養成の必要性を受けてのことだった。その後、高等学校の工業科や商業科を中心に情報関連学科が設置されてきたが、日常生活でのコンピュータの普及や、諸外国の状況をふまえ、学校教育においても、情報化に主体的に対応できる資質・能力を育成するということが重視され始めた。そして、1985年に、社会教育審議会、および「情報化社会に対応する初等中等教育のあり方に関する調査研究協力者会議」が、教育におけるコンピュータ利用の条件整備や学習指導の進め方といった具体案を提示したことで、より関心が高まった。それに合わせて、文部省は85年、コンピュータの学校への導入に対する補助事業を開始し、翌86年には通商産業省との共同管理でコンピュータ教育開発センターを設立した。また臨時教育審議会も、87年の第4次最終答申の中で、それまでの審議経過をふまえ、情報活用能力育成のための教育方法および内容の検討を示唆した。この臨教審答申から4ヵ月後に出された教育課程審議会の答申に、「情報の理解、選択、処理、創造などに必要な能力及びコンピュータ等の情報手段を活用する能力と態度の育成が図られるよう配慮する。なお、その際情報化のもたらす様々な影響についても配慮する」という方針が盛り込まれたのは、まさにこうした学校教育におけるコンピュータ活用の動きを象徴するものといえる。この答申を受けて、89年の学習指導要領（→20）の改訂では、数学や理科などの従来からの科目に加え、中学校では技術・家庭科に「情報基礎」が、また高等学校では家庭、水産、農業の各学科に「情報処理」という領域が新設された。

❖学校へのコンピュータの導入と普及

こうして学校へのコンピュータの導入は1980年代半ば以降急増し，96年度には小学校で9割，中学校・高等学校・特殊教育学校ではほぼ全学校に設置されるようになった。またコンピュータを操作できる教員は全体の約47％，指導可能な教員は約20％であったが，2003年にはそれぞれ約93％と約60％となっている。公立学校におけるコンピュータ1台あたりの生徒数も同年では8.8人あたりに1台となった。また，同年度における公立学校のインターネット接続率は99.8％に達し，ほぼすべての公立学校がインターネットに接続している。回線速度400kbps以上での高速インターネット接続校は公立学校全体の71.5％となり，容量の大きい動画像のスムーズな送受信が可能となっているほか，普通教室のLAN整備率は37.2％，ホームページを開設している学校67.4％となっている。政府が2006年に策定した「IT新改革戦略」では，2011年度までにコンピュータ1台あたりの生徒数を3.6人，LAN整備率をおおむね100％とすることが掲げられ，2009年には，学校内におけるコンピュータ配備状況は1台あたり7.2人に，LAN整備率は64％となった。

❖多様化するコンピュータの利用と教育の進め方

こうしたコンピュータの導入率増加の一方で，90年代以降は，コンピュータ・ネットワークの発達や，個人の情報リテラシー能力の向上に伴い，新たなコンピュータ利用の方向性が模索されるようになったことも注目される。学習者それぞれの理解度に応じた学習内容を考える個別指導によって質向上をめざした1980年代とは異なり，2000年以降は，CAIという形ではなく，コンピュータを用いソフトウェアを操作しながら学習を進めるCBT（computer-based training）や，インターネットを利用してWeb上で行うWBT（web-based training）が用いられるようになった。またCBTやWBTを応用したeラーニングも盛んに展開されるようになってきている。このように情報環境の整備が大きく進んだことに伴い，教育における基礎的・基本的な情報機器の活用という観点から，コンピュータ支援教育がとらえられるようになっているのである。（SM）

88　国際的な大学入学資格——国際バカロレア

　国際バカロレア制度は，これに加盟した学校（主として国際学校）（→ 90）において，生徒が選択の幅のある共通の教育課程をこなし，国際バカロレア機構の実施する試験に合格すれば，国際的に認められる大学入学資格としての国際バカロレア資格（International Baccalaureate Diploma）が授与されるという制度である。1960 年代前半，ユネスコの後援を受け，スイスで国際学校協会とジュネーブ国際学校の協力によって，国際的な共通カリキュラムや試験の研究が始められたのに端を発している。1968 年にはスイス教育財団によって国際バカロレア機構（International Baccalaureate Organization: IBO）が設立され，69 年の試行試験を経て，業務が開始された。この間，各国国内の大学入学資格と同等の資格として正式に認められるようになり，日本でも 79 年から認められている。

❖国際バカロレア資格の取得条件と評価方法

　国際バカロレアは年齢段階に応じて，①初等課程プログラム（PYP）（3〜12 歳），②中等課程プログラム（MYP）（11〜16 歳）および③ディプロマ・プログラム（DP）（16〜19 歳）により構成される。

　国際バカロレア資格を取得するには加盟校において，おおむね次のようなディプロマ・プログラムの教育課程を履修しなければならない。

1. 次の各群より 1 科目ずつ，計 6 科目を選択する。
   1) 言語 A1（第 1 言語，世界文学研究を含む）
   2) 言語 A2 または B（第 2 言語）
   3) 個人と社会（歴史，地理，経済，哲学，心理学，社会人類学，ビジネスと組織，グローバル社会における情報技術，イスラム世界の歴史）
   4) 実験科学（生物学，化学，応用化学，物理学，環境システム，デザイン技術）
   5) 数学（数学上級レベル，数学研究，数学的方法，高等数学標準レベル）
   6) 芸術および選択科目（美術／デザイン，音楽，劇場芸術，ラテン語，古典ギリシャ語，コンピュータ科学，第 3 言語，3 群または 4 群からもう 1

つの科目，上級数学標準レベル，IBO本部が認める学校別シラバス）
2. 以上6科目に加え，以下の3つの要件を満たさなければならない。
 1) 知識の理論（theory of knowledge）　2年間で，100校時以上（1校時は60分）履修する。自らの知識と経験の上に批判的な省察の能力を育成する学際的なコース。
 2) CAS（創造性，活動，奉仕）　学外でスポーツや芸術，奉仕活動。
 3) 論文　カリキュラム内の1科目について約4000語のもの。

　各科目には上級レベルと標準レベルがあり，国際バカロレア資格を得るには，上級レベルで3〜4科目，標準レベルで残りを履修しなくてはならない。上級レベルの科目では2ヵ年間に240校時以上，標準レベルでは150校時以上を学習する。また「科目別成績証明書」（certificate）のみも取得できる。

　評価の仕方はすべての科目で，まず学校が最大限20%の内部評価をする。科目によっては国際バカロレア本部が任命した外部試験官による口頭試問，そして本部から直接送付・採点される最終試験結果による評点を80%として最終評価が決まる。評価の点数は1点から7点までの7段階で，この合計点数が24点以上，さらに論文と知識の理論，CASで満足すべき結果をあげた受験者に国際バカロレア資格が授与される仕組みとなっている。言語以外のすべての科目および知識の理論では，英語，フランス語，スペイン語のいずれかを用いる。

❖国際バカロレアの認知状況

　加盟学校数は2009年6月現在で，136ヵ国，2659校を数え，約72万1000人の児童生徒がプログラムに参加している。日本には15校の加盟校がある（うちDPがあるのは11校）。世界中で難関大学にもかなり入学しており，国際バカロレア資格の教育水準に対する評価はおおむね高いといえる。これまでは国際学校が中心であったが，グローバル化の時代に通用する教育内容であることから，一般の学校でも国際バカロレア教育プログラムを取り入れようとする所が増えつつある。（EH・SW）

89　受入れ方で国際化の程度がわかる──海外子女・帰国子女

　日本の国際的発展に伴い，海外在留邦人の数は増加の一途をたどり，2007年には約109万人に達した。同伴される児童生徒の数も急増し，その教育が1975年ころより大きな問題となってきた。しかし，海外子女・帰国子女とはこうした「海外勤務者子女」に限定されるものではなく，「中国帰国孤児子女」，さらに中南米などへの海外移民も対象とされ，日本の教育の国際化を問いかけるテーマとなっている。

❖海外子女の就学状況

　2008年5月1日現在では，海外在留の学齢児童生徒数は6万1252人であるが，就学形態はだいたい，日本人学校もしくは日本の学校法人が設立した私立在外教育施設に通学する場合，現地校等と補習授業校（後述）両方に通学する場合が各3割弱，現地校等のみに通学する場合が4割強と分かれる。地域別では北米，アジア，ヨーロッパで約9割を占める。教育条件の整った先進地域では在留国の学校や国際学校に通う補習授業校在籍者が多く，開発途上地域では日本人学校在籍者が多い。

❖海外子女教育の実状

　全日制日本人学校は，1956年戦後最初のものが開設され，2008年度では世界50ヵ国・地域に86校ある。補習授業校は1962年を皮切りに，2008年では55ヵ国に201校が設置されている。全日制日本人学校は日本国内の学校教育に相当する教育を行うことを原則としている。学習指導要領に従い，年限，学期も国内と変わりない。補習授業校は現地の学校に通学しながら，土曜日や放課後を利用し週1回程度国語（日本語）を中心に一部の教科について授業を行うものである。

　これらの学校は「日本国民にふさわしい教育」を目的とし，「国際性豊かな日本人の育成に寄与する」ことをめざしているが，現実には問題もある。日本人学校は進出企業の出資を中心に設立され，企業の付属機関的な運営形態，現地国での法的地位の曖昧さ，名目的になりがちな国際理解教育，帰国後に目が向きがちな内地指向型の教育等の問題が指摘される。ま

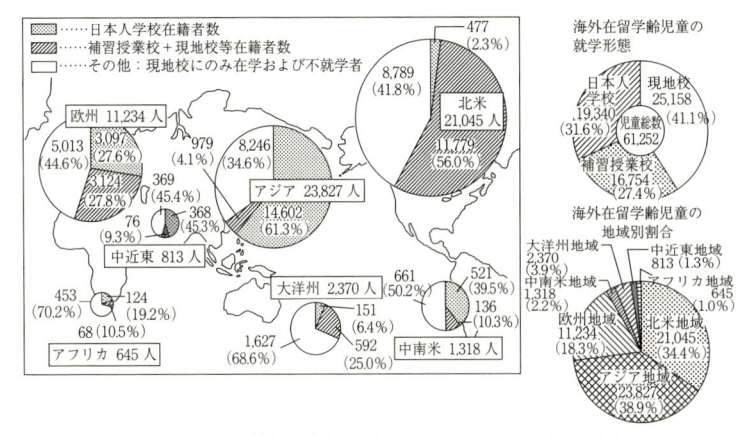

図　海外の子ども（学齢段階）の地域別就学状況（2008年）

た，補習授業校では教員の採用もままならず，目的・性格が一定しないといわれる。

❖帰国子女教育の問題点

長期間の海外在留ののち帰国する児童生徒は，2007年度には1万1077人にのぼっている。うち小学校段階の者が6割，中・高段階の者が合わせて4割となっている。地区別では関東および近畿地区に集中している。

受入れ体制として国は帰国児童生徒などに対する日本語指導などに対応した教員定数の加配措置を行うとともに，2007年度より帰国・外国人児童生徒受入促進事業の中で帰国児童生徒の個に応じた指導についての調査研究を行っている。また，高校入試において海外経験の考慮，特別受入れ枠の設定などがされている都道府県は多数にのぼる。大学入試では，2008年度においては399大学1096学部が帰国子女のための特別選抜を実施している。

しかし制度的には整ってきたものの，帰国児童生徒の中には日本語の理解力が不十分であったり，外国で身につけた異文化と日本文化とのギャップに悩むケースもあり，日本の学校教育に十分適応できない例も多く出ている。また，逆に大学入試の特別選抜制度を有利な抜け道として利用しようとする動きもみられる。（EH・SW）

89 受入れ方で国際化の程度がわかる――海外子女・帰国子女

90 帰国子女，外国人，一般生徒が一緒に学ぶ学校
——国際学校

　臨時教育審議会は1987年4月，その第3次答申において，国際化への対応の具体的提言として，帰国子女，外国人子女，一般の日本人がともに学ぶ初等または中等の学校（国際学校）の設置を提唱した。その後，この提言を具体化する国際学校が各地に計画または開校された。

❖**国際学校の構想**

　上述の答申は，日本社会にとって最重要なものは異なるものに対しての理解や受入れであるとした。日本のどの学校においても，引揚者子女を含む帰国子女や外国人子女を受け入れ，ともに学んでいく「国際的に開かれた学校」をめざすべきである。これらの子女の体験が日本の学校の中でも積極的に生かされ，一般児童生徒に異文化理解の機会を与えるなど相互に啓発し合う環境をつくる必要がある。こうした認識から，国際学校は一般の日本人子女・帰国子女・外国人子女が3分の1ずつを構成し，新しい教育計画・方法・教材等の研究開発や普及を行う実験校としての役割を担う。

❖**国際学校の事例**

　国際学校の1つ，東京都立国際高等学校はその教育目標に，①豊かな人間性，個性の伸長，②日本文化の理解・尊重および異文化とともに生きる姿勢の育成，③国際社会で行動する人材の育成をあげ，1989年4月に開校した。1学年3学級（120名）で一般生徒48名，海外帰国生徒40名（日本人学校出身者15名，現地校出身者25名)，外国人子女25名の定員である。9月には在京外国人生徒・海外帰国生徒合わせて15名の編入学の枠がある。

　教育課程は，普通教科に加え専門教科として外国語，国際理解と課題研究がある。1年次は普通教科・科目の共通履修が多く，2,3年次では選択履修が多くなる。外国語は英語については，1年5単位，2年6単位，3年6単位の必修であるが，そのほかに英会話，LL演習，英語以外の外国語（ドイツ語，フランス語，スペイン語，中国語，朝鮮語の5ヵ国語）など選

#	第1学年		#	第2学年		#	第3学年	
1	比較文化	専門教科	1	英語理解	専門教科	1	国際関係	専門教科
2			2			2		
3	総合英語		3			3	環境科学	
4			4			4		
5			5	英語表現		5	英語理解	
6			6			6		
7			7	現代文		7		
8	コンピュータ・LL演習		8			8		
9			9	古典講読		9	英語表現	
10			10			10		
11	国語総合	普通教科	11	世界史B	普通教科	11	異文化理解	普通教科
12			12			12		
13			13	数学II		13	現代文	
14			14			14		
15	世界史B		15			15	体育	
16			16			16		
17	数学I		17	体育		17		
18			18			18	数学III	選択科目
19			19	保健		19	古典	
20	数学A		20	芸術I		20	国語表現	
21			21	家庭総合		21	古典講読	
22	化学I		22	情報C		22	世界史B 日本史B 地理B 化学II 理科演習A	
23			23			23		
24			24	日本史B 地理B 現代社会 化学II 現代文 古典 基礎国語 日本語 生物I 地理I 芸術	選択科目	24		
25			25			25	数学演習IA 数学演習 数学B 物理II 生物II 国語表現 現代文演習 政経 倫理 地理 芸術II デザイン フードデザイン 英語長文演習 英文法演習 英会話 時事英語 留学基礎英語 海外大学進学英語 英語以外の外国語 国際理解 数学C 数学演習IIB 理科演習B 理科演習C	選択科目
26	体育		26			26		
27			27			27		
28	保健		28			28		
29	芸術I		29	総合英語 留学基礎英語 海外大学進学英語 英作文		29		
30			30			30		
31	家庭総合		31	芸術 数学B 英会話 英作文 総合英語 英語以外の外国語 国際理解	選択科目	31		
32			32			32		
33	日本語 日本事情 英語以外の外国語 英会話 英語表現	必修選択	33			33		
34			34			34		
35	総合的な学習の時間(奉仕)		35	総合的な学習の時間		35	総合的な学習の時間	
36	ホームルーム		36	ホームルーム		36	ホームルーム	
	国際エクステンションプログラム			国際エクステンションプログラム			国際エクステンションプログラム	

図 東京都立国際高等学校教育課程表(2009年度)

択できる。国際理解の教科は，日本の文化，世界の国々の文化の違いを学習する「文化理解」，国際社会の現状および社会と人間の関係を学ぶ「社会理解」，コンピュータやさまざまのメディアについて学習する「環境・表現」の3領域に分かれ，おのおの4科目（すべて2単位）がある。このうち「比較文化」「国際関係」「環境科学」の3科目が必修で，ほかに「日本文化」「伝統芸能」「外国文学」「地域研究」「福祉」「映像」「演劇」「コミュニケーション」などが選択できる。

帰国生徒，外国人生徒もすべて混合のクラス編成なので，ほとんどの教科を2クラスを4分割あるいは3分割してグループ別学習を実施している。また，数学や英語などの科目は習熟度別にグループ編成が行われている。これらを合わせて「多展開授業」と呼んでいる。

最近では，進路選択に役立てるための高大連携教育にも力を入れており，大学で短期集中の特別講座を受ける「国際エクステンションプログラム」も導入している。

❖新国際学校の課題

開設から20年が過ぎ，外国語や国際理解の教育についても経験が積まれてきた。在学中に留学する生徒も多く，生徒の3分の1ほどが海外旅行等を体験する年もある。また日本人生徒も含め，毎年10〜20人程度が国外の大学に進学するなど，自由な雰囲気の中で国際的な指向をもった教育が行われている。とはいえ，学力差のある集団における指導や達成度評価の難しさがあることなどが，引き続き課題となっている。（EH・SW）

91 桜にこだわれば難しい？——秋季入学

わが国ではすべての学校が4月に入学し，新学年が開始する4月入学制をとっている。しかし，世界的には3～6月入学，また11～2月入学は少数派であり，欧米諸国の多くは7～10月入学となっている。

1987年8月，臨時教育審議会（臨教審）（→67）はその第4次答申（最終答申）において，小・中・高校，大学の9月入学制への移行を提案した。1997年には，行政改革における規制緩和の一環として，再び大学の秋季入学促進が打ち出された。また，2000年12月には，教育改革国民会議が国際化促進の観点から大学の9月入学を積極的に推進することを提言したが，普及はあまり進んでいない。

❖秋季入学の長所

臨教審は，秋季入学移行の意義を次のように述べた。

(1) 暑い夏休みを学年の終わりにする方が合理的で，学校運営上からも新年度の準備ができるなど有効利用がはかれる。
(2) 世界的にみても秋季入学が大勢を占めており，留学生交流や帰国子女の受入れの円滑化がはかれるなど教育の国際化が促進される。
(3) 夏休みを学校とは別に家庭や地域社会との交流，自然との触れ合いなどに利用することができ，生涯学習の視点からも意義がある。

❖秋季入学への移行策と世論

臨教審は移行について，「全学年一斉に2年間に分けて行い，初年度は経過措置として6月入学とし，次年度から9月入学とする」という方法を具体例としてあげている。大学では学期ごとに授業を完結させる2学期制を推進し，春でも秋でも入学できる道を拡大するとともに，企業などの採用にも弾力的運用を求めた。

しかしながら，総理府（当時）が1988年12月に発表した「秋季入学に関する世論調査」によると，賛成は27.1％にとどまり，反対は51.4％と半数以上を占めた。また，秋季入学の賛否とは別に，教育の国際化と入学時期の関係について質問したところ，「入学時期はそれぞれの国の歴史や

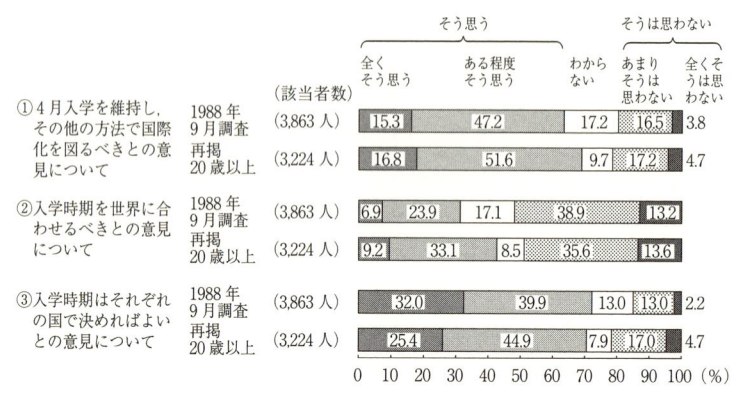

		(該当者数)	全く そう思う	ある程度 そう思う	わからない	あまり そうは 思わない	全くそうは思わない
①4月入学を維持し、その他の方法で国際化を図るべきとの意見について	1988年9月調査再掲	(3,863人)	15.3	47.2	17.2	16.5	3.8
	20歳以上	(3,224人)	16.8	51.6	9.7	17.2	4.7
②入学時期を世界に合わせるべきとの意見について	1988年9月調査再掲	(3,863人)	6.9	23.9	17.1	38.9	13.2
	20歳以上	(3,224人)	9.2	33.1	8.5	35.6	13.6
③入学時期はそれぞれの国で決めればよいとの意見について	1988年9月調査再掲	(3,863人)	32.0	39.9	13.0	13.0	2.2
	20歳以上	(3,224人)	25.4	44.9	7.9	17.0	4.7

図 教育の国際化と入学時期

文化により独自に決めればよい」とするのが71.9%に達しているのに対し、「教育の国際化を図る観点から、入学時期を世界の多数の国に合わせるべきである」とした者は30.8%であった（図参照）。その後2001年7月に内閣府が発表した「今後の大学教育の在り方に関する世論調査——大学の国際化」には、1988年の「秋季入学に関する世論調査」と同様の設問が含められた。その結果、秋季入学への関心はほとんど変わっていないが、教育の国際化の観点から入学時期を合わせるべきなどの意見に同意する人の割合が若干増えていることが明らかになった。

❖秋季入学の実態と方向

現状では臨教審の答申から20年以上経過しているが、実態として秋季入学はそれほど広まってはいない。2005年度に4月以外の入学者受入れを行ったのは322学部1569人、大学院では468研究科3539人であった（文部科学省調べ）。

1997年12月、政府の行政改革委員会の規制緩和小委員会の最終報告書において、17分野の規制緩和策の一環として、大学の秋季入学促進が打ち出された。この報告書では、大学入学制度の弾力化のために、18歳未満の大学入学の分野の拡大、対象年齢の引下げとともに、学校教育法施行

規則の学年途中入学に関する規定を改めるよう，提言している。その後，2007年には教育再生会議が第2次報告で大学の「9月入学の促進」を提言したほか，「経済財政改革の基本方針（骨太の方針）2007」の中でも，4月入学の原則の見直しが求められた。今後，秋季入学は，小・中・高含めたすべての学校の入学時期の変更という方向よりもむしろ，大学入学制度の弾力化策として，4月入学と並行してまず大学中心に実現される公算が大きくなってきた。

　各大学では，研究生などに9月入学を実施したり，また，各学期ごとに科目が完結する方法を拡大する動きがみられる。この方向にむけて今後の研究と実践の深まりがいっそう必要となろう。(EH・SW)

92　学校・家庭・地域の連携が鍵——学校週5日制

　日本社会での週休2日制の普及に伴い，公立学校では学校週5日制が1992年9月から月1回で開始され，95年4月からは毎月第2・第4週の月2回で実施されるようになった。97年1月に発表された文部省の「教育改革プログラム」では，完全学校週5日制の実施時期を2003年からとしていたが，99年3月に2002年4月1日からの実施が決定された。

　完全学校週5日制実施の目的として，文部科学省は，2002年3月4日付各都道府県教育委員会宛の「完全学校週5日制の実施について（通知）」の中で，「幼児，児童及び生徒の家庭や地域社会での生活時間の比重を高めて，主体的に使える時間を増やし，『ゆとり』の中で，学校・家庭・地域社会が相互に連携しつつ，子どもたちに社会体験や自然体験などのさまざまな活動を経験させ，自ら学び自ら考える力や豊かな人間性，たくましく生きるための健康や体力などの『生きる力』をはぐくむものである」と述べている。

❖子どもたちの反応

　2002年度に「子どもの体験活動研究会」が文部科学省の委託により実施した「完全学校週5日制のもとでの地域の教育力の充実に向けた実施・意識調査」によれば，調査対象となった小学生，中学生，高校生の7割近くが完全学校週5日制となって「よかった」「まあよかった」と感じていることが明らかになった。

　その一方で，土曜日・日曜日に「することがなくてつまらない」と感じている子どもが3人に1人，「学校や家ではできない体験をもっとしてみたい」と感じている子どもは2人に1人にのぼることも明らかになった。

❖保護者の反応

　完全学校週5日制の導入に伴い，小学生の保護者の半数近くが，子どもが家庭外では「友達と遊ぶことが増えた」と感じ，家庭内では「親子で一緒に過ごす時間が増えた」「生活に時間的なゆとりが増えた」と肯定的な変化を認めている一方で，「テレビやビデオを見る時間が増えた」（6割），

「テレビゲームやコンピュータゲームをする時間が増えた（5割）と感じている保護者も多かった。行政に対する保護者の要望としては，地域社会におけるスポーツ活動や自然体験活動の充実，子どもが参加できる活動についての情報提供を求めるものが多かった。

❖学校週5日制の課題

学校週5日制は，従来土曜日に行っていた授業時間を削減することにより教育内容を精選すると同時に，自ら学び自ら考える力や豊かな人間性やたくましく生きるための健康や体力などを含む生涯学習の基礎としての「生きる力」を身につける方向へのジャンプ台となることが期待された。小学校3年からの教科横断的な「総合的学習の時間」を週2〜3時間設け，学校の裁量工夫に任せる時間を増やすことにより，弾力的な学校運営を行えるようにすることで，完全学校週5日制の中で新しい学力を培うことのできる枠組づくりがめざされた。しかしながら，その後の学力低下とゆとり教育批判により，2008年に改訂された小・中学校の学習指導要領（→20）では，子ども一人一人に応じた指導や体験的・問題解決的な学習などを通じて，基礎・基本の確実な定着が「生きる力」とともによりいっそう重視されることとなった。完全学校週5日制は継続されるが，総合的学習の時間に対応した体験学習などは学校外の施設を利用して土曜日に行うことも推奨されている。

こうした中で，土曜日に学校施設を使って「サタデースクール」「土曜塾」などの名称で地域住民がボランティアとなって子どもたちにさまざまな学習や体験活動を指導する機会を設ける自治体も増えている。一方，私立学校では2002年の時点で完全学校週5日制の実施を予定していない学校が2割近くあり，その後も土曜日に授業を実施する私立の小学校・中学校は多く，公立学校との格差増大が懸念される。学校週5日制の本来の趣旨に立ち返り，学校・家庭・地域社会の連携のもとで行われている子どものための活動の先進的事例を検証し，普及していくことが重要である。
(SW)

93　根源的な学校制度批判——脱学校論

❖学校と教育

　学校といえば教育を，教育といえば学校を思い浮かべるように，学校と教育との密接な関係を否定する人はいないだろう。教育こそは社会の現状を批判的にみつめ，理想を追究させてくれるもの，人間を人間らしくしてくれるものである。学校ではこのような教育がなされるものと誰もが考えてきた。そうであればこそ，義務教育の延長を求め，教育を受けることは権利（受教育権＝学習権）であるとみなしてきた。しかし1960年代末ごろから，学校批判，それも社会制度としての学校制度への批判が，今までになく徹底して行われるようになったのである。

❖学校制度への批判

　この徹底的学校制度批判は脱学校論（deschooling）と呼ばれ，その代表的な論者はイリッチ（本人はイリイチという）である。

　脱学校論者，特にイリッチによれば，一定の年齢の間（子ども時代だけに限定し，幼児や成人は除外される）だけを義務制とし，免許をもつ教師によって独占的に行われる学校教育は，人々に無意識のうちに，学校に行けるのは子どもの時だけであり，学校だけが教育を行うところであり，また，学校に通いさえすれば教育を受けたことになると考えさせるようになる。そして，独力で自主的に勉強する能力を奪っていく。独学の人は世間から信用されなくなり，就職の際にも，実力より，どの学校を卒業したかという免状の方が重視されるようになってしまう。学校という制度に頼り切って自主性を喪失し，教育以外の分野，たとえば医療，平和などでも，それぞれ病院，軍隊に頼るようになり，それらの制度にお金をかけさえすれば，その目的（健康，独立等の価値）が実現されると誤解するようになる。より多くの学校教育を受けること（高学歴を取得すること）がよいこと，社会的に有利だとなると，何ごとにつけ，大きく・多い方がよいことだと考えさせるようになる。制度の中には，その制度の存在自体が人々の考え方にこのように影響するものがあることに彼らは注目したのである。

表　教育のための資源（4種類のネットワーク）

1. 教育的事物のための参考業務……事物を教育用に利用
2. 技能交換……人々が自分のもつ技能を他人に教える
3. 仲間選び……学習仲間を出合わせる
4. 教育者のための参考業務……教育者は，住所，氏名，専門，教える際の条件について登録する

　また，現代の学校制度は，職業を人々に配分する機構に堕してしまい，社会の中の不平等を増強するだけでなく，学校という隔離された社会の中で，教師は自らルールを定め，それを解釈し，刑を執行する者として生徒たちに接するため，自由な人間性の育成がかえって阻害されているというのである。

❖どうすればよいのか

　イリッチによれば，制度の中には，学校，病院，軍隊，高速道路網のように，人々にその利用を義務づけ，ついにはそれを利用しないではおれないようにその制度に依存させてしまう（中毒させる）ような制度がある一方，他方では，人々の自主的な活動やつながりを促進する制度がある。それは，郵便，電信・電話，一般の道路網などであり，これらはむしろ濫用されないように利用に制限が付されている。たとえば電話では長く話せばそれだけ料金がかさむというように。教育制度（学校制度）を，このような制度に若返らせるためにはどうしたらよいのであろうか。

　イリッチによれば，今日学校に独占されている人材（教員）や物（教材，教具，施設等）を人々が自由に使える4種類のネットワークに組織して人々の手に取り戻し，教育機会に大きく影響する経済格差をなくすように，教育費を一人一人に平等に配分すること（バウチャー制度）だという。しかし職業配分機構としての機能を学校制度からはずすことは今のところ不可能に近く，より現実性のある解決策が待たれるところである。（OZ）

94 個性尊重のための教育方法——個別化・個性化

　個別化と個性化とはほとんど同義に使われることが多い。いずれも，現代の日本で広く行われている画一的な一斉授業への批判であり，教育を個人個人の要求に応じたものにしようとしている点では共通する。しかし，個別化は教育の内容と形態の変更を意味し，個性化は教育の目標を意味しているものとして，区別して考える必要がある。

❖個別化・個性化の必要性

　学年と学級を厳密に定め，1人の教師が多数の生徒を対象に同一の教材を同時に教えるという一斉教授法は，国民教育制度が整備された19世紀後半の先進諸国で普及し，わが国でも明治初期に導入された。一斉教授法が国民共通の教養を形成するための能率的な方法であることには違いないが，その弊害も今日では明らかとなっており，さまざまな批判を受けている。批判は次の2点に要約できる。子ども一人一人の個人差に応じていないこと，および，子どもを常に受け身にしてしまっていることである。そのような批判は，早くも19世紀末から20世紀前半にかけての新教育運動（→6）の中で明確に出されていた。その批判の中から生み出されたのが，ドルトン・プランやウィネトカ・プラン（→47）などで，それらは個人差に応じ，子どもの自発性を尊重することを目的としていた。わが国でも，明治末から大正時代にかけて，木下竹次（→26）や及川平治が，画一的な学級教授に対して厳しい批判を加え，自ら子どもの個性を尊重するための教育方法を試みている。

❖目に見える個人差への対応——個別化

　伝統的には，個人差に対応するための方法として，3つの形態があった。第1は，一人一人の学習の速度を変える方法である。優秀な生徒は飛び級などにより早く進級させ，優秀でない生徒は留年や落第により進級を遅らせるという方法である。第2は，能力別指導である。習熟度別学級編成が具体例である。第3は，学習の到達度を変える方法である。学力の優れた生徒には多くの課題または程度の高い内容を与え，学力の劣る生徒には，

表　個別化と個性化

教育目標 \ 指導形態		画一化　←　　　　　→　個別化		
		一　斉	小集団	個　別
規格化 ↑ ↓ 個性化	共通性	皆に一斉に同じように対応	すべてのグループに同じように対応	一人一人個別に同じように対応
			グループごとに違うが同じグループの成員には同じように対応	
	個性	皆の中で一人一人に違って対応	グループの中で一人一人に違って対応	一人一人個別に違って対応

内容を基礎的なものに限るという方法である。

　以上の方法は、今日でもしばしば用いられているものであるが、個人差のとらえ方が、目に見える学力、あるいは量的に測定できる学力に偏っている点で、問題も多い。たとえば、現在は同じ程度の学力であるようにみえるとしても、その学力を獲得するにいたった経路の個人差には配慮がない。また、現在発揮されている学力を固定化したり、生徒の中に差別意識を植えつけたりする可能性も否定できない。

❖個人差の質への注目 —— 個性化

　一斉教授をなくして学習形態や内容を個別化したからといって、個性を尊重したことになると考えることはできない。重要なのは、一斉教授とか個別学習というような形態ではなく、子ども一人一人の個性や認識能力の発達過程に即した指導ができているかどうかである。近年ではこのような観点から、子どもの学習意欲や学習スタイルの差異、興味と関心の差異、生活経験的背景の差異などを配慮した教育方法が開発されつつある。その1つは、適性処遇交互作用（ATI）と呼ばれるもので、生徒の適性の差異に応じて、指導法を変えていこうとする方法である。また、個別処方教授（IPI）は、教育目標を生徒に体系的に示し、生徒には自分の速度と経路で学習させるが、その過程で、教師が生徒のこれまでの学習やテストの結果などを診断して、それぞれの生徒に処方箋を与えるという方法である。また、子どもの学習の履歴を蓄積してファイルに綴じ、学級の皆の前で発表させるポートフォリオが普及しつつある。（MM）

95　多文化教育——エスニシティと教育

❖エスニシティとは

　エスニシティ（ethnicity）ということばはギリシャ語のエトノス（ethnos）に由来し，民衆あるいは国民を意味する言葉である。しかし，エスニック・グループという場合，それは単に人々の集団をいうのではなく，より大きな社会の中で，共通の起源と祖先をもち，それを象徴的に示す何かを共有しているという意識を，少なくとも潜在的にもっている人々の集団（シャマホーン）を指している。その象徴的なものは，言語，宗教，身体上の特徴などである。これらの人々は，政治的・経済的に相互に助け合って自己の利益や政治的目的の達成をはかろうとしている。今日ではエスニシティにかかわる問題は，社会階級間の対立に劣らず，社会の統合に関して重大な問題となっている。旧ソ連におけるアルメニアやウクライナの民族問題は，その代表的な例である。

❖同化・融合・複合主義から多文化主義へ

　多民族国家における支配者集団——かつての南アフリカ共和国のように少数の白人が支配者集団という例外もあるが，一般的には多数者集団——は，少数者集団に対して，言語，生活様式，習慣などにおいて，多数者の文化に同調することを求めがちである。この点に関してアメリカを例にとれば，歴史的に，同化主義から融合主義，さらに複合主義への変化をたどってきた。同化主義とは，少数者集団に対して支配者集団の言語，衣食住，行動様式その他の文化の採用を強要する政策であり，アメリカのアングロサクソン系プロテスタントの白人（いわゆるワスプ）が，初期のころにとった政策である。アメリカ化とも呼ばれるこの政策の背後には，ワスプ以外の人種に対する偏見が潜んでいた。

　次に南欧，東欧からの移住者が増えてくると，彼らは互いに知恵を出し合い，助け合って開拓を進める中で，しだいに住民同士で溶け合い，個々の民族文化を超えた新しいアメリカ文化をつくりだしていった。そして自らをアメリカ人と意識するようになった。ここに，アメリカは民族のるつ

イギリス・ロンドンのホワイト・フライアーズ小学校の授業風景

ほどとみる融合主義が登場した。そこには同化主義に含まれていた人種的・民族的差別・偏見を拒否しようとする態度がみられたのである。しかし、同化・融合の対象となったのは白人だけで、黒人や先住民は含まれていなかった。

もしも融合が進めば、各民族は溶け合い、ついには民族も民族文化もともに消滅すると考えられた。しかしその後、プロテスタント、カトリック、ユダヤ教の3大宗教内での融合は進んでも、その枠を超えての融合は進まず、まして黒人はまったくらち外におかれていた。しかし今日では、黒人たちは、従来劣等視されていた自らの文化を、むしろ優れたもの——ブラック・イズ・ビューティフル——として位置づけ、その正当性を主張するようになった。この黒人運動は、白人内部で劣等視されていた白人少数民族（主としてカトリック系諸民族）の「民族的覚醒と自己主張の展開を誘発する刺激剤となった」のである。これら白人少数者たちは、統合されるにしても自己の文化を保持すべきだと考えたのである。そこで文化的複合主義がとられることになった。しかし、これをさらに推し進め、民族の違いを超えて、女性、貧困者など社会的弱者とみなされる人々の問題に焦点をあて、この問題の克服に努める人間の育成をめざす教育が提案されるようになった。これが多文化教育と呼ばれるものである。

イギリスでもスワン報告書（1985年）が多文化教育の採用を勧告している。1960年代に大量に流入した移民の子どもたちが小学校に入学し始めたからである。親は外国人であってもイギリスで生まれ育った彼らは、イギリス市民として、しかも彼らの民族文化を尊重する教育を求めている。外国人労働者の受入れが話題となっている日本にとっても、避けられない問題となるであろう。（OZ）

96 大学入試の変容——AO入試・推薦入試の増加

❖共通一次学力試験導入までのいきさつ

　第2次大戦後の進学適性検査（1946〜54年），次いで能力開発研究所による全国的テスト（1963〜69年）が不調に終わったのち，1979年から国公立大学入学志願者に対して共通一次学力試験が課されることになった。それまでは，1978年当時でも433校の大学（国立87，公立33，私立313校），519校の短大（国立34，公立49，私立436校）がすべて個別に入学試験を行っていた。1000校近くの大学・短大が，他校を含めて過去に出題されたことのない試験問題を，研究・教育のかたわら開発しなければならないため，高校のレベルを超えた難問や奇問があとを絶たなかった。しかも大学入学志願者は入学者定員をはるかにオーバーしていたので，試験地獄とまでいわれていた。これらの問題に対処するために，共通一次学力試験が導入され，入試とそれに関する研究を常時行う大学入試センターも設立された。この共通一次学力試験は，各大学・学部の専門性に対応した個別の2次試験とセットになっており，各大学・学部での小論文や面接の導入も容易になると考えられた。しかし一次試験の方が人目を引き，思わぬ結果をもたらした。

❖新たな弊害——偏差値偏重

　自己採点制度を利用した受験産業の活躍の結果，偏差値偏重，偏差値にもとづく大学の序列化と受験生の輪切り現象などの問題が新たに生じてきた。大学生の約80％は私大の学生であるのに，国立大学協会主導のもとに国公立大学受験者だけを対象とした解決策では効果が少なかった。国立大学は共通一次で5教科7科目の受験が必要であるのに，私大は独自の2〜3科目の試験ですむという事実も「受験生の国立大学離れ」を生み出すことになった。

❖大学入試センター試験——新テスト

　そこで国公私立を通じて各大学が自由に利用できる新たな共通テストとして，1科目のみの利用をも認める大学入試センター試験が1990年に導

入された。2009年度で20回目を迎え，受験者数は50万7621人であった。

❖ AO入試の増加

AO入試とはアドミッション・オフィス入試の略称で，学力で測ることのできない個性豊かな人材を求めることを目的に，受験生の興味，関心，意欲，適性などを多角的側面から判定し選考を行うもので，その大学の求める学生像をアドミッション・ポリシーとして提示し，適合する学生を選考するものである。

わが国では従来一元的な物差し（学力成績）による選抜でなければ世間も納得しない雰囲気があったが，序列・輪切り問題に対処するためにも，多面的・多角的な入試方法が求められ，推薦入試と並んでAO入試が受け入れられるようになった。

❖ 18歳人口減少と現役受験生の割合の増大および大学定員増の同時進行

1992年の4年制大学の現役志願率は35.4%であったが，2007年には50%を超えて51.8%になった。大学入学者の定員も増え続け，1992年の47万3000人から2007年には56万7000人となった。大学・学部の新・増設等によるものである。18歳人口の減少が同時進行的に生じた結果，定員割れ大学が1993年度の5%から2008年度には約50%にまでにいたったのである。大学の中には，定員確保のためにAO入試・推薦入試に頼るところが出てきた。

❖ 高校・大学両者における質の保証――高大接続試験

わが国では高校卒業が大学受験資格とみなされ，2000年ごろまでは試験地獄を解消するためには大学側の入学試験のあり方だけを検討すればよかったのである。改革の焦点は，難問奇問の解消，公平性，妥当性，客観性の確保に置かれていた。しかし昨今は，国際的観点からも高校，大学両者の質が問われるようになり，両者の質の保証を担う試験（高大接続試験）が検討されるようになってきた。現実に生じている動きとしては，大学合格者に大学入学までの間に高校教育の補習を求めることや，大学入学後の新入生に高校教育の復習（リメディアル教育）を実施する大学が増えてきている。（OZ）

97 生涯教育・学習実現の一方策——リカレント教育

❖教育と他の活動を繰り返す

　1965年以来ユネスコによって生涯教育が提唱されている（→ **84**）。これを実現する方策として，経済協力開発機構（OECD）によって具体化されたものがリカレント教育である。「リカレント」という言葉には，「回帰性の」とか「繰り返して起こる」という意味があり，ここでは教育と他の活動とを交互に繰り返すという意味で使われている。従来の教育制度では，フルタイムの教育は人生の初めの時期にだけあり，教育──→就職（労働）──→隠退（余暇）という順で一生を終わるのが一般的である。ところがリカレント教育では，教育──→労働──→教育──→労働──→余暇──→……隠退というように，就職（労働）をしてからでもまた教育に戻り，能力や資格を向上させてから再就職ということを何回でも繰り返しできるようになる。

　また，リカレント教育には，世代間の教育機会を平等にするという理念も含まれている。今日では中等教育まで受けられる人が多いが，戦前にはそれは同一年齢層の2割程度の人にしかできないことであった。したがって，かつて小学校だけで就職した人々にも，より上級の教育を受ける機会を享受できるようにしようというものである。

❖生涯教育を必要とする要因

　生涯教育が求められるようになった理由は，フランスのラングランが指摘しているように，①社会の諸変化の急速化，②人口の増加と平均寿命の伸長，③科学・技術の急速な進歩，④国民のすべてが政治的により高度の能力を求められるようになったこと，⑤情報の国際化，⑥余暇の増大，⑦生活様式や人間関係の変化，⑧身体（肉体と魂の関係）についての考え方の変化，⑨イデオロギーの危機，などに対応するための能力の育成が国民すべてにとって必要になったためである。それを人生の初めの時期の学校教育だけで果たすことは不可能であり，生涯にわたって学習の機会を手に入れられるような制度が求められた。そのためには，学校制度だけでなく，社会教育機関をも一体化して再編成することが不可欠となったのである。

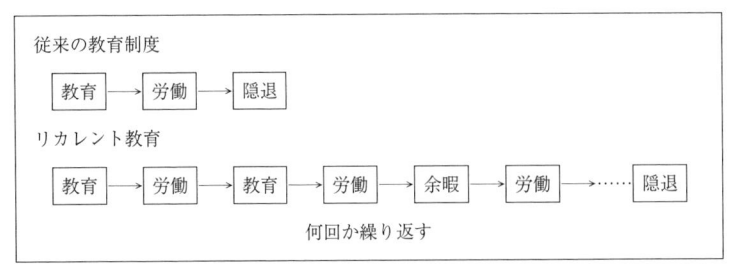

```
従来の教育制度

　[教育] → [労働] → [隠退]

リカレント教育

　[教育] → [労働] → [教育] → [労働] → [余暇] → [労働] →……[隠退]
　　　　　　　　　　　　　何回か繰り返す
```

図　従来型とリカレント型の教育制度

❖なぜリカレント教育なのか

　生涯教育が必要だとしても，その実現の方策として，なぜリカレント方式が求められるのであろうか。それには，次のような理由があげられる。①学校教育の年限をいつまでも伸ばしていくことは，経済的に限界があること。②若者をいつまでも学校に隔離しておくことは，教育的・社会的見地からみて問題があること。つまり，若者にとっても保護的環境に長期間隔離されることは人格の発達にとって望ましくないし，社会の側からも公的な生活の場に若者がいないことは，社会の創造的機能が失われることになる。③学校を卒業した後でも，労働環境の変化などによって，自分の潜在的能力に気づいたり，新たな学習の動機が生じたりするものであり，それに対応できる制度が求められたからである。

❖課　題

　教育を受けるための休暇（教育休暇）や必要な財政援助を，どのような職種においても保障するとともに，それらを容易にとりやすくするということが実施上の課題となっている。

　教育を受けるためには費用がかかるだけでなく，仕事をしていれば入るはずの所得をも放棄しなければならない。また，失業者の多い経済状態の時には，教育から仕事への復帰が思うようにスムーズにはいかないこともある。この点の問題の解決もなされなければならない。なお，今日では，人々の主体性を重視して，生涯教育という用語よりも生涯学習という用語がより多く用いられるようになっている。（OZ）

98 伝統・主流に縛られない新しい学校の模索
——オールタナティブ・スクール

 学校というと，四角い教室に，黒板を前にして机と椅子が整然と並べられているといった風景が浮かんでくる。そこでは，教師が話をしてそれを子どもが聴くという一方通行的な授業が行われがちであるが，知識を与えるという教育観からみれば，それが最も効率的な形態でもあった。しかし，そうした伝統的な学校のあり方は，子どもたち全員に対して同じ時間に同じことを学ぶことを強要するということにもなり，その結果，画一的な学校生活になじまない子どもが反抗的な態度をとることも起こるようになった。オールタナティブ・スクールと総称される学校は，主流または伝統とは異なる教授・学習を行い，旧来からの形式や規則に縛られない教育形態を模索するものである。

❖オールタナティブ・スクールの理念

 このような試みは，もともとは公の学校制度外にあって，新しい教育を志向する自由学校という形をとって個々に始められたものである。しかし，形式的な学校教育批判や人間性重視の教育観が語られるようになると，公的学校制度の中でもこれまでの教育のあり方が見直されるようになった。中でも大きな影響を与えたのは，オープン・スクールと呼ばれる学校形態である（→86）。これは，一斉授業，学級・学年制の廃止，教育課程の弾力的な活用といった教育方法および内容の改革を行うことで，子ども一人一人の興味や適性に応じ，個性を重視した教育を実現することをめざすもので，そこでは，学習の個別化を意図したティーム・ティーチング（→40）や無学年制（→56）が導入され，これまでの教科の枠組みとは異なる統合的な科目が設定された。またそうした教育を実施するには，教科や時間割の壁のみならず，教室の壁も取り去る必要があるとされ，活動の目的に応じて柔軟な運用ができる機能的な学習空間が設けられている。

❖オールタナティブ・スクールの多様な形態

 今日では，オールタナティブ・スクールは，特に初等・中等教育段階に

おいて，新しい運営制度，進級制度，教育科目などを採用する教育としてさらに多様化しており，少人数であることやコミュニティを重視するあり方は共通ながら，その選択肢は，公立校，私立高（営利・非営利）と多岐にわたる。具体的な形態としてはシュタイナー学校やホームスクール，セパレート・スクール，チャーター・スクール，マグネット・スクール，小中一貫校，イマージョン校，ギフテッド教育などがあげられる。

日本においてオールタナティブ・スクールとは，学校教育法第1条に定める「一条学校」には含まれない，非正規の代替教育機関という意味合いが強く，主として不登校児童生徒のためのフリースクール，サポート校，ホーム・スクーリングを指す。こうしたオールタナティブ・スクールでは正規の課程の卒業資格が得られないため，上位校への入学資格を得られない場合が多く，そのため，通信制や定時制等による正規課程の併用履修や，文部科学省による卒業資格認定試験の受験が必要になる。

他方，たとえば公立学校で導入されるようになっている学校選択制も，多様な教育機会を提供するという意味ではオールタナティブ・スクールの一形態ととらえることができる。この制度において公立校の選択権利は，学区域の中の生徒に等しく保障されているが，実際には希望者が偏った場合などには，入学できない場合もある。また学校間だけでなく，学校内におけるさまざまなコース選択も，オールタナティブな教育のあり方を考えるという点では，柔軟な教育形態といえる。

❖学校に問われる「真に教育的であること」

教育形態の違いにかかわらず，オールタナティブ・スクールが尊重するのは学習者である生徒の自主性である。自分の学習を自分の責任で計画し実行することは，自由であると同時に，生徒にとっては何よりも厳しい試練でもあろう。オールタナティブ・スクールが提起するのは，教育方法や内容，学校の様式もそうであるが，それ以上に何が真に教育的なものといえるのかという理念の質であるといえよう。この意味で，オールタナティブ・スクールという教育形態の模索は，今後も続けられてしかるべきものであり，また「定型」ができあがってはならないものなのである。（SM）

99 いつでも，誰でも学べる学校——単位制高校

　高校教育または同レベルの教育を受けたい，受け直したいと思っても，3年間のまとまった時間をとれないことから断念する場合が考えられる。単位制高校はこうした問題状況に応えようとするものである。

❖単位制高校の成立

　単位制高校は，中学校と高校を統合し一貫した教育を行うことで生徒の個性の伸長を継続的・発展的にめざす6年制中等学校とともに，中等教育の多様化・弾力化をはかるものとして，臨時教育審議会第1次答申（1985年6月）において提言された（→**67**）。そして1988年4月に，定時制・通信制課程の特別な形態のものとして制度化され，93年4月からは全日制にも適用されるようになり，2007年度において，全国785校（うち全日制471校）が設置されている。この学校は，学年ごとに課程修了を認定する学年制による規制をはずし，生涯学習振興の観点から，学習者の希望，学習歴，生活環境などに応じて高校教育を容易に受けられるようにするために設けられた，新しいタイプの学校である。その受入れ対象としては，高校教育を受けられず現在職業に従事している者，高校教育を受けることが困難な者，一部の教科・科目の履修を目的とする者などが考えられている。

❖単位制高校の特色

　単位制高校の特色は，まず従来の学年制の枠を外し，単位制を採ったことにあるが，そのほかに次のような特色があげられる。①社会人など多様な生徒を受け入れるため，入学者の選抜方法は設置者の判断に委ねること。②学期ごとの入学・卒業を可能にすること。③多様な科目の開設および昼夜開講制など履修形態を多様化・弾力化すること。④過去に高校に在学し単位を取得している場合にはその単位を加算し全課程の修了認定を行うことを可能にすること。⑤土・日コースの設定など休日にも授業が行われる場合があることから，休業日の特定については教育委員会の判断に委ねること。⑥聴講生として特定科目の履修のみを目的とする科目履修生を受け入れるために必要な配慮を行うようにすること。⑦科目履修生であった者

が単位制高校に入学した場合には過去の成果に単位を与えることを可能にすること（単位制高等学校教育規程参照）。

❖単位制高校の運営

東京都教育庁の単位制高等学校基本計画報告書（1988年）によると、その学習形態は図のようである。このうち土・日講座、月〜金講座は主として社会人を対象として、ビジネス講座、教養講座、趣味講座、英会話など多様な学習要望に応える講座が考えられている。また単位認定については、他高校の修得単位のほかに、大学入学資格検定試験（2005年から高等学校卒業程度認定試験に変更）の合格科目、職業訓練校・専修学校など、他教育機関での学修科目についても認定が予定されている。卒業は、高校卒業に必要な74単位を4年間で修得することをめどにしているが、他の部・科および通信制との併修、土・日講座、月〜金講座、職業実務などの成果を単位認定することで、3年間の卒業も可能にしている。

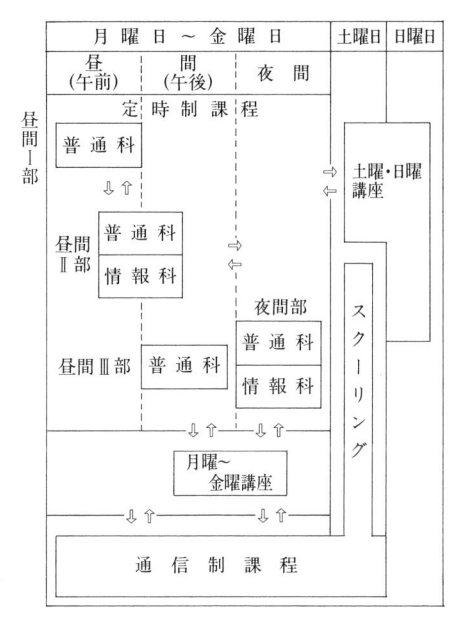

図　単位制高校の学習形態

❖単位制高校の課題

柔軟で開放的である反面、課題もあげられる。その1つに学力差の問題がある。入試によって一定レベルの生徒を受け入れる全日制高校と異なり、多様な学力をもつ生徒の要求に応えられる授業の困難さがある。また、定時制の授業と通信制のスクーリング・レポート添削で、教師に過重な負担が強いられるという通信制との併修による弊害も指摘されている。（KS）

100 学習する大人たちのための教育機関——成人教育機関

　成人教育とは，成人が自らの能力を伸ばし，知識を豊かにし，技術や資格を得ることに目的を置いて，成人に個人の発達を促し，社会・経済・文化の発展に参加するための態度の変容を促す組織的な教育過程全体を指す概念であると理解される（1976年11月26日ユネスコ第19回総会採択「成人教育の発展に関する勧告」より）。

　今日の激動する社会において，成人教育は，内容・方法・制度などさまざまな形態の教育機関を通じて実施されている。

❖成人の学習方法

　実際に成人は，どのような場や手段を利用して学習を行っているのだろうか。NHK文調研・放送研究部が2008年1～2月に行った成人の学習行動・学習関心と学習方法などについての調査「学習関心とメディア調査」によると，本・雑誌やテレビなど，個人で身近に利用できるマスコミ，マスメディアを利用した学習が最も多い。教育機関の利用も多く，民間のカルチャーセンターや公民館などの学習・講座の利用がめだっている。その他，企業の教室や高等教育機関など多様な手段が活用されている。

❖社会教育施設の学級・講座

　社会教育の領域では，成人教育は，生涯のうちで成人期に対応する教育という意味の一般「成人教育」以外に，成人が抱えている課題ごとに「農民教育」「労働者教育」「女性教育」「高齢者教育」「消費者教育」「家庭教育」などに分類されて研究や実践が行われている。公民館や女性教育会館などの社会教育施設では，これらの課題に応じた学級・講座や研修事業が開催されている。2005年に公民館などで実施された学級・講座を，内容別に分類すると，図のようになっている。

❖多様な教育事業

　今日では，公民館などの社会教育機関が行う事業のほかに，都道府県の知事部局や民間の組織団体が行う成人対象の教育事業が盛んである。

　東京都では，1989年10月から港区白金台にある都迎賓館を主会場とし

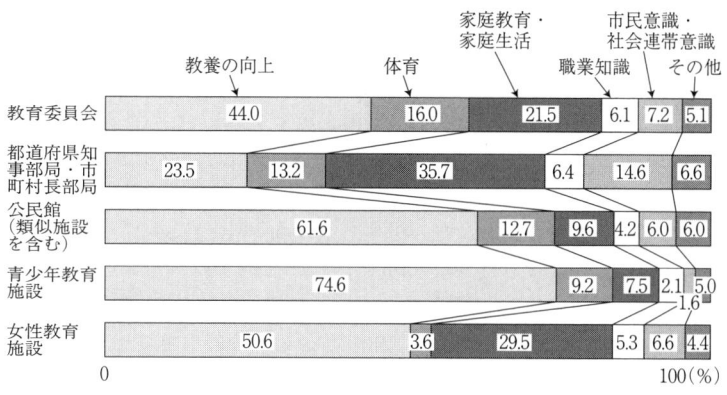

	教養の向上	体育	家庭教育・家庭生活	職業知識	市民意識・社会連帯意識	その他
教育委員会	44.0	16.0	21.5	6.1	7.2	5.1
都道府県知事部局・市町村長部局	23.5	13.2	35.7	6.4	14.6	6.6
公民館（類似施設を含む）	61.6		12.7	9.6	4.2	6.0 / 6.0
青少年教育施設	74.6		9.2	7.5	2.1 / 1.6	5.0
女性教育施設	50.6	3.6	29.5	5.3	6.6	4.4

図　学習内容別学級・講座数の構成比

て「江戸東京自由大学」が開講された。この事業で企画されている講座は，イベント型講座，文化教養型講座，生活実践型講座，学問型講座，観察学型講座，レジャー型講座など18講座から構成されており，講義だけでなく，歌舞伎の見学，料理教室，路上観察などの活動が盛り込まれていた。多彩な内容の事業を通じて，住民が学習を行える生涯学習の場を形成していくことにこの事業の目的の1つが置かれていた。

東京都武蔵野市では，1979年10月以降，「吉祥寺村立雑学大学」の講座が開かれている。この活動は，「わが街吉祥寺を"村"と見て，"村民"間で文化のキャッチボールをしよう」を合言葉に，吉祥寺にかかわりのある人々が集まって自主的に始めた活動である。講座の講師や内容は参加者の主体性にまかせ，講師料・参加費用・会場費用すべて"タダ"の「3タダ制」を運営の原則としている。規制の枠を取り払い，自由な文化活動を実施しようとしている活動としてとらえることができよう。

その他，新聞社，放送局，デパート，電力会社，銀行などの民間の事業所が，市民を対象に学級・講座や諸集会を開催している。それらの学級・講座の内容は，趣味やけいこごと，教養，スポーツに関するものが多い。

人々の学習ニーズと教育課題に応じて今後ますます多様な形態の教育事業が展開されることが予想されるとともに，各事業の関連についても検討を要する段階になっている。(NI)

101 教育の世界にも市場原理
——教育のプライバタイゼーション

　プライバタイゼーション（民営化）の動きは1970年代から政治・経済の分野では生じてきていたが，80年代になると教育の分野でも導入されるようになった。それは，公教育内での公的機関（政府や地方当局）の関与する割合を減少させ，反面，私的要素を増加させることを意味している。

　「レッセ・フェール」を掲げ，政府のかかわりを最小限にとどめる安価な政府を標榜したアダム・スミスらでさえ，教育は軍隊や警察と並んで政府が関与すべきものと考えていた。そして第2次大戦後の先進諸国では，病院，工場等の国有化，義務教育の年限延長・無償化にみられるように，福祉社会をめざして，社会各般での公的機関の占める割合が増える傾向にあった。

　しかし，1970年代以後，逆に鉄道，住宅等の民営化が導入されるようになった。その背後には経済的合理性を追求する思想やイデオロギーがあった。国家や社会による計画（介入）や事業よりも市場の原理にまかせた方が，学校や病院等の社会的諸機関は，より効率的・より適切に運営され，改善や工夫もなされ，顧客（学生，利用者など）のニーズや要請によりよく対応し提供されるサービスの質も向上すると考えられたのである。経済学者フリードマンは，その代表的人物とみなされている。

　また現実には，1960年代以後，世界的に学校の就学者数が爆発的に増え，公的財源を圧迫するようになったため，政府はそのコストを利用者（学生）に負担させるほか，民間にその資金援助を求めざるをえない状況が生じてきた。また公的諸機関は，自らも収入を得る道を模索せざるをえなくなってきている。特に大学その他の高等教育機関は，利用者としての学生に負担増（授業料値上げ）を求め，研究に対する助成を民間団体に求め，研究成果を産業界に販売して，そのコストを取り戻すことを求められた。

❖イギリスにおける教育の民営化

イギリスでは，1980年代の保守党政権（サッチャー政権）やそれを支える勢力の1つであるニュー・ライト（新右翼）は，諸分野の民営化に熱心であった。国有の上下水道および下水処理会社，発電および電力供給会社を民間に売却し，病院は独立採算制に移行させられた。

教育の分野では，公立学校の優秀な生徒を国の資金でもって私立学校に移ることを可能とする補助席制度の導入をはじめ，公立学校が地方教育当局から離脱（オプティング・アウト）して中央政府からの補助を受ける学校となる

プライバタイゼーション——民間企業からの資金援助を受けてハイテクノロジーを駆使しての授業を受ける生徒たち（イギリス・ノッティンガムのシティ・テクノロジー・カレッジ）

道をひらくほか，全国各地に民間資金を導入したシティ・テクノロジー・カレッジ（11～18歳）という新たな中等学校を新設し，より多くの自由と学校間の競争，親による学校選択を拡大する政策をとった。

また高等教育にあっては，大学の予算を大幅に削減するとともに，各大学が民間団体から研究費の助成を受けたり，研究成果を産業界に売るなどして独自の収入を得ることを求めた。また，従来，大学生には生活費の一部を補助するほか，授業料を無償としてきたのに対して，1998年9月からは生活費補助を廃止するとともに，学部のいかんを問わず，一律に1人年額1000ポンドの授業料を徴収することにしたのである。

❖民営化に伴う諸問題

各学校や大学は，短期的な成果をあげようとしたり，民間団体および親たちの要請に応じようとするあまり，長期的計画や学問の自由を維持することが難しくなること，特に大学では，民間からの助成金のほとんどが研究費に回され，学生に対する教育条件の改善にはあまり振り向けられないこと，などが懸念されている。（OZ）

101 教育の世界にも市場原理——教育のプライバタイゼーション

102 世界は小さくなった——教育のグローバリゼーション

電子技術による情報伝達の爆発的な発達と国際的な消費者市場の形成,運輸面での国際的移動の短時間化と低廉化,世界各国の相互依存の増大等により,資金・物質・人・情報の世界的移動がかつてないほど大量かつ急速に行われるようになってきた。それに伴い教育のグローバリゼーション(世界化)も急速に起こりつつある。それは教育制度のみならず,教育の内容や方法にもかかわっており,世界的視野で考えることが迫られている。

❖**教育制度面でのグローバリゼーション**

教育制度面では,初等,中等,高等の各段階の修了資格の各国間での対応の緩和,入学・修了時期の柔軟化,修学前教育の重点化,各学校や大学での自由裁量範囲の拡大と教育制度全体にわたるプライバタイゼーション(民営化,→101)の進展等があげられる。

教育は一国の主権にかかわるものなので他国の教育制度について他の国々が云々するわけにはいかないが,人々が国境を越えて移動をすると,伴われて移動する子どもの学校の入学,転入学の時期,その資格段階の認定が必要となる。また,外国で仕事をする場合,その人の学歴や職業資格による能力の国際的な規準による査定が避けられない。欧州連合(EU)のように,各国の主権や文化の違いを存続させたまま経済面での統合を果たした地域で痛感されているように,EU 域内各国に,他国の文化や習慣を身につけた人々の存在が求められている。そのため,中等学校や大学レベルでの学生の交流事業が実施されている。旅行で訪問するだけでなく,その国で学び生活をした人が必要なのである。言語によるコミュニケーションやコンピュータを用いての外国からの知識の収集は容易になっても,なお,価値観や風俗習慣は,その土地で暮らしてみなければ理解できないからである。そのため,正規の入学試験を経なくても,さまざまな身分(訪問学生・生徒,研修生,短期留学生など)での学生・生徒の交流が必要となっているのである。EU 諸国では,大学生の国際交流計画として「エラスムス計画」が 1987 年から開始され,現在は「ソクラテス計画」として

EU諸国のみならず，世界的に学生の派遣事業が行われている。そのほか，職業教育・訓練のための国際交流事業「レオナルド計画」が行われている。

❖教育内容・方法面でのグローバリゼーション

コンピュータの利用により，世界中のほとんどの国との交信が可能となり，情報も容易に入手できるようになったため，教材に利用できる情報が豊富かつ最新のものとなり，また，環境教育，国際交流などを地球規模で考えることが可能かつ必要となってきている。

国際的コミュニケーションに必要な外国語教育が，ヨーロッパ諸国を中心に初等教育の段階にまでおりてきている。

これらの教育のためにも，また学校卒業後の日常生活や職場でもコンピュータを中心とする情報処理能力がますます必要とされることが予想され，学校教育での情報処理教育に重点が置かれつつある。その上，世界的な消費者市場に向けての各国産業の国際的競争が激しさを増し，各国とも産業の発展に必要な科学・技術の教育に重点を置くようになっている。少数のエリートの養成ではなく，科学・技術や情報処理能力を身につけた大量の国民の養成をめざすようになったのである。各国の教育改革は，その国の歴史的背景，宗教，政治的イデオロギー等によって多様であるにもかかわらず，科学・技術や情報処理教育，外国語教育の重視は，世界的規模で生じている。1980年代以後の教育改革の中には，国内の条件だけでは説明のつかない世界的規模での要因が働いているのである。

❖プライバタイゼーションの動き

第2次大戦後は，世界的に国や社会（地方当局）が義務教育の導入や義務年限の延長，教育の無償化などにより教育へのかかわりを強めてきたが，1970年代ころからは，学校運営においても多くの領域（学校の清掃や警備等）を民間に委託するなど，プライバタイゼーションが進行している。これも教育におけるグローバリゼーションの1つのあらわれである。

なお，プライバタイゼーションが進行するにつれて地域や民族の特殊性についての認識が深まり，同時に教育における地域主義・特殊化の傾向も出てきている。(OZ)

103　教育への国際協力——教育開発援助

　地球上の貧困問題，環境悪化，民族紛争，難民発生，経済危機などの解決のために，国際協力はますます必要とされている。日本は1989年から2000年まで世界最大の政府開発援助（ODA: official development assistance）供与国という地位にあったが，年々予算が削減され，06年以降は純支出額でアメリカ，イギリス，ドイツ，フランスよりも下回るようになった。開発途上国とその国民の必要性に応え，日本国民の税金の使途を有効なものにする観点から，ODAに対する関心が高まり，その一方で，非政府組織（NGO: non-governmental organization）の役割にも期待が寄せられている。そうした中で，人づくりに直結する教育の分野は，貧困削減のために持続的成長を促進する支援として重視されている。

❖経済成長から人間開発へ

　現代文明の加速度的な発達，グローバリゼーションが世界を覆いつつある一方で，貧富の格差は拡大している。最富裕層20%の人口と最貧困層20%の人口の所得比は1960年代の30：1から2008年現在の74：1と2.4倍になっている。雇用の機会が増えず，一部の人々のみを潤し，政治参加を実現せず，文化的疎外をもたらし，環境破壊を伴う，そんな開発であってはならない。経済成長は手段である。すべての個人が生きる権利をもち自分の能力を発揮できる，言い換えれば，人間の選択の範囲を広げる「人間開発」こそが目的であることが世界の共通理解となってきている。

❖開発途上国の教育の現状と課題

　教育面では，開発途上国の初等教育レベルの純就学率は1960年代の48%から2006年の84%へと上昇したが，依然として初等教育で7500万人の子どもたちが就学していない。

　1980年代に開発途上国を覆った経済危機は，債務返済のための緊縮財政を各国に強いる結果をもたらし，教育分野もその影響を大きく受け，就学率の伸びが鈍化したり，教育環境の悪化を招いた。

　こうした状況と，先に述べた人間開発の重視という潮流の中で，教育分

野における国際機関や先進各国からの政府開発援助，NGO からの協力が徐々に注目を集めるようになった。1990年3月のタイのジョムティエンにおける「万人のための教育世界会議」は基礎教育の重要性を世界に知らしめたものであった。2000年4月にセネガルのダカールで開催された「世界教育フォーラム」では，学校に通うことのできない子どもや，機能的識字能力をもたない成人がいまだ多く存在することから（→7），これらの問題を15年までに改善することを目標とする「万人のための教育ダカール目標」が採択された。00年にとりまとめられた「ミレニアム開発目標」にもこの「ダカール目標」のうち「初等教育の完全普及の達成」と「教育における男女間格差の解消」が盛り込まれた。

❖ ODA と教育協力

ODA とは，国，地方政府など公共部門から，開発途上国の経済開発および福祉の向上に寄与することを主たる目的として，緩和された条件で供与される資金の流れを意味する。大きく分けて，多国間援助（国際機関への出資）と二国間援助（直接当該国へ出資，人材の派遣など）の2種類がある。後者は，政府間貸付と贈与（無償資金協力，技術協力）に分かれる。技術協力には青年海外協力隊など教育に関する活動が種々含まれる。

日本では従来，教育を社会経済開発の手段ととらえてきたが，人間開発の観点から，教育そのものが開発であり，教育水準の向上なくしては開発とはいえない，という考えに変わってきた。つまり，人々を援助の対象としてではなく，自らの社会の「開発の担い手」とみなし，自立に向けての能力強化を重視するようになっている。

❖ NGO と教育協力

教育分野においては，相手国の人々と直接にネットワークを組み，地域社会のニーズに応じた協力ができる NGO の活動は大きな役割を果たす。

人間開発の概念を基礎に，施設の建設や機材供与などを行う ODA とそれを実際に使用して生かすことのできる NGO との連携を強めるなど，よりいっそう効果的な開発協力が行われていくことが期待される。（EH・SW）

104　生きる力の基礎を築くために——心の教育

「心の教育」という言葉がはじめて教育政策のレベルで使われるようになったのは，1997年夏の小杉文相（当時）の中央教育審議会への「幼児期からの心の教育の在り方について」の諮問文においてである。当時をふりかえれば，14歳の少年による凶悪殺人事件が全国を震撼させた直後で，これが氷山の一角にすぎない青少年の心の深刻な荒廃への対応に国として迫られていたのである。いじめ自殺事件が頻繁に起こった90年代前半の中教審改革案のキーワードは，学校生活の「ゆとり」の回復による「生きる力」の育成であったが，ここでは幼児期からの心の成長を親・地域・学校がいかに支えるべきかが問われたのであった。

❖「新しい時代を拓く心を育てる」——「幼児期からの心の教育の在り方」答申

以上に対する答申文では「未来に向けてもう一度我々の足元を見直そう」と，人類が直面する危機に子どもたちが積極果敢にチャレンジし世界の中で信頼される日本人に育つよう，まずは大人自身が率先して社会のモラル低下を正していくことを呼びかけている。また，「生きる力（自ら課題を見つけ・学び・考える力，豊かな人間性，健康や体力）」の核となる人間性については，①美や自然に感動する柔らかな感性，②正義感や公正さを重んじる心，③生命や人権を尊重する基本的倫理観，④他者への思いやりと社会貢献の精神，⑤自立心・自己抑制力・責任感，⑥他者や異質なものと共生できる寛容さが掲げられている。続いて同答申は，「家庭」「地域社会」「学校」を対象に，表に記したような注意を喚起している。

❖裾野の広い社会全体で取り組むべき課題

これらを見ると，「心の教育」ということばで語られ，括られる内容の裾野がいかに広く，社会の合意によるインフラストラクチャーの整備までもが射程に入っていることがわかる。心の問題への国家の介入については，たとえばその後の「心のノート」（道徳副教材）導入をめぐり論争になったところだが，困難な時代を生きる子どもたちの発達を支えるために，家庭・地域・学校が連携していくことの重要性は，今日もまったく変わりが

表 「生きる力」育成のための家庭・地域社会・学校への注意喚起

〔家庭〕①**家庭の在り方を問い直そう**：明るく円満な家庭をつくり夫婦一致協力した子育てを。家族の会話・ともにする食事・父親の影響力を大切に／②**悪いことは悪いとしつける**：善悪に関する規範意識と責任感を育て、わが子だけよければの考え方をやめ、思春期の子どもに正面から向き合う。普通の子の「いきなり型」非行のサインを見逃さない／③**思いやりのある子どもを育てる**：祖父母を大切にする親の姿を見せ、高齢者・障害者を進んで助ける子どもに。差別や偏見・いじめは許されないと気付かせ、生き物との触れ合いから命の大切さを実感させる。幼児期から本を読み聞かせする／④**子どもの個性を大切にし、未来への夢を持たせる**：平均値や相対的な順位にとらわれず、子どもの長所をほめて伸ばす。大人が生き方や社会について語り、子どもの夢を励ます／⑤**家庭のルールづくりを**：家庭のルールを作り、幼い頃から家事を担わせ責任感や自立心を育てる。挨拶から始めて礼儀を身につけさせ、我慢も覚えさせる。家庭内の年中行事や催事を大切にする。子ども部屋を閉ざさず、テレビ・ゲーム漬にしない／⑥**遊びの重要性を再認識する**：幼児期・学童期こそ仲間との遊び・自然の中の遊びが必要。知育偏重の早期教育は見直す。／⑦**異年齢集団で切磋琢磨する機会に参加する**（詳細略）

〔地域〕①**地域子育て支援**：母子保健の機会を家庭教育支援に活かす。親の悩み相談・子どもの悩み相談を24時間対応に。家庭教育カウンセラーを配置。中高生が乳幼児と触れ合う機会を作る。企業中心社会から「家庭に優しい社会」へ転換／②**異年齢集団の中の豊かで多彩な体験の機会を作る**：長期自然体験プログラム、「山村留学」・「国内ホームステイ」の取組拡大。ボランティア・スポーツ・文化活動・青少年団体活動の振興。冒険遊び場づくり。地域行事や様々な職業・職場を体験する機会の提供／③**有害情報問題に取り組む**：業界による自主規制の仕組・業界団体とPTA等の協議の機会・有害情報から子どもを守る仕組をつくる。関連住民運動の奨励と条例による規制。

〔学校〕①**幼稚園・保育所での「生きる力」の基礎づくりとしての体験・自然体験活動の充実。子育て支援の実施。小学校教育との連携／②**小学校以降**では、伝統文化の価値に眼を開かせる、権利だけでなく義務や自己責任についても指導、社会・国づくりと国際貢献の大切さに気付かせる、科学教育の充実とそれを通じた自然の神秘への感動と畏敬の念の涵養、未来への夢を育てる、子どもたちに信頼され心を育てることのできる教員の養成、道徳教育の充実化、③**カウンセリングの充実**：スクールカウンセラーの配置とカウンセリング担当教員の育成、心の居場所としての保健室の意義　④**不登校問題への取り組みはゆとりをもって弾力的に**（詳細略）　⑤**問題行動（いじめ・薬物乱用・性的逸脱行動）への毅然とした対応**：とくに問題行動に取り組む教師を支える仕組み作り、警察・児童相談所との連携、⑥**ゆとりある学校生活から心の教育を促進**。入試の多様化で「生きる力」を保障。子どもたちに読書を促し、心を育てる（学校図書館の充実、本との出会いを作る、調べ学習、家庭との連携による読書教育の促進）。

ない。また、「持続可能な発展のための教育」「食育」「キャリア教育」「読書教育」などの時代が要請する課題についても本答申で萌芽的に触れられていることに注目したい。(IM)

105　学校に行かなければならないと思っているのに行けない
　　　——不登校

　不登校は，2005年ごろに一時減る傾向にあったが，2007年ごろから中学校において漸増傾向に変わった。不登校は厳密には，学校へ行かないことを指すが，実際には，フリースクールなどのオールタナティブ・スクール（→98）に通っている児童生徒が多い。公教育の学校現場に合わない子どもたちは，実は他の学校に通っていることも多いのである。

　不登校児は，公教育の学校という場に合わないのであろうか，それとも社会的適応ができないのであろうか。実は学校という場が合わないだけで，社会的な適応には問題がないのかもしれない。不登校児であった人たちからは，宮崎哲弥，宮本塾の宮本哲也氏など多くの文化人が輩出している。

❖学校共同体の特殊性

　学校は，同一年齢集団を一括して同じ内容を教えるという教育方法をとらざるをえない。しかし，そのような方法自体は，教える側の経済効率的な側面から考えられたものにすぎない。一斉教授は，多様な個性をもった子どもたちをそれぞれに合った方法で教えるためには逆効果であることもある。そこで，フリースクールのように子どもたちが自由に思い思いに自分の場所，課題をみつけて学習するという個別学習のスタイルをとる学校があらわれた。

　このような視点から考えるならば，不登校とは，学校に行かないのではなく，学校での一斉教授についていくことができないだけであるかもしれない。このことは何を意味しているのであろうか。同一年齢集団を学年として学級化するということは，それほど長い歴史があるわけではない。そもそも，英語の学年（grade）は，レベルや成績による等級を示していたのであって，同一年齢集団を意味するものではなかった。何かの課題ができたならば次の課題に進むというやり方は，物事の習熟度によって次の課題を決めるという合理的なやり方である。同一年齢集団によって子どもたちを区分けして，同一の空間に閉じ込めるということは，他の目的によっ

て学級というものを縛らなければならないことになる。それは学級という独特の共同体的な意識である。運動会や学級会，文化祭などことあるごとに1つの家族共同体のようなアイデンティティを形成することが奨励される。

したがって，通常の学校では，次のようなことばで子どもに大きなプレッシャーを与えることが常となっている。「お友達はできましたか？」学校では，学習の習熟をはかることが第1の目的ではなく，みんなと仲良くする，ほかの人からはじき出されないということが重要な目標とされる。

❖学ぶ場は学校だけか

不登校は，このような集団的なプレッシャーからはぐれることである。不登校児は，何らかの社会的な接触を求めている場合が多い。そもそも近代学校ができる以前は，子どもは学校に登校していなかったわけであるから，学校に通うということが歴史的にみれば特別の出来事なのである。大人の職場空間において，あるいは家庭において子どもたちは成長し，集団の中で生きてきたかもしれないが，もともと学校という同質空間の中に閉じ込もっている方が特別であった。したがって，このような特別空間から解放され，本来の社会集団の中でその文化的な価値を学ぶということの方が，本来人間がもっていた姿なのかもしれない。もし以上のような考え方を押し通すならば，学校は，無理して行くことはないということになる。

学校に行かない生活をするためには，生活の中から自分でカリキュラムの材料を探し，組み立てるということをしなければならない。そもそも学校空間に閉じ込めるということが正常で，その空間に入らないことが異常であるというステレオタイプこそが問題とされるべきである。不登校は，単に異常なことではなく，学校に行かない方が学べることが世の中にはたくさんあるということを訴えているとも考えられる。不登校については，このような柔軟な考えも成り立ちうる。(AS)

106 いじめや不登校に悩む学校関係者を支援する心の専門家
　　　──スクールカウンセラー

　学校における心の専門家は，スクールカウンセラーであるといわれている。しかし，教育の現場ではどうであろうか。日本におけるスクールカウンセラーの始まりは，1995年度の文部省（当時）の「スクールカウンセラー活用調査研究委託事業」にあるとされている。医師，臨床心理士等の心理職専門家に代わり，大学院修士課程修了者で，心理臨床業務経験が1年以上の者，大学もしくは短大卒以上で心理臨床業務経験が5年以上の者，医師で心理臨床業務または児童・生徒の相談業務経験が1年以上の者を「スクールカウンセラーに準ずる者」と呼び，多くは，この準ずる者がスクールカウンセラーと呼ばれている。2009年度より「スクールカウンセラー等活用事業」の実施要領などが各教育委員会レベルで実施されている。

❖いじめとスクールカウンセラー

　このような専門家群が制度化されているにもかかわらず，学校現場では心の支援・相談は担任教師の仕事として一般的には考えられている。たとえば，不登校の問題などについては，担任教師がその背景と対策についてはるかに多くの情報をもちやすく対策を考る場合が多い。なぜであろうか。専門家としてのスクールカウンセラーが子どもと接触する時間は，担任教師ほど多くない。教師の職務の内容において大切なことは，授業をするということばかりではない。授業をすることばかりでなく，子ども一人一人を把握し，保護者と連絡をとりながら子ども一人一人に異なった言葉がけをするという仕事がある。それは，累積すれば，多くの時間をとる。担任教師は，もともとスクールカウンセラーと同じ仕事を授業のほかにしている。

❖スクールカウンセラーの必要性

　しかしながら，近年，教師の仕事は肥大化している。授業の準備だけではなく，初任者研修，10年研修，免許更新制，自己評価，キャリアプラン，評価規準による指導案作成，年間計画，給食費の徴収，学校評議会

等々，書類づくりが多くなっている。それは，実質的に授業の改善に役立つとはいえないものが多く，書類によってその存在意義を妥当化しようとする官僚制の特徴をますます強くしている。教師の仕事の内容が肥大化するにつれ，教師を取り巻く各問題に対するスクールカウンセラーのようなセミプロフェッショナルの需要が高まり，その責任の範囲は分業化され，限定化されるという方向をとりつつある。

にもかかわらず，教師に対する社会的評価は，多くの責任が教師にあるものとして批判し，断罪するという傾向にある。ある学校では，スクールカウンセラーの一番の顧客は，教師であったという笑えない皮肉な結果がある。スクールカウンセラーは，教師のかかわる責任の一端を真に肩代わりすることができるであろうか。アメリカでの先進例をみる限り，それには限界がある。カウンセラーの多くは，教室全体の子どもが対象ではなく，特定の一人二人という生徒が対象である。特定の子どもに注目し対象にすれば授業全体がうまくいくということはなく，授業の邪魔にならないように押さえつける役割で終わることが多い。

カウンセリングが効果があると思われるのは，もともと多様な子どもたちを個別の独立した人格として対話をしてくれる大人がいるということで，子どもが孤立した感情をもたなくなるということにある。教室の中で他の人と異なる行動をし，同じ空間にいながら，各自ばらばらに異なる活動をするというような授業が展開される中で，自分に話しかける他者がいるということで，少なくとも孤立した生徒には，話し相手がいて生徒の情緒の安定に寄与しているということにある。このように，カウンセリングは何かをカウンセリングをするのではなく，ともにいる人間として自分のそばに他者がいるという安心感をもたせることにある。

教師の数を増やすのではなく，一部の専門家群に仕事の一端を分業化することによって教室の大人の存在を多様化するということは，今後の教室運営の新しい方向となっている。ただし，その仕事の実力の評価は，これからの成果にかかっているといえる。（AS）

107　男女ともに平等な教育
——ジェンダーフリー・エデュケーション

　性のとらえ方には，2つの次元がある。1つは，セックス（sex）の語で示される生物学的性差であり，他の1つは，ジェンダー（gender）という語で示される社会的・文化的につくられた性のあり方（男らしさ，女らしさなど）であり，この語は，1960年代からしばしば使用されるようになった。

❖**女性学の成立と性差別撤廃の国際的動向**

　従来，人々に教えられ，内面化されてきた男女の性差別や仕事・職業領域についての知識は，父権制を基盤とした女性排除の文化にもとづいていたことが認識され，性差別の解消を主張する思想が，1960年代アメリカにおいて女性学を生み出した。『アメリカ女性学入門』の著者であるシンクレアは，「性差別主義のイデオロギーは……女性は男性より劣るものである，というのがこの大前提である。これがあまりに広くいきわたっていたので，近年に至るまでその存在に気づく者がほとんどなかった」と述べる。女性学は，女性の視点から伝統的な「知」の構造をとらえなおし，社会や教育における実践と密接な連携をはかる学際的な研究である。

　男女平等と女性の社会参加の実現，性差別撤廃をめざす運動は国際的にも広がり，国際連合は1970年を国際婦人年とし，1976～85年を「国連婦人の10年——平等・発展・平和」と宣言した。85年にはナイロビで世界婦人会議が開催され，「2000年に向けての婦人の地位向上のための将来戦略」が採択された。

　わが国でも1985年，女性が個人として男性と平等な権利・機会・責任を享受できる完全な男女平等の実現をめざす「女子差別撤廃条約」を批准するとともに，雇用の分野における男女の機会均等および待遇の確保の促進のために「男女雇用機会均等法」を制定した。また，民法・国籍法・国民年金法の改正，家庭科の男女共修などの基盤整備がなされた。

❖**学校のもつ文化と潜在的カリキュラム**

　学校で無意識のうちに伝達され，学習される文化の側面に注目した潜在

的カリキュラムの研究も 1960 年代に始まる。たとえば,バーンステインやブルデューの研究にみられるように,学校は一見すべての人々に平等な教育を与えているようにみえても,そこで教えられ・学ばれる知識は,特定の社会階層・民族・人種の文化を反映したものであり,学校はそれらを再生産する働きをもっており,必ずしもあらゆる人に平等なものではないことが明らかとなった。

文化は一般に,言語,態度,習慣などのような「行動様式」,思想,宗教,知識,価値などのように行動を生み出す「精神世界」,および精神世界をあらわす文学,絵画,音楽などのような「表現物」の3つのレベルで解釈される。これらのいずれのレベルでも,女性は男性に劣るもの,男性は外で公的な仕事をし女性は家で私的領域を守るもの,また女性が公的領域の仕事に就いたとしても,他者を補佐したり,世話をする役目であること,あるいは「女性」というラベルで特別視したり,その身体を強調し,性の商品化をはかろうとするなどが含まれており,これらが重層化・複合化して女性の立場を規定しているし,学校の潜在的カリキュラムによってこれらは再生産されている,と女性学の研究者は指摘している。

❖ジェンダーフリーの教育

これらのジェンダーからの解放をめざす教育が,今日,各地で進められている。たとえば,「どうしてわけるの?」などの独自の教材を用いて性的自立を培い,公正な役割観,分業意識を育てようとする小学校での実践,『従軍慰安婦にされた少女たち』という作品を読み女性の置かれてきた立場を考えさせる中学校の国語の授業,沖縄を題材とした平和教育を含めて「性について考える」という高校の総合学習,性の商品化を問題とした「テレクラ,援助交際を考える」高校保健の授業,男子にも被服製作を取り入れた工業高校の家庭科の実践,あるいは,小・中・高校における男女混合名簿の導入,などである。

ジェンダーフリーの教育は,学校が社会の文化の伝達の機能ばかりではなく,男女が主体的に自己を解放し新たな社会を創造する機能をもあわせもつことを,改めて示すものでもあろう。(OK)

108　共生社会実現への架け橋——在日外国人教育

　在日外国人には，在日中国系や在日韓国・朝鮮人のようなオールドカマーと呼ばれる人々と，留学生や就労のために一時的に居住している人々や難民，日系の帰国定住者など，近年来日したニューカマーと呼ばれる人々とが含まれ，全体数では1980年の78万3000人から2007年には215万2973人へと増加した。今後予想される次世代の誕生をふまえると，在日外国人子弟の教育は，日本における国際化の将来を左右するものといえる。

❖在日外国人学校の状況

　在日外国人子弟の教育は義務教育ではないが，実態としては日本の公立学校に通う場合と外国人学校に通う場合に大別される。前者については基本的に日本語を教授言語とし，日本の教育課程に即した教育が行われる。

　一方，後者については，文部科学省の統計によれば2005年現在の外国人学校数は111校（生徒数・2万4283人）となっている。このうち外国人全体の約27.6％（59万3489人，2007年）を占める韓国・朝鮮籍の人々は，在日朝鮮人総連合会の学校（大学1，高等学校12，中学校56，小学校83校）と韓国側の在日大韓民国居留民団系による学校（中学校4，小学校3）を維持している。また，2007年に韓国を抜いて外国人全体の28.2％（60万6889人）を占めるようになった中国系のコミュニティには，中国が管轄する横浜と神戸の中華学校と，台湾が管轄する東京，横浜，大阪のあわせて5校の中華学校がある。このほか，インターナショナル・スクールを含む欧米系学校，フランス，ドイツ，イギリス，スウェーデン，ドイツ，インドネシア等の各学校がある。近年では，1990年代より急増した日系ブラジル人（20万2592人，2007年）を対象にしたブラジル人学校や，日系ペルー人（5万9696人，同上）対象のペルー人学校が，静岡，愛知，三重，群馬など集住地域に登場し，首都圏にはインド人学校もつくられるなど，人の国際移動に伴う新たな外国人学校がみられる。

❖日本の教育制度における在日外国人学校の位置づけ

　こうした在日外国人学校は，学校教育法第1条に規定された「一条校」

ではなく，そのほとんどが同法第8条による「各種学校」として位置づけられている。このため，日本国内においては，長年にわたりその卒業資格や大学入学資格が認められず，日本の大学への進学を希望する者は，一部の公私立大学を除き，大学入学者検定試験を別に受験する必要があった。今日では，外国人学校出身者の受験を認める国公私立大学が増え，受験機会は大きく改善されたが，外国人学校が正規の学校として認められていないことには変わりない。また，学校教育法や私立学校法の規定に従わなければならないとされる一方，私学助成などの対象とはなっておらず，授業料や寄付を中心とした学校法人による運営には厳しいものがある。

❖在日外国人学校が独自に抱える課題

他方，異文化の中で行われる学校教育としては，言語や文化の教育の取扱いをめぐる問題がある。中華学校の例をとると，小学校段階から「華語」のほかに，日常生活で不可欠な日本語，国際社会の共通語である英語も教えられ，三言語教育を実施している。このため，日本の一般の小学校よりも授業時間数が多い。近年では，最近になって来日した「新華僑」の増加に伴い，日本で生まれ育ち日本語を第一言語とする者と，逆に華語はできても日本語はわからないという異なるタイプの生徒を同時にどう教育するかも問題となっている。

また，日本社会への適応や同化が進み，三世，四世が中心となっている今日，「自分は一体何人なのか」といったアイデンティティの揺れも指摘されている。在日外国人学校を選択する理由としては，自分たちの文化や歴史の重視が第1にあげられるが，日本人と同様の日常生活を送る彼らにとって，自らの文化的ルーツをどこに求めるかは微妙な問題となっている。また，日本社会で必要とされる学歴やキャリアの獲得も必要不可欠であり，「各種学校」としての制度上の制約や，日本社会に根強く残る差別意識などを考慮して，上級段階にいくほど日本の「一条校」を選択する傾向が強く，在日外国人教育のあり方には，人材養成機能など新たな意味づけが求められている。(SM)

109 かけがえのない地球を守る感性を育むために
──環境教育

❖環境と教育についての国際的動向

　今日,自然環境や社会環境が激変しており,現代社会においてさまざまな問題や課題となっている。特に自然破壊につながる環境問題は,深刻であり,酸性雨・海洋汚染といった日常の生活に直結して感じられるものから,熱帯林の減少,オゾン層の破壊,地球温暖化など地球規模で長期にわたって影響が心配されるものまで検挙にいとまがない。

　このような状況下にあって,環境をめぐる国際会議がこれまでたびたび開催されてきた。1972年には,ストックホルムで国連人間環境会議が開催されたが,そこで採択された人間環境宣言の中で,環境問題についての教育の重要性が指摘された。この会議をきっかけに,環境教育の必要性が国際的に叫ばれるようになってきた。

　その後,1975年にベオグラードで国際環境教育会議が開催され,ベオグラード憲章が採択された。この憲章では,環境教育の目的を,環境と環境問題について人々が関心をもつことと,環境問題に対処できる知識や技能・態度・実行力を人々が身につけることに置いている。

　1977年には,ユネスコとUNEP(国連環境計画)が協力してトビリシ環境教育政府間会議が開かれ,環境教育を推進するための地域的・国際的協力をうたった宣言が採択された。82年には,国連環境教育会議10周年を記念してナイロビ会議(UNEP管理理事会特別会合)が開催されて,地球環境保全のために人類の果たすべき責任を言及したナイロビ宣言が採択された。

　1987年には環境と開発に関する世界委員会(ブルントラント委員会),92年にはブラジルのリオデジャネイロで国連環境開発会議(地球サミット)が開催され,「持続可能な開発」を1つのキーワードとして,広報や教育を通じて環境と開発の問題を一体化させることの必要性などが強調された。92年の地球サミットでは,地球環境日本委員会から,初等教育から大学

表 環境教育を行う時に重視すべき点

① 豊かな感受性の育成　　② 活動や体験の重視
③ 身近な問題の重視　　　④ 総合的な把握力の育成
⑤ 問題解決能力の育成　　⑥ 総合的な思考力・判断力の育成
⑦ 主体的に働きかける能力や態度の育成
⑧ 専門的分野における知識と技能の習得

まで一貫した体系的環境教育の実施や社会教育の領域での環境教育の充実が提言された。さらに，2005年から「国連持続可能な開発のための教育（ESD）の10年」が開始されたが，この提案を行ったのは，日本である。ESDは，市場原理主義の弊害を是正し，環境，経済，社会の統合的発展をめざす新しい社会づくりに参画する力量形成，人材育成を目標としている。

❖日本における環境教育

今日の日本において，環境教育は，学校教育や生涯学習の領域で重要な内容の1つとなっている。

学校教育について考えてみると，公害をめぐる学習が環境教育の出発点であったと佐島群巳らはとらえている。近年では，1989年に改訂された小・中・高等学校の学習指導要領において，各教科や道徳・特別活動の領域の目標や内容の中に，自然や社会的条件に関する事柄や環境保全や資源の利用にまつわる事柄が数多く載せられている。

また，学校教育での環境教育の指導を進めるために，文部省は，1991年に『環境教育指導資料（中学校・高等学校編）』を，95年には『環境教育指導資料（事例編）』を作成し，環境教育を学校で行う時に重視すべき点として，表の8点をあげている。さらに2007年には，国立教育政策研究所により『環境教育指導資料（小学校編）』がまとめられている。

また，1996年に文部省（当時）生涯学習局は，報告書『青少年の野外教育の充実について』を出して，子どもたちが学校外において自然に接するなどの直接体験を通して学ぶ野外教育を行うことを提唱した。文部科学省は，93年度から「青少年自然体験活動推進事業」を，また97年度から「青少年の野外教育推進事業」を開始している。（NI）

109 かけがえのない地球を守る感性を育むために──環境教育

110 持続可能な社会をつくるための資質を育てる
―― 消費者教育

❖消費者の権利への着目――消費者教育のはじまり

　人類史の原初には不可分であった生産と消費の過程は，貨幣経済の進展とともに生産側と消費側が分離するようになる。工業化社会がもたらした大量生産の中で消費者は王様であるかのように宣伝されながらも，流通の末端で商品を購入する弱い立場に置かれるようになった。商品に欠陥や有害性があれば消費者の利益や安全はただちに脅かされてしまう。このような消費者問題に対して1960～70年代の先進諸国では消費者の権利，すなわち「安全を求める権利，知らされる権利，選ぶ権利，意見を聞き届けられる権利」（1962年，ケネディ教書）および「消費者教育を受ける権利」（1975年，フォード教書）が提唱されるようになった。日本でも消費者保護基本法（1968年）で，行政・企業・消費者それぞれの責務が明らかにされて以降，自治体は消費生活センターを通して相談・情報提供等の啓発活動を行うようになり，消費者関連団体や生活協同組合も独自にあるいは共同して教育活動を展開している。以上のように初期の消費者教育は，市民の消費者としての権利を守るために対症療法的に始まった。

❖学校での消費者教育とは

　その後1980年代には新商法や金融商品が若年層や高齢者も巻き込む販売・契約・信用に関するトラブルを続出させ，学校において青少年により系統的な消費者教育を予防的にも行う必要性がクローズアップされた。これを受けて，89年改訂の学習指導要領において，消費者教育は小・中・高各段階で行われることになった。さらに今次の学習指導要領の改訂（小中学校：2008年，高校：2009年）でも消費者教育は，引き続き時代や子どもの変化に対応する教育として，環境教育・食育・情報教育・特別支援教育などとともに充実がはかられることになっている。消費者教育という広域な学習テーマは，社会科・家庭科その他を通じて教科横断的に多角的に行われることが望ましい。また総合的な学習の時間や特別活動においても

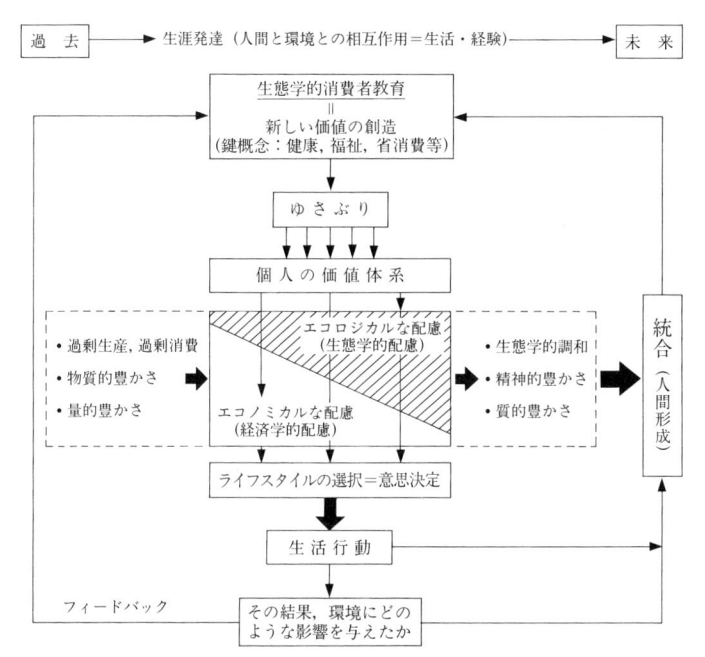

```
  過去  ──→ 生涯発達（人間と環境との相互作用＝生活・経験）──→  未来
```

                    ┌─────────────────────┐
                    │ 生態学的消費者教育 │
                    │   ＝   │
                    │   新しい価値の創造   │
                    │(鍵概念：健康，福祉，省消費等)│
                    └─────────────────────┘
                              ↓
                        ┌─────────┐
                        │ ゆさぶり │
                        └─────────┘
                              ↓
                    ┌─────────────────────┐
                    │   個 人 の 価 値 体 系   │
                    └─────────────────────┘

  ・過剰生産, 過剰消費   エコロジカルな配慮   ・生態学的調和   統
                              (生態学的配慮)   合
  ・物質的豊かさ   ・精神的豊かさ   （人
                              エコノミカルな配慮   間
  ・量的豊かさ   (経済学的配慮)   ・質的豊かさ   形
                                                                             成）

                    ┌─────────────────────────┐
                    │ ライフスタイルの選択＝意思決定 │
                    └─────────────────────────┘
                              ↓
                        ┌─────────┐
                        │ 生 活 行 動 │
                        └─────────┘
                              ↓
                    ┌─────────────────────┐
                    │ その結果，環境にどの │
                    │ ような影響を与えたか │
                    └─────────────────────┘
    フィードバック

図 「生態学的消費者教育」の概念図（家庭科の場合）

環境教育・金融教育・キャリア教育などと有機的関連をもって行われ，児童生徒の中に，未来社会を生きる力が育つことが望ましい。

❖持続可能な社会の形成と消費者教育

今日国際社会では，持続可能な社会の実現が何よりも重視されている。1992年の国連環境開発サミットの「アジェンダ21」にも，先進工業国の従来の生産・消費のあり方の是正が必須であることが述べられている（第4章）。また，多くの叡智ある人々により金融資本主義下のマネーゲームへの狂奔が実は地球規模の貧困と環境破壊を生じていることも指摘され，弱者を生む競争社会とは異なった持続可能な社会関係資本の構築が提起されている。消費者教育には，シティズンシップ教育の一環として経済生活と生態系保護の調和のとれた生活を営む基本能力の育成という任務がますます課されていくことになろう（図参照）。(IM)

111 学校を選べる？——規制緩和と学校選択制

　教育の分野で規制緩和の動きが急速に進んでいる。1990年代以降の行財政改革の一環として進められているもので，21世紀に入ってからは，これまで官製市場といわれてきた医療，福祉，労働，教育の各分野において規制緩和と民間開放が徐々に実行されてきた。この流れを受けていくつかの自治体では学校選択制を導入しているが，問題点も指摘されている。

❖教育における規制緩和の動き

　教育改革の戦略として規制緩和を提起したのは臨教審であった（→67）。臨教審は「教育の自由化」をテーマに据えて「教育に対する画一的国家的統制・許認可・規制等の緩和」を訴え，義務教育諸学校の選択の自由を主張したが，委員間の意見対立から改革の指導理念としては採用されず，代わって「個性重視の原則」が教育改革の最重要原則となった。教育の自由化論は後退したかにみえたが，規制緩和という方向性だけは浸透し，政府の行政改革委員会規制緩和小委員会の第2次報告書（1996年12月）が学校選択の弾力化を提案したのを契機に，翌97年1月には橋本内閣の五大改革（行政，経済，金融，社会保障，財政）に教育が加わることが決定し，政府による規制緩和を原理とする教育改革がスタートした。これを受けて同月文部省が発表した「教育改革プログラム」は小中学校の通学区域の弾力化の実施をうたうとともに，各都道府県教育委員会宛に趣旨徹底の文部省通知を出し，限定的ながら学校選択制がここに実現することになった。

❖学校指定制の枠内での学校選択

　公立の義務教育諸学校への入学は，市町村教育委員会が就学すべき学校を指定することになっているが（学校教育法施行令第5条），保護者がその変更を申し立て，認められると他の学校に行くことができる（同8条）。従来その変更理由としては「地理的理由や児童・生徒の身体的理由」やいじめによる場合に限定されていたが，1997年以降はこれ以外にも可能性を広げ，「調整区域」の積極的活用を進めるなど，これまでより柔軟な措置をとることが推奨されるようになった。その後政策的に学校選択の推進

が掲げられ，学校教育法施行規則改正により，市町村教育委員会は，就学指定の変更要件と手続きについて定め，公表することが義務づけられるようになった（2006年4月より施行）。

現行の学校選択制は，以上のように学校指定制の範囲内での制度であるが，近年の保護者の意思を尊重する立場や特色ある学校づくりの観点から学校選択制を導入する自治体が増加し，2005年現在小学校では8.8％，中学校では11.1％である。形態は「自由選択」「特定地域選択」「隣接校選択」「特認校型式」など多様である。

❖学校選択制の問題

行きたい学校を選べるのは魅力ではあるが，同時に問題点も指摘されている。第1は，特定の学校に志願者が集中し，公立小中学校間に序列が生じる点である。都市部の自治体では，小学校の場合評判のよい大規模校が好まれ，小規模校が敬遠されるという傾向がみられる。現在のところ学校の特色を基準に選ぶ保護者は少数派で，荒れていないという評判や，中学校の場合は進学実績などが判断基準となっており，学校の序列化と進学競争の低年齢化がもたらされる危険性は少なくない。第2は，地域社会の基礎単位である学区が崩壊することで地域の教育力のいっそうの脆弱化が起こり，地域社会を基盤とした豊かな学校づくりが妨げられるという問題である。また，生徒集団の構成の面から，学校ごとの同質化と学校間の異質化が進むことも問題とされている。

❖さらなる規制緩和——教育特区制度

地域の活性化をはかる目的で，地域を限って規制を緩和する構造改革特別区域が2002年に導入された。その中で教育に関するものが教育特区と呼ばれ，学習指導要領によらない教育課程編成の特例が認められ実践されている。小学校における英語科が最も多いが，その他小中一貫制や「市民科」の新設（品川区），「日本語」の新設（世田谷区）などがある。株式会社による学校設置も可能となり，04年4月には初の株式会社立の中学校，大学，大学院が開校した。国の基準に縛られずに独自の教育を実施でき，多様なニーズに応えることができる一方，地域間格差に対する懸念もある。(FS)

112　個人差に応ずるための指導形態——習熟度別学級編成

1学級40人の生徒を相手にしながら，一人一人の生徒の学力の個人差に応じた指導をすることは難しい。せめて生徒の学力が同じ程度であれば授業は進めやすいに違いない。教師がこう考えるのは自然であろう。一方，教師の都合で自分たち（の子ども）が学力別に分類されるのを不愉快に思う生徒や親がいても不思議はない。このような矛盾を抱えつつ，習熟度別学級編成という用語で，事実上の能力別学級編成（→51）が始まった。

❖学習指導要領への登場

一般に平等を重視するわが国では，能力別学級編成は生徒に無用な劣等感や優越感を植えつけ，差別・選別の教育につながるという理由から，文部省（当時）は戦後しばらくはその導入に慎重であった。ところが，1970年代以後，高等学校などへの進学率が90％を超え（1974年），完全に大衆化した高等学校に入学する生徒の学力格差が大きくなり，落ちこぼれといわれる生徒も多数出ていることが問題になると，能力別学級編成がその対策として注目されるようになった。

「習熟度別」という言葉は，1978年に改訂された高等学校の学習指導要領の中で初めて登場した。それには，「生徒の学習内容の習熟の程度などに応じて弾力的な学級の編成を工夫するなど適切な配慮をすること」とある。これ以後，差別感を伴うおそれのある「能力別」に代わって，「習熟度別」学級編成という表現が広く使われるようになったが，どちらの用語を用いても実態は同じである。

中学校については，1989年に改訂された学習指導要領の中で，「各教科の指導に当たっては，学習内容を確実に身につけることができるよう，生徒の実態等に応じ，学習内容の習熟の程度に応じた指導など個に応じた指導方法の工夫に努めること」が配慮すべき事項としてあげられた。基礎・基本の徹底と個性を生かす教育の充実が目的であることが強調されており，必ずしも習熟度別学級編成を求めているわけではない。2008年告示の学習指導要領でも，「習熟の程度に応じた指導」に配慮することとされた。

❖実施の状況

　高等学校の習熟度別学級編成に関する天野郁夫らの詳細な調査によると（1986年），なんらかの形で習熟度別学級編成をしている普通科の高校は，全国平均で45.4％であった。生徒間の学力のバラツキが大きい学校ほど，習熟度別学級編成を実施する割合が高いこと，学級編成に際して生徒の希望はあまり重視されていないことなどが確認された。

　習熟度別学級編成の方法は2つに分類できる。1つは生徒を「平均以上」「平均」「平均以下」などの幅広い能力集団に分類する方法で，バンディングと呼ばれている。もう1つは，特定の教科について，能力ごとの集団に分けて授業をする方法で，セッティングと呼ばれている。バンディングは，大学進学実績の上昇をねらう高校で採用されることが多く，優秀な生徒の育成が主眼となっている。これに対して，セッティングは，学力の低い生徒の集まる高校で採用されることが多く，学力の低い生徒の救済という側面が強い。したがって，基礎・基本の徹底が目的であるならば，バンディングではなくセッティングを採用することが普通である。

❖習熟度別学級編成の問題点

　アメリカでは能力別の指導が当然のこととして行われていると，しばしば引き合いに出される。しかし，アメリカで能力別学級が問題なく認められているわけではない。判例では，能力別学級編成そのものを違憲としたり，教育の機会均等の侵害としたものは見当たらないが，結果として人種的あるいは文化的差別につながる場合や，能力を判定する基準に偏りがある場合には違憲であるとされている。これらの判例は，能力別学級編成が差別を固定化したり，能力の判定が恣意的になったりすることが実際に起こりうることを意味している。

　習熟度別学級編成を実施するに際しては，それが生徒一人一人の学力向上に寄与するのか，学力差を固定しないか，さらに能力・学力とは何か，など考慮すべき問題は多い。近年の研究では，ドリルや記憶中心の学習には習熟度別で効果があがることがあるが，思考力，創造力，問題解決能力などの形成には逆効果であるとするものが少なくない。（MM）

113　30人学級はいつ？――学級編制と教職員配置

　一人一人に行き届いた教育を行うには，学級の人数が少ないにこしたことはない。わが国では1991年度に念願の40人学級がようやく完成したものの，その後30人学級にむけた計画は頓挫していた。ところが近年，地方分離と規制緩和の流れの中で40人学級の基準もようやく弾力化の傾向をみせている。

❖学級編制の基準の変遷

　学級編制の基準をわが国で最初に規定したのは，1891（明治24）年の「学級編制等ニ関スル規則ノ事」であった。そこでは1学級は尋常小学校で70人以下，高等小学校で60人以下とされ，1941年の「国民学校令施行規則」では初等科60人以下，高等科50人以下とされた。当時から，教員は各学級に1名が配置されるという方式がとられ，学級数を規模に教員定数が定められる慣行は今日まで引き継がれている。戦後の学校教育法施行規則では小中学校の1学級の児童（生徒）数は50人以下とされた。しかし実際には10年以上経過しても50人以上の「すし詰め学級」が3割にも達することが明らかとなり，この状況を打開するために，公立の小中学校については特別の措置がとられることになった。それが「公立義務教育諸学校の学級編制及び教職員定数の標準に関する法律」（標準法，1958年制定）である。以後，学級規模の縮小が漸次進められていくことになった。

❖40人学級への長い道のり

　標準法の目的は，学級規模と教職員配置の適正化をはかり，義務教育水準の維持・向上に資することである（1条）。同法はまた，教員配置は，1学級の児童・生徒数を定め，学級数と算定率から教員定数を算出することを明記した（6条）。これを受けて翌年から，学級規模の縮小とそれに応じた教員配置の適正化が進められていった（教職員配置改善計画）。

　まず第1次改善計画（1959～63年）では50人学級の実現が，第2次計画（64～68年）では45人学級の実現がめざされた。第3次（69～73年），第4次計画（74～78年）では複式学級の解消等が目標とされ，第5次計画

(80〜91年)でようやく40人学級の実施がめざされた。この結果,92年4月からは40人学級が完全実施の運びとなり,国公立学校での平均学級規模は初等教育28.5人,前期中等教育33.7人となった(2004年,OECD調査)。以前よりかなり縮小されたもののOECD平均を上回っており,加盟国中,韓国に次いで学級規模の大きい国となっている。

❖学級編制の弾力化

第6次(1993〜99年),第7次(2001〜05年)計画とも学級規模の縮小は国に多額の財政負担を強いるという理由により見送られ,少人数指導や習熟度別指導などのきめ細かな指導を行う学校に教職員加配を行うという方針に変更された。国の逼迫した財政状況のもとでは全国的措置としての学級規模の縮小は無理との判断がなされたわけだが,地方分権の流れを受けて2001年に標準法が改正され,40人学級という国の標準は維持しつつも,都道府県教育委員会が40人を下回る数を基準として定めることができるようになった。加えて03年度から,各都道府県教育委員会の判断により,学年を限定する特例的な場合に限らず40人を下回る一般的な基準(たとえば県内一律の38人学級編制)を定めることが可能であることや,個別学校ごとの事情に応じて柔軟な学級編制が可能であることを改めて周知し,学級編制のいっそうの弾力化をはかった。これにより,小学校低学年を中心に46都道府県において少人数学級が実施されている(2008年度)。

なお,小学校と中学校の設置基準が制定されたことに伴い,04年度からは国・公・私立を問わず一律40人以下が標準となった。ただし当分の間,従前の例によることが認められている。

❖教職員定数の運用も弾力的に

教職員定数は,標準法によって,学校規模ごとに学級総数に法定係数を乗じて算出されることになっているが,年度当初に煩雑な事務が発生し教育条件の不安定を生むため見直しの声も上がっている。児童生徒数を基準に教員定数を算定し,具体的な教員配置は学校の裁量に任せる,という方式が考えられてもよいだろう。(FS)

114 進級・進学を早め「優れた能力」を開花させることは可能か
——飛び級・飛び入学

　他の子どもと比べ「優れた能力」をもつ者の教育は，学齢による平等主義と能力主義のはざまで常に問題とされてきた。「早く」教育することの是非を含め，子どもにとって意味のある能力の開花とは何なのだろうか。

❖「飛び級」論議の歴史的経緯

　戦前の日本の学校制度は，課程主義による学年制をとっていたため，「飛び級」が認められていた。それに対し，戦後は，年齢主義にもとづく学年制をとるようになり，「飛び級」は認められなくなった。しかしながら，能力主義を重視した学校制度の弾力化をめぐる論議は従来から一貫してあり，1963年には，経済審議会答申「経済発展における人的能力開発の課題と対策」において，飛び級制度の検討の必要性が指摘されている。また71年の中央教育審議会答申でも言及され，さらに84年には，「世界を考える京都座会」の「学校教育活性化のための7つの提言」において，競争原理にもとづき飛び級制度を肯定する考え方が示された。

❖第16期中教審による「飛び入学」の提言

　1997年6月に第16期中教審が示した第2次答申では，従来の論議をふまえ，特に「飛び入学」に関しより具体的な提言が行われた。同答申では，形式的な平等主義を改め，能力・適性に応じた個性尊重の教育への転換が唱えられた。そして，現行学校制度の柔軟化・弾力化をはかり，多様な選択機会の導入を促すことを打ち出し，学校間接続，大学・高校入試改革とともに「飛び入学」が「教育上の例外措置」として提案された。

　中教審が示した具体案は，当面は数学と物理の分野において「稀有な才能を有する者」で，高等学校に2年以上在学した17歳以上の者を対象に大学入学を認めるというものである。これは，諸外国の状況や1994年度から毎年約1000人の高等学校生徒を対象に行ってきた大学レベル教育のパイロット事業の結果，ならびにすでに認められている大学学部から大学院への1年間の早期進学において一定の効果が得られていることから提案

されたもので，将来的には，年齢制限を16歳以上の者とすることや対象分野の拡大も考慮するとした。ただし，その一方で「受験エリート」を早期に入学させるためのものではないことを強調し，対象者の選考に際しては，受験競争を激化させないよう学力試験による選抜は行わず，推薦などにもとづき高校と大学の連携のもとに受入れを検討するとした。一方，「飛び入学」の積極的導入案に対し，中教審は小・中・高における「飛び級」については，受験エリートの育成を促し，保護者や子どもの心理状況に問題を起こすおそれがあるという理由で不適当という見解を示した。

❖「飛び入学」に対する賛否二分論

「飛び入学」に対し，1997年7月に日本経済新聞社が全国の国公私立大学長を対象に行ったアンケート調査では，賛成が49.7％，反対が47.1％であり，同様に，『高校教育展望』による全国の高校教師を対象にした調査でも賛成が48％，反対が45％と拮抗していた。主な賛成理由は，能力を有する者はそれに応じた教育が必要であり，特に理数系においては，努力よりセンスの問題が大きく，早期英才教育は人材育成の点からも必要というものである。他方，反対意見としては，青少年のバランスのとれた成長が歪められることを懸念し，全人的教育の必要性を主張するものが多い。

❖「飛び入学」の実現と制度の不確実さ

こうした議論の中，文部省（当時）は1997年7月に「数学又は物理学」の分野に限定して「飛び入学」を制度化したのち，2001年には対象分野を問わず行うこととした。千葉大学工学部が1998年度から「飛び入学」を開始したほか，2008年度入試までに制度を導入したのは，会津大学，昭和女子大学，成城大学，名城大学，エリザベト音楽大学の6大学であるが，制度開始から10年を経て累計の入学者は72名と少なく，「飛び入学」制度が広がる動きはない。その理由としては，人材育成戦略に必要とされながらも，「優れた稀有な才能」の定義が曖昧で，その発見や指導に慎重な姿勢を示すところが多いことや，早期英才教育への根深い批判，また「飛び入学」は「高校中退」扱いとなることへの不安があり，文部科学省も2007年にはその拡大を見送る方針を示した。(SM)

115 高校入試を廃止し中等教育の個性化・多様化をはかる
——公立中高一貫制

　文部科学省によれば，今日，高等学校への進学率は97％を超えており，生徒の能力・適性，興味・関心，進路等が多様化する中，特色ある学校づくりの推進が求められている。中学・高校の6年間は生徒の心身の成長と変化が激しく多感な時期であるが，一方ではいじめや登校拒否なども深刻化している。生徒の個性を最大限伸長させ，かつ学習の選択幅を拡大する目的で導入されたのが，公立中高一貫制の選択的導入である。

❖**中教審による選択的導入の構想**

　中高一貫制は，1971年の中央教育審議会答申や臨時教育審議会答申などで提言されてきた教育改革の懸案であったが，97年6月に第16期中教審が示した第2次答申では，従来の論議および第15期中教審での審議をふまえ，形式的な平等主義を改め，能力・適性に応じた個性尊重の教育への転換，ならびに多様な選択機会の導入が打ち出された。国立大学附属校や私立学校（公立では宮崎県に1校あるのみ）で導入されてきた中高一貫教育について，総合学科や単位制高校の拡充，中学における選択履修幅の拡大など，中等教育全体で進められている多様化・複線化をより進展させ，生徒や保護者の選択機会を広げられること，および地方公共団体や学校法人などの学校設置者がより特色ある教育を行えるようになるという点を評価した。そのうえで，その実施形態として，次の3つの案を示した。①学校運営を一体化させ，6年制中等学校とする（中等教育学校），②同一の設置者が中学・高校を併設し，高校入試を行わずに接続させる（併設型中学校・高等学校），③1校または複数の市町村立中学校と都道府県立高校を連携させ，高校入試を廃して6年間の計画的・継続的教育を行う（連携型中学校・高等学校）。また，現行制度に即して普通科・総合学科・専門学科（職業，芸術，体育，外国語，理数の各科）の類型を想定した。ただし，普通科タイプの中高一貫校が「受験エリート校」となることを懸念し，適切な教育内容や入学者の選抜方法の実施が求められることを示唆した。

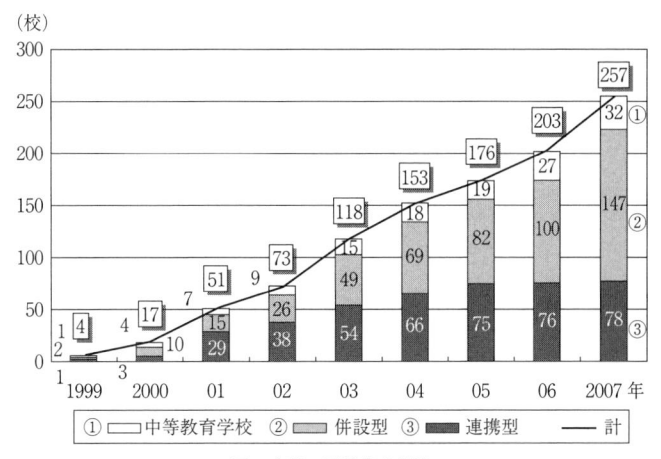

図 中高一貫教育の推移

　この中教審答申を受け，文部省は1997年8月に「教育改革プログラム」を発表し，98年6月の改正学校教育法の成立により，99年4月より中高一貫教育を選択的に導入することが可能となった。

❖公立中高一貫制の増加と課題

　こうして，岡山市教育委員会が全国に先駆けて市立初の一貫校を開校したのを皮切りに，2007年では全国で257校の公立一貫校が誕生している。しかしその一方で，中高6年間の教育課程を弾力的に運用し，ゆとりと個性を重視した中等教育を実現するという本来の理念とは裏腹に，人材育成や学力向上を理念に掲げ，私立中高一貫校と進学実績を競う学校間の序列化とエリート校化が目立ち始めている。公立一貫校の入試においては，受験競争が低年齢化しないように学力試験は行わないという文部科学省の方針のもと，「適正検査」が実施されているが，2008年春の千葉県立千葉中の競争率27倍という数字に象徴されるように，私立より安い費用で一貫教育を求める高い教育要求のもと，塾等の小学校外での「受検」対策や訓練が必要とされるのが現実である。こうした現状に対しては，公立校でありながら教育機会の不平等や格差を制度化しており，また優越感や劣等感を生んでいるという強い批判も出されている。(SM)

116　高等学校第3の学科——総合学科

　総合学科は，1993年高等学校設置基準の改正により「普通教育及び専門教育を選択履修を旨として総合的に施す学科」と規定され，普通科，専門学科に次ぐ第3の学科となり，94年4月にスタートした。

❖設置にいたる経緯と総合学科の教育内容

　1991年，第14期中央教育審議会答申は，社会の変化を背景として高等学校教育の多元化を提言した。その中で最も注目されたのは「総合的な新学科」であった。

　答申を受けて文部省の高校教育改革推進会議は1992年「高校教育の推進について」(第1次)の報告書をまとめた。そこに述べられる新学科は，「生徒が自己の適性，興味・関心，将来の進路への自覚を深めつつ，それぞれの個性を伸長させるという，枠にとらわれず，学校が幅広く総合的な選択科目群を開設し，生徒の個性を生かした主体的な選択による学習が可能となるような学科」であり，名称は「総合学科」とするとされた。教育課程の編成は，高等学校必修科目：学習指導要領に掲げる必修科目，学科必修科目：新学科独自の必修科目(3科目)，総合選択科目：各総合選択科目群を構成する科目，総合選択基礎科目：各総合選択科目群を構成する科目のうち当該科目群の基礎となる科目，自由選択科目：生徒の興味・関心等に応じて自由に選択される科目，であった。学科必修科目には，「産業社会と人間」「情報に関する基礎的科目」「課題研究」が置かれた。「産業社会と人間」では，将来の職業生活を視野に入れて進路の方向を見出させること，社会の一員として必要とされる態度やコミュニケーションの仕方を身につけさせることがねらいとされ，内容には，産業活動の体験，学校における複数分野にわたる基礎的な実習，社会人との交流，意見発表および討論等があげられた。また，「情報に関する基礎的科目」では，「情報処理」「情報技術講座」などが示され，コンピュータとその利用についての知識・技術・情報処理能力・態度を養うことがめざされた。「課題研究」では，問題を発見し解決する能力，創造的主体的学習態度を身につけさせ

ることをねらいとするものとされた。総合選択科目群は，ある程度のまとまりのある学習および生徒自身の進路の方向に沿った科目履修を可能にするためのものとされ，たとえば，情報系，工業技術系，流通経営系，国際ビジネス系，コミュニケーション文化系，海洋環境系，生物生産系，看護・福祉系，芸術系，デザイン系，生活文化系，環境科学系，国際教養系，体育健康系，人文社会系，理数系等が示された。さらに，同報告書は，望まれる授業形態・履修形態として，グループ学習，ゼミナール形式の授業，ティーム・ティーチング，単位制，学校間連携などをあげた。これを支えるために，教員の定数配置，施設・設備の整備，教員の研修等，人的物的条件の整備，充実の必要性をも指摘した。

高校教育改革推進会議は，1993年，最終報告書（第4次）を提出した。それを受けて文部省は，総合学科の内容を初等中等教育局長名で都道府県教育委員会に通知して，いよいよ総合学科は94年度から発足することとなった。初年度は，国公立高等学校7校，翌年の95年度は16校，96年度は22校というように増加傾向にあり，2008年度には334校となっている。

❖総合学科の現状と課題

設置された総合学科の教育課程の特色は，国際化，高齢化，情報化という時代の変化への対応，地域の産業・文化・伝統との結びつきの重視等がみられ，国際化に関連する語学教育では，英語以外に中国語，ロシア語の開設を試みる高校もある。総合学科の鍵とみなされる「産業社会と人間」は，生徒が将来の進路等に向けて必要な科目を選択する際のガイダンス的な科目とされるが，教科書はなく，各学校が生徒や地域の実情に応じて指導計画を作成している。文部省（当時）は，この科目が高校の進路指導改善に有効なものであるとして普通科へもその導入を呼びかけている。

総合学科の問題点として，生徒間の交流，ホームルームのあり方，教育課程の編成等が設置校によって指摘されている。さらに，普通・専門・総合学科間の序列をつくらない教育的配慮が必要とされるほかに，幅広い分野の教育と体系的な専門教育とのバランスをいかにとって総合学科の独自性を生かしていくのか，今後の実践にかかっているといえよう。（OK）

117　生徒を引きつける学校——マグネット・スクール

　マグネット・スクールとは，普通の中等学校では提供しにくい特殊な教育課程を開設し，同一学区内の生徒なら通常の通学区にとらわれずに自主的に通うことのできるようにした学校のことで，あたかも磁石（マグネット）が鉄を引きつけるかのように，生徒を引きつけるだけの魅力ある学校ということでこの名がつけられている（→ 98）。

❖アメリカの例

　アメリカでは 1960 年代の人種統合をめざす学校統合の努力の中で，この学校が考案された。黒人居住区と白人居住区を人為的に組み合わせて両地区の生徒を無理矢理に統合するのではなく，特定の学校に魅力ある教育課程を開設し，生徒は自主的にその学校を選択して通学するという方式にしたのである。

　ニューヨーク，ワシントン，シカゴ，フィラデルフィアなどの大都市にその例が多くみられる。ニューヨーク，ワシントンなどでは，ダンス・演劇などのパフォーミング・アーツや科学・技術などに重点を置いたものが多い。一方，フィラデルフィアでは，ボーダン・ハイスクールのようにハイテクノロジーを駆使しての外国語・外国事情に重点を置いたものや，パークウェイ・ハイスクールのように，フィラデルフィア市街地区全域を学校のキャンパスとみたて，市内の博物館，美術館，独立記念館，市役所，病院など，所蔵品，専門家を活用する「壁のない学校」などがある（→ 98）。シカゴでは，中等学校のみならず，小学校でも，フランス語，ドイツ語，日本語，中国語に重点を置いた学校が設置されている。

　学校によっては，特定の科目，たとえば日本語など，他校では開設されていない外国語の時間にのみ，周辺の学校から生徒が通ってくる方式をとっているところもある。

❖イギリスの例

　イギリスでは 1980 年代の保守党政権（サッチャー政権）のもとで，総合制中等学校による一様性を打破し，学校を多様化して親に学校の選択を認

める政策の一環として、アメリカのマグネット・スクールが参考にされた。

そして、①国庫維持学校（グラント・メインテインド・スクール）、②シティ・テクノロジー・カレッジが新設された。①は公立学校が地方教育当局の管轄から離脱（オプティング・アウト）し、中央政府から直接維持費を受けることにより、入学生徒の選抜をするなど、多くの面での自由が認められる学校である。②は、都市部の再開発と民間活力の導入を掲げ、ハイテクノロジーを駆使しての授業を行

マグネット・スクール——外国語・外国事情に重点を置くアメリカ・フィラデルフィアのボーデン・ハイスクール

うなど、周辺の中等学校にはできない教育を行うというもので、全国に15校新設された。その第1号は1989年にバーミンガムに設立されたキングズハースト校（11〜18歳）で、国費のほかに、約70の民間会社からの資金をもとに設置された。

商業、工業、情報処理、調理科学、健康科学、デザイン工学（ロボット、コンピュータ・デザインを含む）、パフォーミング・アーツ、旅行業、余暇研究、保育学、看護学、介護学、外国語などのコースを開設している。なお、外国語にはフランス語、スペイン語と並んで日本語が開設されている。

シティ・テクノロジー・カレッジは国費のほかに民間活力を導入することにより全国に20校設立する計画であったが、民間企業からの資金が予期したほどには集まらず、現在までのところ15校にとどまっている。

❖問題点

子どもの学校選択には現実には親がかかわっているので、教育に関心のある親の子どもがマグネット・スクールに集中してしまい、教育に関心の低い親の子どもの集まる学校との格差が、ますます拡大するのではないかと懸念されている。(OZ)

118 学びながら働く
——大学・高校におけるインターンシップ

「インターンシップ」とは、在学中に専攻や将来の進路に関連した仕事を、単位取得しながら体験する制度である。欧米諸国や日本でも大学などですでに実施されているが、今後は高校以下の段階での導入が検討されている。

❖アメリカのインターンシップ

地域とのつながりを重視するアメリカの大学・学校では、早くからこうした活動に積極的に取り組んでいる。単位取得の対象となる活動は、教師が授業の一環として計画したものもあるが、学習者自身が選択して教師が認定したものもある。また、対象となる職場も企業だけでなく、社会福祉団体等も含まれており、ボランティア精神の育成にも寄与している。

❖大学のインターンシップ

わが国でも、多くの大学で実施されるようになってきた(2005年度実施,大学62.5%、短大37.8%)。大学での研究成果と企業実務の交流、実務経験をもとに就職・採用活動が行えるなどのメリットを考えると、今後いっそう関心が高まるものと思われる。なお、実施にあたっては、単位認定のための就業条件、労災問題などいくつかの検討すべき問題がある。

ボランティア活動も、阪神・淡路大震災(1995年)などで注目され、福祉系以外の一般大学でも単位認定の動きがみられる。

❖高校以下の段階でのインターンシップ

高校以下の学校においても、職場体験学習の動きが広がっている。2006年度の実施率は、公立中学校で94.1%、公立高校(全日制)で66.5%(普通科56.5%、専門学科81.5%、総合学科82.9%)となっている。また高校においては、自校以外での学修成果(他の高校、専修学校、技能審査の合格成果など)の単位認定が1993年度から導入されていたが、98年度からは就業体験、ボランティア活動などでの学修成果も各学校長の判断で認定可能となり、2005年度からは認定単位の上限を20単位から36単位に拡大している。

こうした動きの背景には、近年のキャリア教育への注目がある。もともとは、1970年代のアメリカの教育改革運動の中で生まれた考えであるが、わが国では、中央教育審議会答申「初等中等教育と高等教育との接続の改善について」(1999年)の中で、初等教育から中等教育さらにはその後の教育（高等教育および社会教育など）まで含んだ継続的で一貫した職業教育として注目された。急速な社会変化の中で、主体的に進路選択・決定が行える能力が求められるが、他方でフリーターやニートなど若者の勤労観、職業観の希薄化が問題となっている。こうしたことから進路に関係する啓発的体験の機会が必要とされている。

❖インターンシップの意義

職場において必要な能力や自己の適性について考える場を提供することで、増加する高校中退や就職後の早期離職・転職の防止策となること、学校での学習と職場での実際的知識・技能との関係を理解することで学習意欲を喚起することなどの教育効果が期待される。また、職場体験を通して新たな「教え―学ぶ」関係が形成されることで、弱体化が指摘される地域の教育力の強化にもつながるものと思われる。さらに、高校・大学への入学者決定方法の多様化の観点から、活動実績を入学者選考の資料とすることも考えられる。

❖インターンシップの課題

大学、高校において、実施学校・学科数に比べ参加学生・生徒数の割合が低い、また地域、学校段階においてばらつきがあるなど、実施上の偏りの問題がある。これは、受入れ企業数の確保が困難であることや保護者、企業にインターンシップの意義が十分に理解されていないことなどが原因として考えられる。また、このような職場との交流活動には指導する教員の側の力量も問われる。そのため、近年では教員研修の一環として企業研修を導入して社会体験の充実を求めるところもある。

キャリア教育の理念として示されている、各学校段階を通した進路指導（職業指導）の組織的・体系的実施や家庭、学校、企業、行政など関係者の連携・協力のための環境整備が今後求められる。(KS)

119 一般教育と専門教育の有機的統合へ
——大学設置基準の改訂

　日本の大学は，戦前のヨーロッパ型（旧制高校3年間で一般教養教育，旧制大学3年間で専門教育を行うシステム）から，戦後の切りつめられたアメリカ型（新制大学4年間で一般教育と専門教育の双方を行う型）へと変化した。この時，人文科学・社会科学・自然科学の3分野均等履修により，一般教育を保証するという考え方が取り入れられた。最初は，各分野12単位合計36単位が要求されていたが，基礎教育科目の設定などにより，しだいに3分野の履修単位数が減少する方向で改革がなされていく。しかし，1991年のいわゆる大学設置基準の大綱化まで，基本的には，戦後の改革枠組みが維持されていた。

❖ **1991年の大学設置基準の大綱化の背景**

　戦後日本の一般教育には，最初から問題が内包されていた。モデルとされたアメリカの場合は，学部の4年間を通してリベラル・エデュケーションを行い，大学院において専門教育を行うという，リベラル・アーツ・カレッジの理念が生きていた。日本の場合には，最初の1.5ないし2年間は一般教育を行い，あとは専門教育を行うという形になり，しかも教員が一般教育担当教員と専門教育担当の教員とに分離し，一般教育担当の教員は専門教育担当の教員よりも予算，研究条件，教育条件などに関し劣悪な条件のもとに置かれることになった。

　その結果，一般教育は，高校の教育の延長であるとか，無味乾燥な概論であるとかの批判を招き，専門教育からの圧力を常に被ることになった。こうした弱点を克服すべく，新しい一般教育と専門教育の関係を試みることができるように，1991年に大学設置基準が大綱化されるにいたった。

❖ **1991年の大学設置基準の改訂内容**

　1991年の大学設置基準の改訂により，従来定められていた，保健体育科目，外国語科目，人文科学，社会科学，自然科学といった科目区分別の最低必修単位数枠がはずされ，個々の大学が比較的自由に教育課程を組む

ことができるようになった。その際一般教育と専門教育を有機的に統合することが重要な課題とされた。他方、大学の自由に任せた場合、質の保証に問題が生じないように、大学の自己点検・評価が同時に導入された。

❖大綱化以後

　大綱化以後5年ほど経過したころの改革状況を文部省高等教育局大学課大学改革推進室のアンケート調査や大学基準協会の調査などを手がかりに、改革傾向を整理すると、①専門基礎教育の強化、教養教育の比重の低下により、従来よりも専門教育の方にカリキュラム構成が傾斜した、②実用から離れた教養主義カリキュラムから実用主義的なカリキュラムへ傾斜した、③1,2年で教養科目、3,4年で専門科目といった積み上げ型から楔形のカリキュラムへ傾斜した、といった特徴があげられる。

　その後、教養教育の弱体化への問題提起もあり、大学によっては教養科目を強化する大学もあらわれはしたが、全体としては、専門教育と教養教育の有機的統合の名のもとに、日本の大学教育の専門教育化が進んでいるようにみえる。

❖将来の方向性

　カリキュラム構成論の観点から「大綱化」以後の動きをみると、「大綱化」により、従来の学問中心カリキュラムが再検討され、社会との関連で資格関連科目の導入がはかられ、学生の興味との関連で選択自由科目の増大がはかられたとみることができる。大学が大衆化するに従って、大学教育は学者の養成ではなく社会人の養成を主要目的とせざるをえなくなっている。こうした現在の学生の関心、社会生活とのレリバンスに配慮しながら、大学のカリキュラムを体系化しなおすことが今求められているのである。それぞれの大学の創立理念や教育目標をふまえて、学問的知識を、社会的必要性、学生の興味関心に照らして再構成した上で体系化することが、今後の最大の課題となるとみられる。

　自己点検・評価についても、画一的な目標から評価するのではなくそれぞれの大学の教育理念、教育目標に照らして評価することが強調されているのは、こうした努力を求めているからにほかならない。(II)

120　開かれた大学——大学の自己点検・評価から認証評価へ

1991年の大学の設置基準の改訂により,「大学は,その教育研究水準の向上をはかり,当該大学の目的及び社会的使命を達成するため,当該大学における教育研究活動等の状況について自ら点検及び評価を行うことに努めなければならない」との条文が新たに盛り込まれた (→119)。これ以後,自己点検・評価を行う大学は着実に増加していく。2002年に学校教育法が改正され,さらに,第三者機関による認証評価が大学に義務づけられることになった。

❖大学の自己点検・評価

大学の自己点検・評価が導入されるにあたっては,アメリカのアクレディテーション・システムが大いに参考にされた。大学の認定に関しては,イギリスに代表される国王がチャーターを授与するもの,日本のように国家の設置基準によって規制する政府統制方式,アメリカに代表される外部機関による調査認定によるアクレディテーション・システムがある。日本は,設置基準により大学を設置する段階で質を保証するシステムをとっていたわけであるが,1991年の設置基準の大綱化により基準が大綱化されてしまったため,大学の質の維持を担保するために自己点検・評価が採用された。外部機関による評価についても議論されたが,急激な改革を避けるためひとまず自己点検・評価から出発し,少なからぬ大学が自己点検・評価に慣れた段階で,学校教育法の改正により外部機関による認証評価が導入されるにいたった。

❖認証評価について

学校教育法第69条の3の②に「大学は,前項の措置に加え,当該大学の教育研究等の総合的な状況について,政令で定める期間ごとに,文部科学大臣の認証を受けた者(以下「認証評価機関」という)による評価(以下「認証評価」という)を受けるものとする」と規定されている。

「前項の措置」というのは,自己点検・評価をして公表することを指しているので,自己点検・評価に加えて「認証評価」を受けるということに

なった。認証評価機関としては，現在，独立行政法人大学評価・学位授与機構，財団法人大学基準協会，財団法人日本高等教育評価機構などがある。

大学の認証評価は7年ごとに受けなければならないこととなっているが，専門職大学院については5年ごとに認証評価を受けることになっている。

❖認証評価のプロセス

財団法人大学基準協会の場合，評価を受けようとする大学は，まず，協会が要請する点検・評価項目を中心に自己点検評価を行い，その報告書と基礎データを指定期日までに提出する。次に，基準協会の評価委員会が，書面評価をしたあと実地視察を行って，総合的に評価を行う。大学評価委員会は，大学基準への適合性を判断し，各大学へのアドバイスとして，「勧告」「助言」をとりまとめ「大学評価結果（委員会案）」を作成し，申請大学に送付する。「助言」や「勧告」が付された大学は，3年後に改善報告書を出す。第三者機関は，その改善状況を検討して必要な場合は，再び「勧告」を出す。といったプロセスをとる。

❖認証評価の評価項目

何をどう評価するかが重要であるが，独立行政法人大学評価・学位授与機構の場合は，次の11基準を立てている。①大学の目的，②教育研究組織，③教員及び教員支援者，④学生の受入，⑤教育内容及び方法，⑥教育の成果，⑦学生支援等，⑧施設・設備，⑨教育の質の向上及び改善，⑩財務，⑪管理運営の11である。これでみるとわかるように大学の総合的・全体的な評価がめざされていることがわかる。

❖認証評価の将来

まだ，7年間の認証評価の第1ラウンドしか経験していない段階なので，明確なことはいえないが，最初の経験から指摘されていることの1つは，評価のための評価になる危険性があるという点である。評価のための作業量が膨大なため，その作業時間増が教育研究時間を削減する結果となり，逆に質の低下を招く危険があるのではないかというわけである。回数を重ねるにつれて，自己点検作業自体が構成員の動機づけにつながり大学全体が活性化するような方式を生み出していくことが今後の課題である。（Ⅱ）

121　学習も支え合って行おう──教育(学習)ボランティア

　1986年，国立科学博物館に教育ボランティア制度が登場した。この制度に登録した人々は，科学の専門家ではない。年齢も職業もまちまちである。彼らの役割は，自らのさまざまな知識・技術・経験を生かして，博物館の利用者とコミュニケーションをはかりながら，見学や学習の手助けを行ったり，新しい参加体験型の展示についての立案を行ったりして，開かれた博物館づくりを進めることにある。このように近年，生涯学習を支援するために，従来のボランティアとは少しイメージの異なる「教育（学習）ボランティア」や「施設ボランティア」の制度がスタートしている。

❖教育（学習）ボランティアの構想

　生涯学習を支援するためのボランティア活動についての考え方は，1992年7月に生涯学習審議会から出された答申「今後の社会の動向に対応した生涯学習振興方策について」において明確に示されている。

　この答申では，生涯学習の振興をはかるために当面重点を置いて取り組むべき課題として，「社会人を対象としたリカレント教育の推進」「青少年の学校外活動の充実」「現代的課題に関する学習機会の充実」と並んで，「ボランティア活動の支援・推進」があげられている。

　学校週5日制の導入が始まった1992年ころから，教育の場においてボランティア活動が特に注目されるようになった。同年に出された生涯学習審議会の中間報告では，ボランティア活動の経験を大学入試や企業の採用試験において評価するように提言しており，上述の答申にもその内容が盛

表　「のびのびキャンパス岡山」学習ボランティア講座（岡山県生涯学習センター）

7/13	ボランティアの心，ボランティア概説〔福祉専門学校職員〕
7/27	生涯学習とボランティア〔当該センター振興課長〕
8/ 3	楽しいレクリエーション〔当該センター指導主事〕
8/10	カウンセリングの知識の習得〔岡山市小学校長〕
8/17	ライフサイクルと心の四季〔岡山県立大学助教授〕
8/24	アクティブライフ井原まなびめいとの活動〔アクティブライフ井原館長〕
8/31	生涯学習センターでの実践

〔　〕は講師，数字は月／日を示す

学習ボランティア講座
——楽しいレクリエーションの実習風景

り込まれた。94年には実際に，採用において学生のボランティア活動を評価することを発表した銀行も登場している。

しかしながら，教育（学習）ボランティアは，その名称に使われているボランティアの意味がこれまで常識的に使用されてきたものとは必ずしも同じとはいえないのではないかという指摘もある。生涯学習を推進する上で教育（学習）ボランティアを奨励している文部科学省は，1996年度の『我が国の文教施策』の中で，生涯学習とボランティア活動との関連について前述の生涯学習審議会答申をふまえながら，次の3つの視点をあげている。

(1) ボランティア活動そのものが自己開発・自己実現につながる学習の場であるという視点
(2) ボランティア活動を行うために必要な知識・技能を習得するための学習活動があり，学習成果を生かし深める実践としてボランティア活動があるという視点
(3) 人々の学習活動を支援するボランティア活動によって，生涯学習の振興がいっそうはかられるという視点

❖教育（学習）ボランティア活動の育成支援

教育（学習）ボランティア活動の推進をはかって，国は，都道府県の行う「生涯学習ボランティア活動総合推進事業」に対して助成を行っている。

また，ボランティア活動希望者の育成支援については，文部科学省認定の社会通信教育として「生涯学習ボランティアコース」が設けられているほか，各地域の生涯学習センターなどで教育（学習）ボランティアに関する講座が開かれている。表は，1997年度に岡山県生涯学習センターで開催された学習ボランティア講座の内容を示したものである。(NI)

122　情報社会に生きる力──メディア・リテラシー

❖メディア・リテラシー（media literacy）とは何か

　総務省の定義によれば，メディア・リテラシーとは，次の3つを構成要素とする複合的な能力のことを指す。①メディアを主体的に読み解く能力。②メディアにアクセスし，活用する能力。③メディアを通じコミュニケーションする能力。特に，情報の読み手との相互作用的（インタラクティブ）コミュニケーション能力。この用語はカナダ，アメリカ，オーストラリアなどの英語圏で用いられるようになったが，諸外国では「メディア研究」（イギリス，ハンガリー），「メディア・コンピテンス」（ドイツ），「情報素養」（韓国），「媒体素養」（台湾），「信息素養」（中国）などとも呼ばれる。

　ここでいうメディアとは情報が流通する媒体のことであり，手紙，電話などの個人的コミュニケーションのパーソナル・メディアと，書籍，新聞・雑誌，ラジオ，テレビ，ビデオなどのマス・メディアを含む。20世紀末から，情報通信技術が目覚ましい発展を遂げたことに伴い，パーソナル・コンピュータ，インターネットや携帯電話など，従来のメディアの機能をすべて含む新しいマルチ・メディアが急速に普及した。

　その一方で，所得や学歴，年齢，ジェンダーなどの格差によって，これらの新しいメディアにアクセスし使いこなすことのできる人とできない人の情報格差（デジタル・ディバイド）が大きくなっていった。地球規模では先進諸国と発展途上国とのデジタル・ディバイドが生じ，識字率の格差ともあいまって教育格差の増大につながっている。先進諸国では，誰でも手軽に不特定多数の人々に情報を発信できるニューメディアによって市民社会のネットワーク構築が容易になった反面，メディアを用いたいじめや犯罪が新たな社会問題として浮上した。子どもに有害とみなされるメディアを通じた情報については，法律で規制をしたり，フィルタリング装置をつけるなどの措置をとったりすることも可能であるが，情報の受け手が自らの判断によって必要な情報を取捨選択することができるようなメディア・リテラシーを身につけることも重要となっている。

❖メディア・リテラシーを育む教育の位置づけ

　各国におけるメディア・リテラシーの教育の位置づけは，それぞれの国でメディアの規制がどのように行われているかによって異なる。民主主義国家の多くは，表現の自由を認めているため，メディア・コンテンツに規制をかけることができず，メディアの商業主義化が進む傾向がみられる。そこで，すべての市民が批判的メディア・リテラシーを身につけ，自らをエンパワーすることが必要となる。たとえばメディアに対する国の規制がきわめて緩やかなカナダでは，各州の学校教育の英語科の教育課程の中でメディア・リテラシーが必修になっている。この反対に，北朝鮮や中国のような社会主義体制のもとでは，中央政府がメディア・コンテンツをコントロールしている場合が多く，人々が官製のメディアのコンテンツを批判的に分析することはあまり歓迎されない。

　日本では，テレビが一般家庭に普及した1970年代に，幼児のテレビ視聴に関心をもった親たちが自主的にメディア・リテラシーに関する学習を組織した。たとえば99年に特定非営利活動法人（NPO法人）となったFCTメディア・リテラシー研究所は77年に創設された。以後，FCTは，メディア社会を生きる子どもや女性，シニア市民といったマイノリティ市民の視座から，メディア問題を取り上げ，参加型の学習により人々のメディア・リテラシーを高めるワークショップを行ってきた。FCTではメディア・リテラシーを育む学びのモデルとして，①メディア・テクスト，②オーディエンス，③メディアの制作・生産という3つの領域に着目したメディア分析のプロセスを重視している。

　学校教育においては，2000年代に入り総合的学習の時間を用いた情報教育の一環として，メディア・リテラシーの教育を導入する学校が増えている。総務省なども小・中・高校生向きに，放送分野におけるメディア・リテラシー教育のためのプログラムと教材開発を行い，ウェブサイトで教材を無償で配信している。携帯電話会社の職員が，メール使用などのマナーや情報モラルについて学校で出前講座を行う事例もみられる。（SW）

123　学校教育を脅かすクレーマーの増加
——モンスター・ペアレント

「モンスター・ペアレント」とは，学校に対し理不尽な苦情や要求をつきつける保護者に対して使われるようになった和製英語である。2007年に向山洋一氏が編集する雑誌『教室ツーウェイ』（明治図書）の中で命名したといわれているが，学校現場では2003年頃からすでに非常識な親のことを「モンスター」と呼ぶようになっていたという説もある（尾木, 2008）。学校への保護者による過剰なクレームの問題は，日本に限ったことではないようだ。たとえば，アメリカでは，子どものまわりで常にヘリコプターのように旋回し，子どもに何かあればすぐに急降下して，周囲のことにかまわず子どもを必死で守ろうとする保護者を「ヘリコプター・ペアレント」と呼んでいる。またイギリスでは，教師に対し暴力をふるう保護者が増えていることが問題となっている。日本のモンスター・ペアレントは暴力をふるうことはまれだが，教師を精神的に追いつめるほどの非常識な言動が注目される。07年には，05年度の小・中学校における給食費未納者が9万8000人，滞納費が約22億円にのぼったことが大々的に報道されたことで，モンスター・ペアレントの存在が脚光を浴び，テレビのワイドショーやドラマで取り上げられるほどの流行語となった。

❖**モンスター・ペアレントの実態**

モンスター・ペアレントによる無理難題の実態を調査した尾木直樹は，モンスター・ペアレントを①わが子中心型，②ネグレクト（育児放棄）型，③ノーモラル型，④学校依存型，⑤権利主張型の5つのタイプに分類し，第1のわが子中心型モンスターが激増していることを指摘している。また，嶋崎（2008）は，収集した保護者の学校に対するクレームの事例にもとづき，①問題指摘型（善意のクレーマー），②子どもベッタリ型（溺愛型），③関係保持型（依存型），④自尊型（自尊感情過多），⑤敏感・神経質型（敏感型），⑥欲求不満解消型，⑦攻撃型（愉快犯型），⑧理解不能型（混乱型），⑨利得追求型，⑩無クレーム型（泣き寝入り型）に10分類している。

文部科学省が2006年度に実施した「教員勤務実態調査（小・中学校）」によれば、「保護者や地域住民への対応が増えた」と感じると回答した教員が、公立小学校では75％、同中学校では71％にのぼった。教員が保護者などからのクレーム対応に追われる傾向は、都市部でも農山村部でも共通にみられるという。

❖モンスター・ペアレント出現の背景

こうした保護者があらわれた背景についてはさまざまな分析が行われているが、おおむね次の5点にまとめられる。第1は、学校や教師に対する不信感の蔓延である。教師に対する尊敬の念が失われた背景には、保護者の高学歴化もあげられるが、それ以上に、教育現場の荒廃をセンセーショナルに伝えるマスメディアの影響が大きい。第2は、地域コミュニティの解体による地域の教育力の低下である。2000年代のモンスター・ペアレントとなっている30～40代の保護者は、自らがすでに希薄化した地域社会で育ち、育児に関する悩みを相談できる先輩が身近にいないため、不満が鬱積しやすい。第3は、保護者の顧客意識の高まりである。公立学校において学校選択制が導入された地域が増えており、また学校評価により学校の「成果」が公表されるようになったことから、保護者は学校を「商品」としてみる傾向が強まっている。第4は、保護者と教師の双方のコミュニケーション・スキルの低下である。双方ともに論理的な主張が苦手なため、ちょっとした行き違いが深刻な誤解を生む。第5は、格差社会の進行により、ストレスを溜めている保護者が増えていることである。社会の中での不満を学校へのクレームという形でぶつける場合がある。

❖解決策の模索

こうした保護者への対策として、文部科学省は都道府県・市町村教育委員会に「学校問題解決支援チーム」の設置を試行している。メンバーには指導主事、弁護士、臨床心理士・精神科医、警察官OBなどを含み、保護者からのクレームに迅速に対応しようとするものである。だが、こうした対応には反対の声も強く、学校、家庭と地域社会の協働により保護者を教育活動により積極的に巻き込むことが先決とする意見もある。（SW）

参考文献

赤木昭夫ほか『コンピュータと子どもの未来』岩波書店，1988
稲垣忠彦編『子どものための学校——イギリスの小学校から』東京大学出版会，1984
イリッチ，I.（東洋・小澤周三訳）『脱学校の社会』東京創元社，1977
NHK放送文化研究所編『NHK放送文化研究所年報——放送研究と調査』1986
NHK放送文化研究所編『放送研究と調査 AUGUST 2008』日本放送出版協会，2008
FCTメディア・リテラシー研究所　http://www.mlpj.org/index.shtml
尾木直樹『いじめ——その発見と新しい克服法』学陽書房，1995
尾木直樹『いじめっ子——その分析と克服法』学陽書房，1996
尾木直樹『バカ親って言うな！——モンスターペアレントの謎』角川書店，2008
小野田正利『親はモンスターじゃない！——イチャモンはつながるチャンスだ』学事出版，2008
奥地圭子『登校拒否は病気じゃない——私の体験的登校拒否論』教育史料出版会，1989
小沢牧子『「心の時代」と教育』青土社，2008
国立教育政策研究所編『メディア・リテラシーへの招待——生涯学習社会を生きる力』東洋館出版社，2004
海外在留児童生徒教育相談室編『海外駐在員の子女教育資料——渡航・在留・帰国後の編入学まで』教育社，1987
外務省国際連合局監修『国連環境開発会議資料集』大蔵省印刷局，1993
梶田叡一『真の個性教育とは』国土社，1987
加藤幸次『個別化教育入門』教育開発研究所，1982
河邑厚徳・グループ現代『エンデの遺言——根源からお金を問うこと』日本放送出版協会，2000
金融広報中央委員会編『金融教育プログラム——社会の中で生きる力を育む授業とは』金融広報中央委員会，2006

月刊『イオ』編集部編『日本の中の外国人学校』明石書店，2006
『高校教育展望』11月号，小学館，1997
児島明『ニューカマーの子どもと学校文化——日系ブラジル人生徒の教育エスノグラフィー』勁草書房，2006
小杉隆『失われた「心の教育」を求めて——21世紀に贈る教育改革』ダイヤモンド社，1997
子どもの権利条約市民・NGO報告書をつくる会編『"豊かな国"日本社会における子ども期の喪失——国連子どもの権利委員会への市民・NGO報告書』花伝社，1997
子どもの体験活動研究会「完全学校週5日制の下での地域の教育力の充実に向けた実態・意識調査」文部科学省委嘱調査，2002年3月
子どもの体験活動研究会「地域の教育力の充実に向けて実態・意識調査報告書」文部科学省委嘱調査，2002年3月
小林哲也・江淵一公編『多文化教育の比較研究——教育における文化的同化と多様性』九州大学出版会，1985
近藤邦夫『教師と子どもの関係づくり——学校の臨床心理学』東京大学出版会，1994
佐伯胖『コンピュータと教育』岩波書店，1986
佐島群巳編『環境問題と環境教育』（地球化時代の環境教育 1）国土社，1992
佐藤学『習熟度別指導の何が問題か』岩波書店，2004
嶋崎政男『学校崩壊と理不尽クレーム』集英社，2008
シャクリー，B. D. ほか（田中耕治監訳）『ポートフォリオをデザインする——教育評価への新しい挑戦』ミネルヴァ書房，2001
消費者教育支援センター編『消費者教育事典』有斐閣，1998
消費者教育に関する研究会『消費者教育の新たな展開にむけて（報告書）』消費者教育支援センター，2003
シルバーマン，C. E.（山本正訳）『教室の危機——学校教育の全面的再検討』上・下，サイマル出版，1973
総務省「放送分野におけるメディア・リテラシー」 http://www.soumu.go.jp/main_sosiki/joho_tsusin/top/hoso/kyouzai.html
高橋哲哉『「心」と戦争』晶文社，2003

詫摩武俊・稲村博編『登校拒否――どうしたら立ち直れるか』有斐閣，1980
中央教育審議会「幼児期からの心の教育の在り方について」答申『「新しい時代を拓く心を育てるために」――次世代を育てる心を失う危機』（平成10年6月30日）http://www.mext.go.jp/b_menu/shingi/12/chuuou/toushin/980601.htm
東京都立国際高等学校『学校要覧』1989
中島直忠編著『世界の大学入試』時事通信社，1986
西平直喜『成人になること――生育史心理学から』（シリーズ人間の発達 4）東京大学出版会，1990
西村俊一編著『国際的学力の探求――国際バカロレアの理念と課題』創友社，1989
ハッチンス, R. M.「ラーニング・ソサエティ」（新井郁男訳）『現代のエスプリ146 ラーニング・ソサエティ』至文堂，1979
平塚益徳監修『世界教育事典資料編』増補改訂版，ぎょうせい，1980
本間正人『モンスター・ペアレント――ムチャをねじ込む親たち』中経出版，2007
牧柾名ほか編著『懲戒・体罰の法制と実態』学陽書房，1992
松葉口玲子『持続可能な社会のための消費者教育――環境・消費・ジェンダー』近代文芸社，2000
水越敏行『個別化教育への新しい提案』明治図書出版，1988
宮坂広作『消費者教育の開発――金銭教育を展望して』明石書店，2006
武藤八恵子ほか『消費者教育を導入した家庭科の授業』家政教育社，1992
村山正治・山本和郎編『スクールカウンセラー――その理論と展望』ミネルヴァ書房，1995
文部科学省『学校における教育の情報化の実態等に関する調査結果』2006年7月公表
文部科学省『社会教育調査報告書平成17年度』国立印刷局，2006
文部科学省『教員勤務実態調査（小・中学校）報告書』（平成18年度文部科学省委託調査研究報告書）国立大学法人東京大学，2007
文部科学省『文部科学白書（平成19年度）』日経印刷，2008
文部省『我が国の文教施策（昭和63年度）――生涯学習の新しい展開』大蔵省印刷局，1988

文部省『環境教育指導資料(中学校・高等学校編)』大蔵省印刷局, 1991
文部省『環境教育指導資料(事例編)』大蔵省印刷局, 1995
文部省『学校における情報教育の実態等に関する調査結果』(平成9年3月31日現在), 1997年10月3日公表
文部省『我が国の文教施策(平成9年度)』——未来を拓く学術研究』大蔵省印刷局, 1997
文部省教育助成局海外子女教育課『海外子女教育の現状』, 1989
米川五郎ほか編『消費者教育のすすめ——消費者の自立をめざして』新版, 有斐閣, 1994
ラングラン, P. (波多野完治訳)『生涯教育入門』1・2, 全日本社会教育連合会, 1980
International Baccalauréat Office, *General Guide*. 5th Edition, 1985.

図表・写真の出典

* ここに掲げた以外の図表，写真は執筆者本人および編者の作成（作品）である。

6 デューイ（宮原誠一訳）『学校と社会』岩波書店，1957
7 ユネスコ統計，2008
12 Symonds, P. M, *The Dynamics of Parent-child Relationships*, New York, Bureau of Publications, Teachers College, Columbia University, 1949 より作成
13 エリクソン，E.H.（仁科弥生訳）『幼児期と社会』1，みすず書房，1977
14 ボウルビィ，J.（黒田実郎ほか訳）『母子関係の理論1 愛着行動』岩崎学術出版社，1977 より作成
15 アイゼンク，H.J.・ケイミン，L.（斎藤和明ほか訳）『知能は測れるのか——IQ討論』筑摩書房，1985
16 ブルーナー，J.S.（鈴木祥蔵・佐藤三郎訳）『教育の過程』岩波書店，1963。ピアジェ，J.（芳賀純編訳）『発達の条件と学習』誠信書房，1979 より作成
17 図：ヴィゴツキー（柴田義松訳）『思考と言語』明治図書出版，1962 より作成
表：ヴィゴツキー（柴田義松・森岡修一訳）『子どもの知的発達と教授』明治図書出版，1975 より作成
18 宍戸健夫ほか『私たちの保育問題』いかだ社，1977
全国保育団体連絡会・保育研究所編『保育白書 2003』草土文化，2003。『保育白書 2006』『同 2008』『同 2009』ちいさいなかま社，2006，08，09
23 間宮武・松本精一監修，田能村祐麒編集代表『中学校性教育指導資料』学校図書，1983
32 三枝孝弘『範例方式による授業の改造』明治図書出版，1965
33 板倉聖宣・上廻昭編著『仮説実験授業入門』明治図書出版，1965
36 斎藤喜博『授業の展開』（斎藤喜博全集6）国土社，1970
40 日俣健二『ティーム・ティーチングの理論と方法』明治図書出版，1969
43 細谷俊夫ほか編『教育学大事典』第6巻，第一法規出版，1978
44・45 文部（科学）省『学校基本調査報告書』，同『文部統計要覧』各年版より作成
47 田花為雄「ドルトン・プランの学校」，（『岩波講座教育科学』第4冊）1932
48 MOBRAL, *mobral informa Ano1*, n° 1, 1980 より作成
49 『文部広報』1989 年 5 月 18 日
50 文部科学省『子どもの学校外での学習活動に関する実態調査報告書』文部科学省，2008
52 日本PTA全国協議会ホームページ資料データ http://www.nippon-pta.or.jp/material/index.html（2009 年 6 月 9 日閲覧）より作成
53 『文部広報』1989 年 2 月 18 日
54 文部科学省，初等中等教育における情報化に関する検討会報告書『初等中等教育の情報教育に係る学習活動の具体的展開について——すべての教科で情報教育

	を』文部科学省,2006
56	Goodlad, J. I. & Anderson R. H., *The Nongraded Elementary School*. New York, Harcourt, Brace & World, 1963 より作成
62	国連児童基金(ユニセフ)提供
68	文部科学省ホームページ「組織図・各局の紹介」(2009年12月1日) http://www.mext.go.jp/b_menu/soshiki2/04.htm (2010年1月10日閲覧)
70	ブルーム,B. S. ほか(梶田叡一ほか訳)『教育評価法ハンドブック』第一法規出版,1973
71	田中耕治編著『教育評価の未来を拓く──目標に準拠した評価の現状・課題・展望』ミネルヴァ書房,2003
76	文部科学省ホームページ『教員養成課程の現状について』http://www.mext.go.jp/b_menu/shingi/chousa/shotou/058/shiryo/08120302/001.pdf
79	天笠茂「教師の当面する研修課題」(伊藤和衛編『現職教育の再検討』〔教師教育の再検討3〕)教育開発研究所,1986
81	窪田眞二・小川友次『教育法規便覧』平成20年版,学陽書房,2008
82	文部科学省『教職員団体への加入状況に関する調査結果について』2006
89	文部科学省『平成20年度 文部科学白書』2009
90	東京都立国際高等学校 2009年度学校提供資料 http://www.kokusai-h.metro.tokyo.jp/gaiyou/tokusyoku/jyugyou.htm.
91	内閣総理大臣官房広報室『秋期入学に関する世論調査』(1988年9月)。内閣府大臣官房政府広報室『今後の大学教育の在り方に関する世論調査──大学の国際化』(2001年7月)
94	坂元昂「個性化教育」『教育展望』第316号,1983
99	東京都教育庁『単位制高等学校基本計画報告書』1988
100	文部科学省『社会教育調査報告書平成17年度』国立印刷局,2006
110	今村祥子・住田和子「環境教育としての消費者教育に関する諸考察(第2報)」『日本家庭科教育学会誌』第36巻第2号,1993
115	文部科学省「各都道府県における中高一貫教育校の設置・検討状況について」(2007年8月) http://www.mext.go.jp/b_menu/houdou/19/08/07080609.htm (2005年11月16日閲覧)
121	岡山県生涯学習センター提供

事項索引

アルファベット

ADHD →注意欠陥多動性障害
AO入試(アドミッション・オフィス入試) 215
CAI →コンピュータ支援教育
CBT 195
FAO 106
GHQ民間情報教育局（CIE） 114
ILO 106, 172
INSET 176
IPI →個別処方教授
IQ →知能指数
LD →学習障害
NIE 118
PTA 114
WBT 195

あ行

愛国心 134
アイデンティティ 28
アクレディテーション・システム 262
アジェンダ21 243
アスペルガー症候群 64
遊び 24
アメリカ教育使節団 46, 96, 114
生きる力 47, 147, 206, 230
いじめ 84, 234, 252
一条校 96, 219, 238
一斉教授（授業）（指導） 12, 88, 104, 112, 124, 210, 218
一般教育 60, 62, 260
一般教養 62
遺伝・環境と教育 10
イニシエーション 2, 9
インクルージョンの原則 65
インターナショナル・スクール 238
インターネット 118, 195, 266
インターンシップ 258
インテリジェント・スクール 190
インテリジェント・ビル 190
インフォーマル・エデュケーション 90
ウィネトカ・プラン 105, 122, 210
英語 →外国語
英才教育 251
エスニシティ 212
エスニック・グループ 212
江戸東京自由大学 223
『エミール』 28, 138
大阪市立思斉学校 100
オスウィーゴ師範学校 70
落ちこぼれ 246
オバーニ師範学校 70
オープン・スクール 59, 90, 192, 218
親の教育権 115
オールタナティブ・スクール 218, 232
恩物 76

か行

海外子女 198
外国語（英語） 47, 200, 245, 267
外国人労働者 213
改正教授術 70
ガイダンス 82
開発教授 12, 70
カウンセリング 235
学習意欲 211
学習権 208

学習指導要領　46, 52, 54, 151, 194, 198, 241, 246
学習集団　193
学習障害（LD）　64, 101
各種学校　96, 98, 239
学　制　96, 170, 184
学年制　113, 122, 220
学　力　247
学力検査　160
　　——偏重　160
学歴偏重　110
仮説実験授業　74
学級王国　88
学級担任制　88
学級編制（学級編成）　248
　習熟度別——　124, 210, 246
　能力別——　112, 246
学区制　148, 164
学校運営協議会　115, 121, 129
学校開放　190
学校教育法　48, 96, 100, 184
学校教育法施行規則　248
学校行事　9
学校支援地域本部事業　115
学校週5日制　206
学校選択（制）　165, 219, 244
学校訪問　131
活動分析法　45
家庭教育支援基盤形成事業　115
家庭教師　110
課程主義　122, 141
カリキュラム　44, 156, 236
　　——編成　12
カルチャーセンター　111, 117
感覚訓練　70
環境教育　240
環境教育指導資料　241
管理職　180, 185
帰国子女　141, 198

技術教育　60
規制緩和　244
吉祥寺村立雑学大学　223
機能的識字　13
君が代　56
義務教育　12, 140, 208
義務教育費国庫負担法　132
ギムナジウム　102
キャリア・ガイダンス　162
キャリア教育　163, 231, 259
教　育
　　——の機会均等　165
　　——の危機　192
　　——の基本構造　4
　　——のグローバリゼーション　226
　　——の国際化　204
　　——の自由　149
　　——の自由化　244
　　——の情報化　119
　　——のプライバタイゼーション　224, 226
　　——の目標　44
　　——を受ける権利　139
　原形的な意味での——　2
　個性尊重の——　250, 252
　対話にもとづく——　107
　定型的な——　3
　フォーマルな——　90
教育委員会　128, 130
教育委員会法　128, 130
教育改革　146, 148, 244, 252
教育改革国民会議　120, 134, 147, 149, 203
教育改革プログラム　244, 253
教育開発援助　228
教育課程　44, 50, 54, 120
　　——の編成　245, 254
教育課程審議会　46, 50, 146, 194
教育機会　209, 216

教育基本法　48, 134, 135, 189
教育休暇　217
教育協力　229
教育権　115
教育研究活動　182
教育公務員特例法　131, 176
教育再生会議　147, 149, 205
教育刷新委員会　96, 146
教育実習　174, 178
教育職員免許法　174
教育職員養成審議会　174, 178
教育振興基本計画　134, 189
教育制度　209
教育制度分科会　146
教育長　128
教育勅語　137
教育的ニーズ　64
教育特区　245
教育費　132, 209
教育ボランティア制度　264
教育目標のタキソノミー　16, 156
教育令　98
「教員の地位に関する勧告」　172
教員免許（状）　174
　　――の開放性　171
教員免許更新制　147, 175
教員養成機関　170
教員養成教育　177
教化　4
強化儀礼　9
教科書　44, 46, 48
教科書検定　48, 151
教材の構造化　73
教師
　　――の教育権　115
　　――の力量　176
　　――の倫理綱領　172
教授法　70
教職員組合　182

教職員配置　248
教職観　172
教職大学院　171
教職の専門職性　49, 172
共通一次学力試験　214
教頭　184
協働　104
教諭　184
教養教育　261
クラブ活動　55
グラマー・スクール　102
経済協力開発機構（OECD）　216
形式陶冶　78
形成　4
形成的テスト　156
形成的評価　154, 156
系統学習　73
啓明会　182
研修　129, 176
　　現職教育・――　176
　　10年経験者――　179
　　初任者――　148, 177, 178
研修授業　179
公開授業　179
公開推薦　167
合科学習　91
合科教授　58, 69
高機能自閉症　64
公教育　3, 106, 144
公共性　145
高校3原則　102
工場法　140
校則　142
高大接続試験　215
高大連携（高校と大学の連携）　163, 202
校長　184
高等小学校　102
高等女学校令　96
高等専門学校　97

事項索引　279

校内暴力　192
広汎性発達障害　64
校風　5
公民館　116, 222
「公民館の設置運営について」　116
校務分掌　180
交流教育　65
国際エクステンションプログラム　202
国際学校　197, 198, 200
国際バカロレア　196
国際理解　200
国費外国人留学生　99
国民学校　100
国連環境開発会議（地球サミット）　240, 243
国連識字年　14
心の教育　134, 230
心のノート　230
個人差　104, 210
個人指導　113
個性　104
個性化　210
個性重視の原則　244
個性尊重の教育　250, 252
子育て支援　38
五段階教授法　68
五段階相対評価　159
国歌斉唱　56
国旗国歌法　56
国庫維持学校　257
子ども中心　→児童中心
子どもの基本的人権　136
子どもの権利条約　138
子どもの発見　138
個別化（学習の）　218
個別学習　91, 105, 192, 211
個別教授（指導）　88, 104, 113
個別処方教授（IPI）　211
コミュニティ・スクール　115, 120

コミュニティ・ディベロップメント　106
子やらい　25
混合能力学級　112
コンピュータ　76, 118, 194, 266
コンピュータ支援教育（CAI）　77, 194

さ 行

在日外国人教育　238
サポート校　219
産業教育　60
30人学級　248
ジェンダーフリー・エデュケーション　236
視学制度　130
識字教育　13, 106
私教育　144
試験検定　170
自己実現　163
指示　80
持続可能な社会　243
持続可能な発展のための教育　231, 240
肢体不自由児　100
視聴覚教育　76
視聴覚教材　76, 88, 118
実業学校令　96
しつけ　25
実物教育　76
指定校推薦　167
シティズンシップ教育　243
シティ・テクノロジー・カレッジ　225, 257
指導　130, 181, 184
指導教諭　184
児童憲章　136, 138
児童権利宣言　136, 138
指導主事　130
児童中心（子ども中心）主義　12, 46, 91
指導要録　159, 160

児童労働問題　138
シニア・ティーチャー　89
師範学校　170, 174
師範学校令　170
示範授業　179
師範タイプ　170, 174
試補制度　178
市民科　245
社会化　25
社会機能法　45
社会教育施設　116
社会教育審議会　114, 194
社会教育法　114, 116
就学義務の猶予ないし免除　141
自由学校　218
秋季入学　203
自由教育　60, 62
宗教的中立　144
自由研究　47, 54
習熟度別学級編成　124, 210, 246
集団活動　105
集団思考　81
10年経験者研修　179
主幹教諭　181, 184
授　業　70
　展開のある――　80
授業書　74
塾　110, 132, 173, 207
受験競争　160, 164, 251
シュタイナー学校　219
主任制　180
純潔教育　52
障　害　100
生涯学習　52, 108, 188, 264
　――とニューメディア　119
生涯学習局　189
生涯学習社会　111, 189, 190
生涯学習審議会　189
生涯学習分科会　146

生涯教育（論）　188, 216
小学区制　165
小学校教則綱領　71
小学校則　124
小学校令　184
少年法　87
消費者教育　242
情報活用能力　194
情報（処理）教育　77, 119, 227
食　育　231
職業学校　102
職業課程　102
職業教育　60, 63, 162
職業訓練　61, 162
職業訓練校　98
職業指導　162
職業選択　162
職場体験（学習）　163, 258
助　言　80, 130, 181, 184
初等中等教育分科会　146
初任者研修（制度）　148, 177, 178
進学競争　110
新学力観　47
進級制　122
新教育　12, 91
　――運動　69, 138, 210
新教授法布告　140
心性開発　70
診断的評価　156
新テスト　214
人文主義　78
進歩主義教育運動　91
進路指導　18, 162, 166
進路選択　259
推薦入学　166
推薦入試　215
スクーリング　109
スクールカウンセラー　234
スクール・リーダー　171

ストリーミング　112
スポーツ・青少年分科会　146
3R's　105
スワン報告書　213
生活科　50, 59
生活指導　52, 82
性教育　52
政治的中立　128
成熟優位説　10
青少年の野外教育推進事業　241
成人教育　120, 188, 222
成人式　8
成人識字教育運動（MOBRAL）　107
精神年齢　32
生態学的消費者教育　243
青年海外協力隊　229
成年式　2
政府開発援助（ODA）　228
世界人権宣言　138
世界図絵　76
セッティング　112, 247
潜在的カリキュラム　236
専修学校　96, 98
専修免許状　175
全人的教育　251
選抜試験　102
専門教育　61, 63, 260
総括的評価　154, 156
総合学科　252, 254
総合カリキュラム　193
総合技術教育　60
総合性中等学校　102
総合選抜　164
総合的な学習（総合学習）　47, 51, 77, 206
創造　47
創造的適応　11
相対評価　154, 159, 160
卒業　55

た 行

大学
　——の自己点検　262
　——の認証評価　262
大学改革　261
大学設置基準　147, 260
　——の改訂　262
大学入学資格　99
　国際的な——　196
大学入学制度　204
大学入試センター試験　214
大学分科会　146
体罰　92
滝野川学園　100
脱学校（論）　107, 141, 208
達成度評価　202
多展開授業　202
多文化教育　213
単位制高校（高等学校）　148, 220, 252
単線系学校体系　97
単独選抜　164
地域学校協議会　121
地域社会学校　120
知能指数（IQ）　32, 37, 112
地方分権（化）　129, 149
注意欠陥多動性障害（ADHD）　64, 101
中央教育審議会　18, 50, 97, 146, 148, 174, 230, 250, 254
中学校教則大綱　96
中学校令　96
中高一貫　19, 97, 252
中国帰国孤児子女　198
中心統合法　59
中等教育の多様化　220
調査書　160, 166
直観教授　59, 70, 76
通過儀礼　2, 8
通知表　154, 158, 160

ティーム・ティーチング 88, 91, 193, 218
ティーム・リーダー 89
適正処遇交互作用（ATI） 211
テクニカル・スクール 103
デモシカ先生 178
寺子屋 113
同化主義 212
東京師範学校 70
東京市立光明学校 100
東京都立国際高等学校 200
統合教育 65
登校拒否 192, 252
道徳 241
道徳教育（道徳の時間） 20, 47
陶冶 4, 78
特殊学校 64
特殊教育 64
読書教育 231
特別学級 100
特別活動 54, 241
特別支援学校 64, 101
特別支援教育 64, 101
特別選抜（制度） 166, 199
特別なニーズ 65
特別免許状 175
図書館 116
飛び級 122, 210, 250
トピック（学習） 59, 193
飛び入学 250
トラッキング 112
ドルトン・プラン 104, 113, 210

な 行

内申書 159, 160, 166
ナイロビ宣言 240
七自由科 78
ニート 163, 259
日本教職員組合 180

日本国憲法 136
日本人学校 198
ニューメディア 266
人間開発 228
認定こども園 38
年齢主義 141
能力開発研究所 214
能力主義 18, 47, 250
能力心理学 78
能力別学級編成 112, 246
能力別指導 112, 210
ノンフォーマル・エデュケーション 106

は 行

ハイタレント 18
バウチャー制度 209
バカロレア →国際バカロレア
博物館 116
パソコン →コンピュータ
発見学習 74
発達課題 28
発達障害 64
発達の最近接領域 36
発問 80
板書 80
バンディング 112, 247
範例方式 72
非行 86
非識字者 13
非識字問題 107
非政府組織（NGO） 228
百科全書主義 78
評価 154, 156, 159, 160, 202
平等主義 250, 252
フォーマル・エデュケーション 106
副校長 184
輻輳説 11
父兄会 114

事項索引 283

父性原理　26
普通課程　102
普通教育　60
不登校　232, 234
父母と先生の会　114
プライバタイゼーション　224
ブラウデン報告書　90, 192
フリースクール　219, 232
フリーター　163, 259
ブリッジウォーター師範学校　70
プログラム学習　11, 17
プロジェクト（方式）　193, 91
文化庁　150
ペスタロッチ主義　70
ヘルバルト派　59, 68
偏差値　163
——偏重　166, 214
保育所　38
放課後子どもプラン　111
奉仕活動（ボランティア活動）　106, 258, 264
放送大学　99, 108
母姉会　114
補習授業校　198
ホスピタリズム　30
母性剝奪　30
ホーム・スクーリング　219
ボランティア活動　→奉仕活動

ま　行

マグネット・スクール　219, 256
無学年集団　89
無学年制　91, 122, 193, 218
無償制　144
メディア　118
メディア・リテラシー　266
盲学校　64, 100
目標細目表　157
目標に準拠した評価　160

モダーン・スクール　103
モンスター・ペアレント　268
問題解決学習　73
文部科学省　128, 150
文部科学省設置法　150
文部科学大臣　46, 146, 150

や　行

野外教育　241
野生児　6
融合主義　212
ゆとり　47, 147, 206, 230
ユニセフ　106
ユニバーシティ・カウンシル　148
ユネスコ　106, 150, 172, 189, 196, 216
ユネスコ憲章　138
ユネスコ成人教育推進国際委員会　188
養護学校　64, 100
幼稚園　38
幼保一元化　38
四六答申　146, 148

ら　行

リカレント教育　189, 216
リベラル・アーツ　63
リメディアル教育　215
臨時教育審議会　97, 111, 118, 147, 148, 178, 190, 194, 200, 203, 220, 244
レオナルド計画　227
レディネス　10, 34, 36
聾学校　64, 100
6・3制　96
6・3・3・4制　96
6年制学校　97
6年制中等学校　148, 220, 252

わ　行

若者宿　9

人名索引

ア 行

天野郁夫　247
アリストテレス（Aristotelēs）　62
伊沢修二　70
石井亮一　100
板倉聖宣　74
イタール（Itard, J. M. G.）　7
イリッチ（Illich, I.）　45, 107, 141, 208
ヴィゴツキー（Vygotskii, L. S.）　35-37
ウォシュバーン（Washburne, C. W.）　105
エマーソン（Emerson, R. W.）　12
エリクソン（Erikson, E. H.）　28, 29
及川平治　210
オーエン（Ow'en, R）　91
オットー（Otto, B.）　59
オルセン（Olsen, E. G.）　120

カ 行

カー（Kerr, C.）　24
海後宗臣　4
カイヨワ（Caillois, R.）　24
木下竹次　58, 210
キャズウェル（Caswell, H. L.）　45
キャンベル（Campbell, D. S.）　45
グッドラッド（Goodlad, J. I.）　123
グロース（Groos, K.）　24
クロンバック（Cronbach, L. J.）　156
ゲゼル（Gesell, A. L.）　10
ケッペル（Keppel, F.）　88
神津専三郎　70
コメニウス（Comenius, J. A.）　71, 76, 122

コンドルセ（Condorcet, M.）　138

サ 行

斎藤喜博　80
佐島群巳　241
ジェルピ（Gelpi, E.）　184
シャマホーン（Schermerhorn, R. A.）　212
シュテルン（Stern, W.）　11
シュテンツェル（Stenzel, A.）　72
白井　毅　68
シルバーマン（Silberman, C. E.）　192
シング（Singh, J. A. L.）　6
シンクレア（Sinclair, B.）　236
シンプソン（Simpson, E. J.）　17
スキナー（Skinner, B. F.）　11
スクリバン（Scriven, M.）　156
スーパー（Super, D. E.）　163
スペンサー（Spencer, H.）　24, 45
スミス（Smith, A.）　224
ソーンダイク（Thorndike, E. L.）　79

タ 行

タイラー（Tyler, R. W.）　16
ダーウィン（Darwin, C. R.）　12
高嶺秀夫　70
田中不二麿　70
谷本　富　69
ターマン（Terman, L. M.）　32
チャーターズ（Charters, W. W.）　45
ツィラー（Ziller, T.）　59, 68
デューイ（Dewey, J.）　12, 34, 36, 162
デルボラフ（Derbolav, J.）　72
ドュ・ガルモ（De Garmo, C.）　69

ハ 行

ハヴィガースト（Havighurst, R. J.） 28
パーカー（Parker, F. W.） 59
パーカースト（Parkhurst, H.） 12, 104
パーソンズ（Parsons, F.） 162
ハッチンス（Hutchins, R. M.） 189
バーノン（Vernon, P. E.） 33
ハロー（Harrow. A. J.） 17
バーンステイン（Bernstein, B. B.） 237
ピアジェ（Piaget, J.） 11, 12, 26, 34-36, 91
ビネー（Binet, A.） 12, 32, 36
ファン・ヘネップ（Van Gennep, A. L.） 8
フリードマン（Friedman, M.） 224
ブルデュー（Bourdieu, P.） 237
ブルーナー（Bruner, J. S.） 35, 73, 79
ブルーム（Bloom, B. S.） 16, 45, 156
フレイレ（Freire, P.） 107
フレーベル（Fröbel, F.） 12, 24, 76
ペスタロッチ（Pestalozzi, J. H.） 12, 71, 76, 91
ヘッブ（Hebb, D. O.） 7
ヘルバルト（Herbart, J. F.） 59, 68
ホイジンガ（Huizinga, J.） 24
ボウルビー（Bowlby, J. M.） 30
ボビット（Bobbitt, J. F.） 45
ホール（Hall, S. S.） 12, 24
ポルトマン（Portmann, A.） 6

マ 行

マクマーリ兄弟（McMurry, C. A. & Frank, M.） 69
森 有礼 170
モンテッソーリ（Montes'sori, M.） 91

ラ 行

ライマー（Reimer, E.） 141
ライン（Rein, W.） 68
ラングラン（Lengrand, P.） 188, 216
ルソー（Rousseau, J. J.） 12, 28, 76, 91, 138
レオンチェフ（Leont'ev, A. H.） 11

ワ 行

若林虎三郎 70
ワトソン（Watson, J. B.） 10

編者紹介

小澤周三（おざわ　しゅうぞう）

1940 年　福島県に生まれる
1964 年　東京大学教育学部卒業
1969 年　東京大学大学院教育学研究科博士
　　　　課程在学中，同大学助手となる
　　　　（教育学・比較教育学専攻）
現　在　東京外国語大学名誉教授
主　著　『教育思想史』（共著）有斐閣，『現代教育学入門』（編著）勁草書房，ほか
訳　書　I. イリッチ『脱学校の社会』（東洋と共訳）東京創元社

教育学キーワード〔第3版〕
Keywords in Education, 3rd ed.

有斐閣双書

1990 年 3 月 30 日	初　版第 1 刷発行	
1998 年 6 月 30 日	新　版第 1 刷発行	
2010 年 6 月 25 日	第 3 版第 1 刷発行	
2019 年 2 月 20 日	第 3 版第 5 刷発行	

編　者　小　澤　周　三

発行者　江　草　貞　治

発行所　株式会社　有　斐　閣
　　　　郵便番号 101-0051
　　　　東京都千代田区神田神保町 2-17
　　　　電話　(03)3264-1315〔編集〕
　　　　　　　(03)3265-6811〔営業〕
　　　　http://www.yuhikaku.co.jp/

印刷・株式会社精興社／製本・牧製本印刷株式会社
© 2010, Shuzo Ozawa. Printed in Japan
落丁・乱丁本はお取替えいたします。
★定価はカバーに表示してあります。
ISBN 978-4-641-05890-3

JCOPY　本書の無断複写(コピー)は、著作権法上での例外を除き、禁じられています。複写される場合は、そのつど事前に(一社)出版者著作権管理機構(電話03-5244-5088, FAX03-5244-5089, e-mail:info@jcopy.or.jp)の許諾を得てください。